日本女性のライフコース

平成・令和期の「変化」と「不変」

樋口美雄・田中慶子・中山真緒 編

慶應義塾大学出版会

日本女性のライフコース・目次

第Ⅰ部　総　論

第1章　日本女性にとって高学歴化の意味は変わったのか
——世代間・学歴間のライフキャリア比較　27

樋口美雄・中山真緒

第Ⅱ部　結婚・家族

第Ⅲ部 家事・子育て

第7章　女性の家事・育児時間は短くなったのか
――時系列の世代間比較　175

西村純子

第Ⅳ部　家　計

装丁・中尾　悠

第 I 部
総　論

序章

日本女性のライフコースの何が変わり、何が変わっていないのか

樋口美雄・中山真緒

1　女性と家族の「失われた30年」

(1)「失われた30年」における制度改革

本書は、日本における同一主体の長期追跡調査データ（パネル調査）の先駆けとして1993年に始まり、約30年間継続された「消費生活に関するパネル調査」（ＪＰＳＣ）のデータを用いながら、日本女性と家族の暮らしの変化・仕事の変化に焦点を当てた分析結果をまとめたものである。この調査が行われた期間は、およそ平成の30年間と重なり、日本経済が低成長を続けた時期であったともいえる。しかしその一方で、この時期の日本社会では、女性の社会進出

が進み、男女平等や企業における女性活躍を求める声がさらに拡大し、諸制度が拡充されるとともに、結婚や出産、家族のあり方も大きく変わった時期であったともいえる。

高度経済成長期から昭和の終わりにかけて、企業は主に男性を終身雇用、年功序列賃金の正社員として雇用していたのに対し、女性は補助的な業務を割り当てられるという性別役割分業がとられていた。また、たとえ正社員であっても結婚・妊娠退職の慣行があるなど、暗黙のうちに女性の早期退職を導く雇用管理を実施する企業も多く見られた。

このような状態の中で、女性の社会進出を大きく後押ししたのは１９８６年に施行された「男女雇用機会均等法」であろう。この法律はもともと、国連が採択した女性差別撤廃条約を批准するために必要となって作られたものであり、啓蒙的役割が期待され、ある意味、外からの圧力によって男女平等への取り組みが進んだといえるかもしれない。その影響の大きさや内発性についてはさまざまな意見もあるところだが、男女雇用機会均等法の成立により、採用や昇進、退職や解雇などにおいて女性であることを理由に差別されることが禁止されるなど、女性の立場や働く環境が少なからず変わったことは間違いない。

働く女性の増加を受け、１９８０年代後半から90年代にかけて、男女の平等な待遇・能力開発・昇進を確保し、女性の社会進出を促すための法整備が進んだ。たとえば、今では馴染みのある「育休」と呼ばれる用語のもととなる「育児休業等に関する法律」が成立したのは１９９１年のことである。また、「セクシャル・ハラスメント」が新語・流行語大賞の新語部門金賞になったり、高等学校での家庭科の授業が男女共通で必修科目となったりしたのもこの時期である。

さらに、1999年には男女共同参画社会基本法が成立し、2000年代以降は、男女が性別によらず能力や個性を発揮できる社会を実現するためのさまざまな政策や取り組みが行われていった。「看護婦」「保母」「スチュワーデス」といった「女性」を表す職業名が使われなくなるなど、女性の職業、男性の職業といった従来の認識が改められ、男女の区別なく仕事を選ぶことが当たり前になってきたのもこの頃であった。

このような女性の活躍を支援する動きは、単に男女平等を実現させるための取り組みとしてだけではなく、その背景に深刻化する少子高齢化や経済情勢の変化などを考慮しての面もあるのではなかろうか。このうち、たとえば少子化問題について触れると、少子化が社会問題として認識されるきっかけともなったのは、「1・57ショック」であった。これは、平成元年にあたる1989年の合計特殊出生率が、丙午（ひのえうま）と呼ばれる特殊な要因によって特別低かった1966年の出生率を下回ったという衝撃を表した言葉であり、これを契機に政府は子どもの数が減少している事態を問題視したといわれている。すなわち、単に働く女性を増やすだけではなく、子どもを生み育てながら働くための環境の整備に力を入れていくことが求められるようになったのである。

女性が出産しながらも、仕事を継続できるさまざまな施策を政府は講じてきた。たとえば企業による育児休業制度の整備による仕事と出産・育児の両立支援もその一貫であった。さらには、保育施設の拡充や保育料無償化、児童手当や出産一時金といった給付なども子育て支援策であるのと同時に少子化対策につながる施策であったといえよう。これらの政策がどの程度、女性活躍支援として有効に機能したのか、さらには出生率の向上に貢献したのかについては学術的にも政策的にも関心が高く、多くの研究や検証が進められてきた。

また男性育休を含め制度の拡充を、政府が企業に強制力を持って義務化すべきかどうかについては、日本に根強く残っている企業や家庭における性別役割分担に関する価値観に抵触し、政府が企業や社員の価値観の変更を求めることになるだけに、さらには企業に負担を求めることになるだけに、政府が果たしてここまで介入してよいのかどうかについて、意見が分かれるところである。

こうした政府の強制力を持った制度の拡充を実現するまでには、相当の時間が必要であった。たとえば、働く女性の出産前後の就業継続を促し、仕事と育児の両立を支援する制度として誕生した育児休業制度を見ても、はじめて法律が成立したのは１９９１年であったが、それから現在に至るまで30年以上の時間がかかっており、この間、度重なる改正が行われてきた。

育児休業制度は、子を養育する労働者が子育てのために一時的に職場を離れることを企業に認めるように法律としてはじめて制度化したものであるが、制定当初の育児休業制度には給付金はなく、休業期間中は収入がなかった。また、法律の適用対象となる事業所も従業員が常時

30人以上の事業所だけであり、法律に違反した場合の罰則規定や不利益取扱い禁止の明文規定がないなど課題も多かった。

その後、従業員数によらず、すべての事業所が法律の適用対象となったのは、育児休業法が改正され、現在の「育児・介護休業法」となった１９９５年である。同年にはじめて雇用保険の育児休業給付金が導入され、休業前賃金の25％の給付金が支給されるようになった。育児休業制度はその後も法改正を繰り返しながら育児休業期間の延長や対象の拡大が進められ、それに伴い雇用保険の育児休業給付金の支給額や支給のタイミングも変化してきたのである。

(2) 女性の社会進出と男性の働き方・社会環境――変化と不変

男女平等は教育面においてもこの30年間で少なからず進んだ。文部科学省の「学校基本調査」によれば、女子の４年制大学進学率は平成以降ほぼ一貫して上昇しており、１９９６年には短大進学率を上回った。男性と比較しても、平成元年には男子の半分以下の14・７％であった女子の４年制大学進学率は平成30年には50・１％にまで上昇し、男子との差はわずか６％ポイントに迫った。

女性の高学歴化は、女性の社会進出を加速させたが、同時に未婚化や晩婚化、晩産化も進んだ。家族の形も多様化し、三世代世帯が大きく減少するのみならず、結婚についても、もはや誰もが結婚し子どもを持つという時代ではなくなっている。また、結婚後についても、男性が外で働き、女性は仕事を辞めて家庭に入り家事・育児を行うという従来の性別役割分業に基づく生活も一般的ではなくなってきており、どのくらいの期間・時間、外で働くのか、誰が家事をするのかという選択にも自由度が増している。

図J－1は専業主婦世帯数と共働き世帯数の推移を表している。平成期にかけて、専業主婦世帯の数が減少し続けていることが読み取れる。図J－1では妻がパートである共働き世帯とフルタイムである共働き世帯が別個に示されているが、これらを合計した共働き世帯が専業主婦世帯をはじめて上回るようになったのは1997年のことであり、逆転したあとは両者の差は開く一方である。

ただし、注目したいのは、共働き世帯の中でも特に増加しているのは妻が週35時間未満のパートタイムとして働く世帯だという点である。反対に、妻がフルタイムで働く共働き世帯の数は平成期を通して大きくは変わっていない。

女性の社会進出によって、働く女性が増えたことが強調される一方で、その女性の多くが非正規雇用（図では妻がパートの共働き世帯）であるという点は留意しておかなければならない。すなわち、結婚後も働き続ける女性が増えたことは確かだが、男女が同程度に働いているというよりは、世帯における主な稼ぎ手は夫であり、妻は補助的な役割を果たすという関係は維持されているといえよう。

なお、非正規雇用者が増えているという状態は有配偶女性に限った話ではない。この点も注

図J－1　共働き等世帯数の推移（妻が64歳以下の世帯）

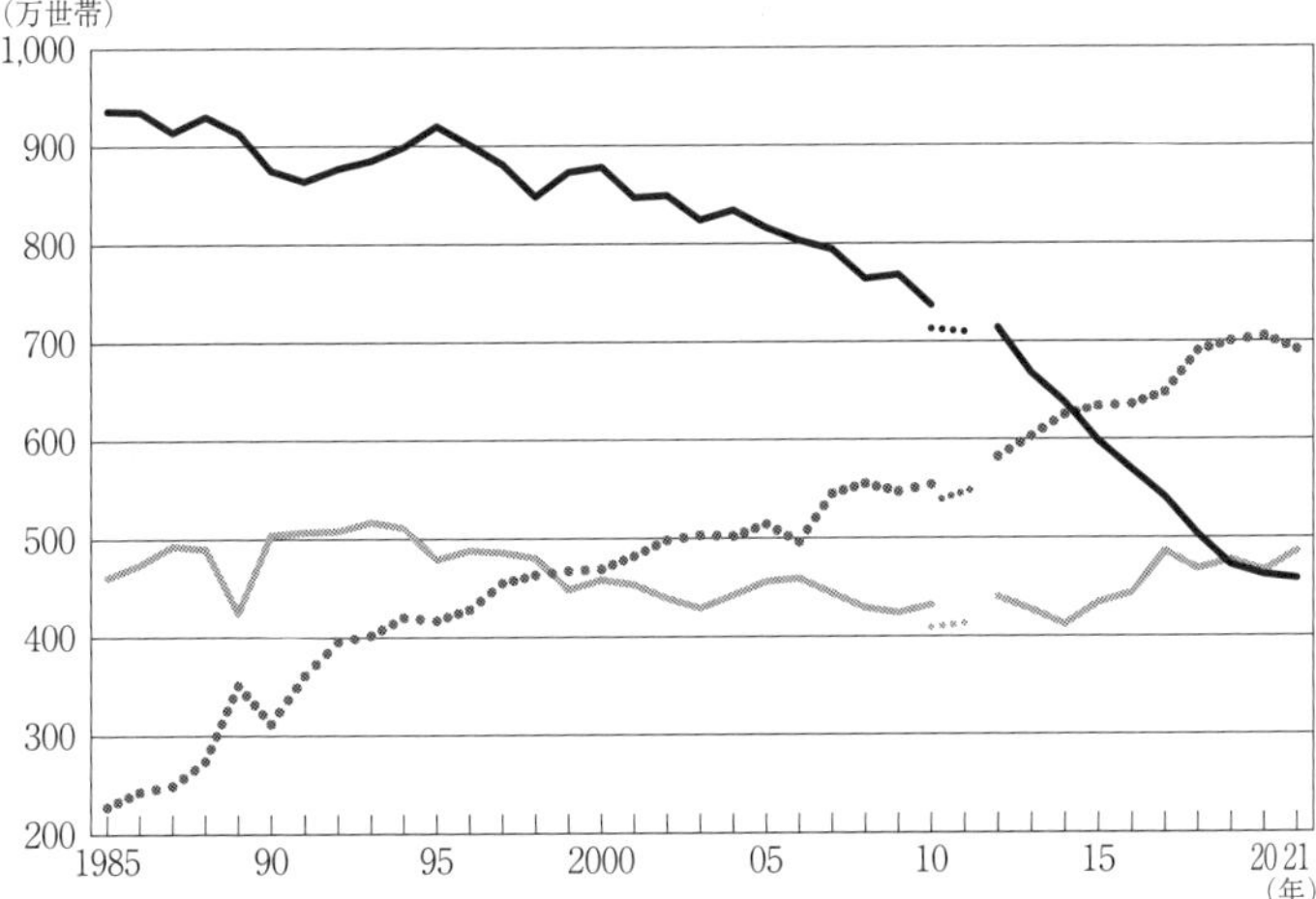

（備考）1. 1985年から2001年までは総務庁「労働力調査特別調査」（各年2月）、2002年以降は総務省「労働力調査（詳細集計）」より作成。「労働力調査特別調査」と「労働力調査（詳細集計）」とでは、調査方法、調査月等が相違することから、時系列比較には注意を要する。

2.「男性雇用者と無業の妻から成る世帯」とは、2017年までは、夫が非農林業雇用者で、妻が非就業者（非労働力人口及び完全失業者）かつ妻が64歳以下の世帯。2018年以降は、就業状態の分類区分の変更に伴い、夫が非農林業雇用者で、妻が非就業者（非労働力人口及び失業者）かつ妻が64歳以下の世帯。

3.「雇用者の共働き世帯」とは、夫婦ともに非農林業雇用者（非正規の職員・従業員を含む）かつ妻が64歳以下の世帯。

4. 2010年及び2011年の値（点線）は、岩手県、宮城県及び福島県を除く全国の結果。

（出所）「男女共同参画白書」令和4年（2022）版　特−8図より引用。

意されたい。非正規雇用が増えていることは独身女性にも当てはまるし、近年では男女ともに特に若年層を中心に非正規化が進んでいるといわれる。非正規雇用の多さは貧困問題にもつながる。1980年代までに比べ、1990年代、2000年代は離婚件数も増加した。特に、ひとり親世帯の9割近くを占める母子家庭の貧困率の高さは深刻な問題であり、子育てとの両立のために非正規雇用で生計を立てている女性は少なくない。

共働き世帯に話を戻そう。フルタイムではないにせよ、これまで働いていなかった女性たちが外で働き始めたことで、家事や育児といった家庭内における仕事の配分はどう変わったのだろうか。たとえば「社会生活基本調査」によると、6歳未満の子どもを持つ夫婦でみた場合、女性では家事時間が減少する代わりに育児時間が増加している。一方、男性では、家事・育児時間ともに増加している。

全体の傾向としていえば、時間でみたときの男女差はわずかながらも縮まっている。しかし、夫婦における家事・育児負担が平等化したかといえば、決してそこまではいえないだろう。諸外国と比較しても日本の男性は家事・育児への参加が極端に少ないことはよく知られているが、共働き世帯を前提とした現在においても、家事・育児負担の大部分を妻が担っている状態は変わっていない。

女性の労働参加ほどには男性の家事・育児参加が進んでいない理由の一つには、今なお、家事や育児は女性がやるべきだとか、女性のほうが適している、というような性別役割分業意識が残っていることは否定できない。進学や就職機会の面での男女格差は縮小する一方で、「経済」「政治」「教育」「健康」の4分野から男女格差を測るジェンダーギャップ指数は先進国の中でも最低レベルを維持しており、特に政治参加や管理職従事者の割合などにいまだ大きな男女差がある。

一方で、これからのさらなる女性活躍や働き方の多様化、少子高齢化問題を考えていく上では、こういった男女格差を個人の意識だけの問題として片づけるべきではない。そして、長時間労働の背景には、企業において労働者1人の担わなければならない仕事量の多さと、上司を含めた社員間の長時間労働が当たり前と考える規範がある。

たとえば、男性の家事・育児参加が進まない背景には、労働時間が長いために物理的に家事や育児のための時間を確保できないという企業における問題がある。男性の長時間労働が仕事と子育てなどの家庭生活の両立を困難にし、それが結果として女性活躍を阻み、少子化を加速させることにつながるという問題意識を政府が持っていることは、近年の「働き方改革」や「少子化対策」、具体的には男性向けの新たな育休制度の創設など、さまざまな政策の中でも確認することができる。これらの政策の効果が形となって現れるのはまだこれからかもしれないが、社会全体で男性の働き方が変わっていくことが、男女双方にとって新しい結果を生み出すことにつながるのではなかろうか。

生涯未婚の男女が急増することに伴い、老後の暮らしをいかに支えていくかは、従来、経済的支援についても介護についても、その責任を家族に求めるという考えを取ってきただけに、今後大きな社会問題となるのと同時に、政策的にもその対応を求められることになる。

(3) 「失われた30年」と格差の拡大

平成期は、しばしば「失われた30年」と表現される。バブル崩壊後の1990年代初頭から現在に至るまで、高度経済成長期や安定経済成長期のような右肩上がりの成長は望めなくなった。経済は長期にわたって低迷の時期を迎えた。

経済の停滞は、知らず知らずのうちに自分たちの生活にも大きな影響を与えてきた。以前に比べ鈍化したものの、欧米の先進国やアジアの多くの国では経済成長に伴い賃金が伸びているのに対し、日本では、この30年間賃金がほとんど伸びていない。図J－2は2人以上の勤労者世帯1世帯あたりでみた世帯主とその配偶者の1カ月間の収入（名目）の推移を示している。ここではバブル崩壊前の1985年から直近の2022年までの変化をみている。

まず世帯主に注目すると、1980年代後半の収入は右肩上がりに増加し、90年代に入りバブルが崩壊した後は横ばいとなり、97年をピークにその後、収入は減少に転じることがわかる。収入の減少はリーマン・ショックが発生した2010年頃まで長期にわたって続き、2010年代以降になると緩やかな増加を示すようになったものの、上がり幅は大きくはない。

近年、デフレにより物価の上昇はほとんど見られなくなったものの、30年間を通じてみれば、

図J−2　1世帯あたり1カ月間の世帯主の勤め先収入と世帯主配偶者の勤め先収入の推移（名目）

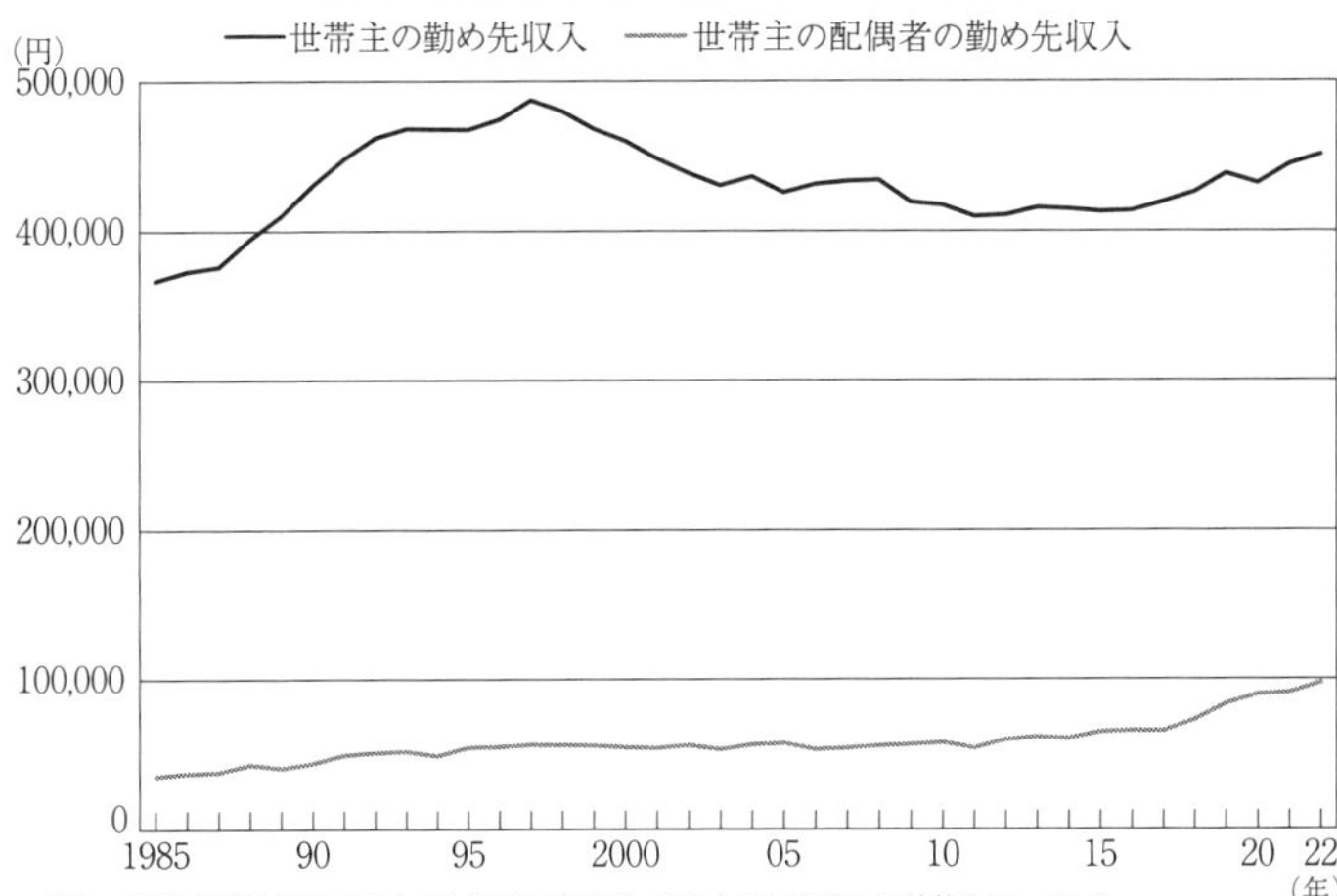

（注）　配偶者収入は1992年までは世帯主配偶者のうち女性に限定した数値を用いている。
（出所）　総務省『家計調査』

それでも物価は上がった。それにもかかわらず、２０２２年の世帯主の名目収入は１９９１年と同水準であり30年前とほとんど変わっていない。２人以上の世帯においては、世帯主は男性であることが多いことを踏まえると、一家の大黒柱とされてきた男性の賃金が伸び悩んでいることは間違いない。

続いて、図Ｊ－２の世帯主の配偶者の収入に注目すると、こちらは、バブル期から現在に至るまでほぼ一貫して増加傾向にあるといえる。多くの場合、世帯主の配偶者は女性であることを考えると、賃金率が上がったというよりも、すでにみたような平成期の女性の社会進出、すなわち就業率の増加を反映した結果だといえよう。長期にわたる不況の中で、世帯の中で中心的な稼ぎ手であった男性だけの収入では生活していくことが難しくなったことも、外で働くことを選択する女性が増えることにつながった。

一方で、直近の２０２２年になっても無業者を含んだ配偶者の収入の平均値は世帯主収入の４分の１にも満たないのが現状である。図Ｊ－１でもみたように、近年では共働き世帯が増えている一方で、多くの女性はパートタイムで働いており、フルタイムで働く男性と同程度に収入を稼いでいる女性は多くはない。つまり、世帯収入に占める妻の収入の割合は大きくなっているとはいえ、世帯において男性が主な稼ぎ手であるという状態は変わっていないのである。

「失われた30年」と呼ばれる長期の経済低迷は、世代間の格差拡大にもつながった。そもそも、少子高齢化が進む日本では、働き手の数が減ってきているにもかかわらず、賃金が上がらないのはなぜか。これには、雇用慣行や、産業構造の変化などのさまざまな要因が影響していると考えられるが、バブル崩壊後の30年間での大きな変化としては、女性のみならず、男性においても非正規雇用者が増加したことが挙げられるだろう。特に男性についていえば、高齢者とともに若年層の非正規化が進んだ。

また、１９９３年から始まる「就職氷河期」と呼ばれる時期に社会に出た層も、よい就職先に恵まれない人が多く、フリーターや派遣労働者の増加へとつながった。終身雇用や年功序列制度が広く浸透してきた日本の正規雇用とはちがい、非正規雇用の場合は勤続年数が長くなっても賃金が上がらないため、年齢が上がるほどに賃金格差が拡大していく。新卒一括採用が主流で、一度非正規雇用に就いた人が正規雇用に転換して働くことが難しいといわれる日本では、学校を卒業したときの景気のよし悪しによって就職のしやすさやその後のキャリア形成が大きく左右されがちである。

2　消費生活に関するパネル調査

(1)　パネル調査とは何か

本書で用いるデータを紹介する前に、まずはパネル調査とはどのような調査なのか、パネルデータを用いた分析にはどのような強みがあるのかについて見ておこう。パネル調査は同じ質問を同じ多数の人たちに対して連続して定期的に尋ねていく定点観測調査のことをいう。たとえば調査対象者を決めて、家族構成や働き方、時間の使い方といった内容に関する質問を、1年に1回決まった時期に毎年尋ねていく調査のことをパネル調査と呼んでいる。このような追跡調査の最大の特徴は、回答者の特性や学歴・職歴など履歴に変化がなくても、社会環境や政策の変更に伴って、その人の行動などが時間とともにどのように変わっていくのか、はたまた変わらないのかを把握できることにある。

パネルデータを分析することでわかることは多岐にわたるが、一例を紹介すると、たとえば就職や結婚、出産といった人生の中で経験するイベントの前後を比較することで、そのようなイベントによって、個々人の行動がどう変化したのかを知ることができる。また、長く続いた調査データを利用することで、夫婦関係の満足度が結婚年数や加齢、子どもの出産・成長とともにどう変わっていくか、働き方や能力開発、収入など長期的な推移を追跡することも可能である。また調査される人々の比較により、初期の特性のちがいや個人の特徴がその後の収入や行動のちがいに与える影響を分析することができる。

パネル調査は複数の調査対象者に対して何度も調査を行う必要があることから、調査の成果が実を結ぶまでには膨大な時間と費用がかかる。本書で用いる「消費生活に関するパネル調査」は日本世帯全体における大量サンプルによるパネル調査の先駆けとはいえ、この調査が開始された当初は、パネル調査というものは日本ではほとんどなかった。しかし、社会や経済の現状と変化を明らかにし、個々人が直面しているさまざまな問題を考える上でパネル調査はたいへん有用であるため、最近では国内外で数多くのパネル調査が行われるようになってきている。

(2)　消費生活に関するパネル調査とその特徴

本書で用いる「消費生活に関するパネル調査」は、1993年に公益財団法人家計経済研究所（2017年12月解散）によって開始され、その後2018年に慶應義塾大学経済研究所のパネルデータ設計・解析センターに調査実施主体を移しながらも、毎年10月に1回の調査を2021年の第29回調査まで継続して実施してきた。初回調査の対象となったのは、日本全国から無作為に選ばれた当時24〜34歳の女性１５００人で、その後はおよそ5年おきに年齢の切れ目がないように若い女性を追加し、対象者を拡大させてきた。最終的には、１９５８年から１９８９年生まれまでの延べ４１２０名の女性の情報を収集している。

「消費生活に関するパネル調査」は、日本において女性の社会進出が進み、人々の生き方や家族のあり方が多様化する中で、その現状や世代、年齢による変化をつぶさに捉え、日本の女性が直面している多くの課題や社会問題を解決するために資する情報を集めることを目的に始まった。

この調査の最大の特徴は、調査対象が女性、およびその世帯に限定されている点であり、調査の中では、主に家計や就業、家族の関係を中心に、人々の生活に関するさまざまな情報が収集されている。特に調査対象となる20歳代後半からの女性は、結婚や出産、離婚、転職や退職といった大きなイベントを経験し、あるいはそれらを選ばないという選択をしながら、多様なライフコースを歩んでいる最中にある。

このような女性たちを30年という長期にわたり追いかけることで、年齢を重ねることによる変化がみえてくる。さらに、幅広い年齢層の女性の暮らしを捉えることで、政策や景気などの社会経済的な条件が異なる世代のちがう女性同士の比較を可能とし、社会がどのように変わってきたのかを明らかにすることができるのである。

3　本書の狙いとわかったこと

⑴　本書の狙い

本書では、上述したことも含め、「消費生活に関するパネル調査」（ＪＰＳＣ）の強みを生かしながら以下の四点を明らかにすることを目的としている。

一点目は、この30年間に、女性の暮らしや仕事、収入、資産において、何が変わり、何が変わらなかったかを、ＪＰＳＣを使って、明らかにすることである。特にこのデータを使って、同一個人内の加齢による変化と世代によるちがいに注目する。具体的には、年齢が高まるに従って、暮らしや仕事がどのように変化したか、そしてそれは生まれた年ごとのグループとしての世代（あるいはコーホート）によってどのように異なったかを明らかにする。２節でも説明したように、ＪＰＳＣは１９９３年から２０２１年まで、若い世代の回答者を追加しながら同一の個人を追跡した調査である。調査期間が長く、かつ幅広い年齢層の女性を対象としたＪＰＳＣならば、それは可能なはずである。

二点目として、その変化の背景に、どのような社会要因・経済要因が働いたのか、あるいは相互作用してきたのかを検証することも本書の狙いである。たとえば経済の低迷、所得・賃金の停滞が女性の暮らし・働き方に影響を及ぼした面もある。特に夫の所得の低迷は、会社員の夫と専業主婦の妻という昭和の典型とされた家族のあり方を変え、男女の雇用機会の均等化とも相まって、女性の働き方に大きく影響を与えた。また、飲食・宿泊、小売業、医療・介護職の増加や非正規労働者の増加も女性の就業に多く影響してきただろうし、これらが結婚や出産、育児・家事にも影響してきたことは拭えない。そしてまた学歴等によって、それはどのようにちがっていたのだろうか。

三点目は、制度・政策が女性の仕事や暮らしにどのように影響してきたのかを明らかにすることである。先述の通り、平成の約30年の間にはさまざまな制度の新設や改革が行われてきた。具体的には、男女雇用機会均等法、育児休業法、同一労働・同一賃金法、税制・社会保障制度などである。これらは、直接的にその政策や制度が意図した変化をもたらすだけでなく、たとえば女性の社会における役割の変化や出生率の変化に対しても影響してきた面もあるだろう。そしてその影響は、学歴や職歴、履歴、個人の特性によって、どのように異なっているのだろうか。これらの検証は、政策論議にも貢献するはずである。本書の分析では、実体面、現象面の変化に留まらず、仕事満足度や夫婦満足度、性別役割分業意識といった心理面への影響についても扱い、広く制度や政策の効果について議論する。

最後に、これらの分析を通じ、この30年間の女性の働き方・暮らしの歴史的位置づけや国際的な視点から、わが国の特徴、政策の効果と限界について、検証することも本書の狙いとなる。

(2) 本書の要約

1章から10章の各章は、それぞれの事象について、「消費生活に関するパネル調査」に基づき観察した結果を記載している。他の先進国と比べて、この間、何が変わり、何が変わらなかったといえるのか。そしてそれらは他の社会経済現象とどのように関連しているのか、さらには各政策とどう関連しているのか。これらについて、詳細に述べている。

本書は四つの部によって構成される。この序章および第1章は第I部「総論」である。

第1章「日本女性にとって高学歴化の意味は変わったのか——世代間・学歴間のライフキャリア比較」（樋口美雄・中山真緒）では、女性の高学歴化が、就業や家族形成、所得、性別役割分業意識などのさまざまなライフキャリアに与えた影響について、誕生年が１９６０年代・70年代・80年代の三つの世代を比較した。大卒女性たちが就業率の上昇や出産後の就業継続を実現することで女性の社会進出を加速させてきた面があることや、学歴によって世代間の所得格差、離婚率などにおいて格差が拡大していることが明らかとなった。変化した面だけではなく、十分に変化してこなかった面についても注目する必要がある。本章を通じて、以下の各章で検討しなければならない課題について、本書の鳥瞰図を示す。

第2章から第4章は、第Ⅱ部「結婚・家族」である。

第2章「親元同居で『豊かな生活』は可能だったのか——35歳時未婚者の生活の世代比較」

（田中慶子）では、「パラサイト・シングル」論を援用し、35歳時点で未婚だった女性たちを対象として、親との居住関係によって未婚期の経済的・主観的な生活にどのようなちがいがあるか、そしてそれがどのように変化したか、コーホート間の差異に注目して検討した。同居者のほうが多数であるが、同居未婚者のほうが別居者に比べて経済的に豊かであったのは、60年代コーホートのみであり、後生（若い）コーホートでは同居・別居による差は少なく、また経済面でも豊かであるとはいえない。他方、主観的な豊かさ（幸福感、生活満足度）という面では、親元同居者のほうが別居者よりも低く、また加齢によっても差が維持されたまま推移しており、世代によって未婚者であることの社会的意味も変容している。

第3章「未婚化・晩婚化で『夫婦関係』はどう変わったのか」（田中慶子・永井暁子）では、夫婦間の学歴の組み合わせによる結婚の「質」のちがい――配偶者のイメージと夫婦関係満足度の長期的な推移を検討した。長期にわたり結婚生活が継続している夫婦では、結婚当初の高い満足度から少し低下後は「中位安定」というような経過をたどっていること、また夫婦の学歴の組み合わせによって満足度の水準や、夫婦関係（配偶者）への期待が異なっている。未婚化・晩婚化の進行により結婚がより「選択的」になっていくと、配偶者に対して、経済面よりも親密性の期待がより高まっていくものと思われる。

第4章「結婚で生活は豊かになるのか――初婚・離婚・再婚による生活の変化」（斉藤知洋）では、初婚・離婚・再婚行動の時代的な変化とそれらの婚姻イベントが女性たちの経済状況にいかなる影響を与えるのかについて検討を行った。1990年代以降には初婚・再婚経験率が低下する一方で、離婚経験率が上昇しており、近年ほど女性のライフコースにおける無配偶期間の伸長が見られた。これらの婚姻行動の変化は階層差を伴いながら生じており、社会経済的に恵まれない女性ほど婚姻関係の不安定化を経験しやすくなっている。ただし、結婚や離婚が世帯収入や心理的メリットに及ぼす影響は時代を通じて安定的であり、結婚制度が有する生活保障機能は女性の家族生活に対して重要な役割を持ち続けていた。

第5章から第7章は、第Ⅲ部「家事・子育て」である。

第5章「性別役割分業意識の強さと出生率――質と量のトレードオフは今も成立しているのか」（坂本和靖）では、これまで指摘されてきた出生の経済学における統計的規則性――子ども人数と教育とのトレードオフ関係について、性別役割分業意識（規範）や所得のちがい、女性の賃金のちがいが出産行動に与える影響について考察している。欧米諸国同様にＪＰＳＣでも質と量のトレードオフ関係は確認されたが、1970年代生まれの若いコーホートではその関係が弱体化している可能性がある。高学歴であるほど子ども数が抑制されるという規則性がみられたが、若い世代では学歴の影響が逓減している。さらに、60年代生まれの女性は、保守的なジェンダー規範意識を持つ高学歴女性ほど子ども数は多いが、若い80年代生まれの女性は、規範意識が強い女性ほど子ども数を抑制する傾向がみられた。質－量のトレードオフの関係、女性の機会費用と出生との関係は依然として維持されているものの、その関連性は若い世代ほど弱まっていることが指摘される。

第6章「育児休業制度の効果はどこにみえるのか――働き方、賃金と夫婦の家事・育児分担の変化」（中山真緒）では、従来の出産時に就業している女性だけではなく、妊娠中に離職した人も含め出産したすべての女性を対象に育児休業制度の実際の利用状況や出産前後の働き方の変化を分析し、育児休業制度が子どもを持つ母親の就業を支えているのか、今後の女性の就業支援はどうあるべきかを議論している。育児休業制度を利用した女性の出産後の就業継続率や正規雇用率は高く、たしかに近年の女性の就業は促進されているといえるが、女性の就業率が上がっても家事・育児の大部分を今も女性が負担していることや、制度が使えても復職後の両立の難しさを考え出産前に退職してしまう人が多く見られるなど、他の制約によって就業を断念する人が多くいること、制度を利用せずに仕事を辞めた場合、再就職が困難であることなど、女性活躍に向けた課題は多く残されていることが示された。

第7章「女性の家事・育児時間は短くなったのか――時系列の世代間比較」（西村純子）では、女性・男性間の家事・育児時間の縮小傾向がどのように説明され得るのか、女性の家事・育児時間の短縮という側面に着目する。若い世代ほど家事・育児時間は短く、世代間の差は20歳代後半から30歳代前半にかけて、はっきりと観察され、30歳代後半には世代間の家事・育児時間の差異は目立たなくなる。他方、男性（夫）の家事・育児時間は、この間わずかながら増加したことが確認された。また、各世代の家事・育児時間は、就業状況、教育年数、勤労収入、夫との同居、子ども数、6歳以下の子どもの有無、親との同居のいずれも、女性の家事・育児時間との関連が観察された。これらの要因は、世代間で分布が異なり若い世代は年長の世代に比べて、就業率が高く、教育年数が長く、勤労収入が多い。また夫との同居率、子ども数、6歳以下の子どもを持つ人の割合がいずれも小さく、自分の親との同居率が高い。世代間の家事・育児時間の差は、属性の差、すなわち世代間での変数の分布の差によって説明されることが示された。日本の女性の家事時間の趨勢的な短縮は、女性の労働力化とそれによる稼得能力の増大、晩婚化・非婚化、晩産化・少産化、離家のタイミングの変化など、過去30年間の女性の生き方の変化と密接に関わっていることを示唆している。他方で、女性の高学歴化は、女性の家事・育児時間の短縮にはつながっていないことが示された。

第8章から第10章は、第Ⅳ部「家計」である。

第8章「経済停滞による夫収入の低下と妻収入の家計への貢献」（坂口尚文）では、就職した時期がおおむねバブル経済期前後であった世代（上の世代）と、その後の就職氷河期にあたる世代（下の世代）とに分け、30歳代夫婦の収入の状況を検討した。30歳頃の夫収入は、若い世代でその前の世代の収入の水準よりも明確に下がっている。ただし、上の世代でもリーマン・ショックの影響を受けて中間層を中心に収入が伸び悩み、40歳前後では両者の差が小さくなっている。妻の就業状況とその収入は、上下の世代とともに、夫収入の多寡に依存した結果が得られている。特に下の世代では、妻の収入貢献が金額面でも継続性の面でも拡大していた。下の世代では、30歳という比較的若い時期から、夫収入が低い層では妻が就業し、一定の時間働いていた。上下世代ともに夫収入層が低い層を中心にして妻の就業率が上昇していることから、この間の30歳代有配偶女性の就業増は経済停滞が推し進めてきた影響が強い。一方で、夫婦ともに学歴が高い、夫高収入層では妻の就業率は顕著に伸びておらず、女性の高学歴化が進み始めた世代において、その結婚・出産後の継続就業に与えた影響は限定的なものになっていた。

第9章「日本における女性の『家計内交渉力』の変遷」（小原美紀・阪本諒）では、家計内の女性の地位はどのように変化しているのか、経済学分野で家計行動を分析するときに重要となる「家計内交渉力」について、統計データに基づき実証分析を行った。日本における妻の家計内交渉力は高くないが、それでも2000年以降、上昇傾向にあることがわかる。また、妻の交渉力が高くなると、妻自身の支出は増えるものの、彼女の余暇時間は減っている。これらの結果を説明するものとして、妻の交渉力が高い家計は妻の労働時間が長い場合が多いが、妻の労働時間が長くなっても、彼女の家事時間は減らず、それによって余暇時間（一日のうち労働時間と家事時間を除いた時間）は短くなってしまうことが考えられる。日本の有配偶女性に課されるこのような家事制約の存在により、たとえ有配偶女性の家計内交渉力が高くなっても、彼女らの健康状態や満足度が高まらない可能性が指摘される。

第10章「日本の家計は本当に貯蓄しなくなったのか」（小原美紀・チャールズ・ユウジ・ホリオカ）では、2000年以降の日本の有配偶世帯の家計貯蓄率の実態と動向について検討する。

貯蓄意欲を捉えるために、月間の世帯収入に対する貯蓄割合に着目した分析の結果、日本の有配偶世帯の月間家計貯蓄率は一貫して低下しているのではなく、２０００年以降について見ると家計貯蓄率は下げ止まっていることがわかる。また、同一個人のライフサイクルでの貯蓄率を見ると、40歳代後半にかけて家計貯蓄率は下がっていき、それ以降は少なくとも50歳代にかけて増加に転じる。さらに、１９６０年代生まれの世代と比べて、それより後に生まれた世代では貯蓄率は低い傾向にある。そして、これらの家計貯蓄率は、所得階層が低い家計、妻の教育年数が短い家計、子どものいる家計、家計管理をしていない家計において低いことがわかる。だが、これら家計の特徴の差だけでは家計貯蓄率のちがいを説明することはできず、経済状況や社会環境が大きな影響を与えていることがわかる。たとえば、所得が増えた時にどれぐらい貯蓄率を増やすかという「貯蓄性向」は、税制の変化の影響を受けやすいことが指摘される。

第1章

日本女性にとって高学歴化の意味は変わったのか
――世代間・学歴間のライフキャリア比較

樋口美雄・中山真緒

1 変わったこと、変わらなかったこと

女性の高等教育機関への進学率、とりわけ4年制大学への進学率は長期的に見ても急激な上昇を続けており、2018年には50%を超えた。他方、高学歴化とともに、女性の働き方・暮らしは大きな変化を示してきた。総務省統計局「労働力調査」によると、本書で用いる「消費生活に関するパネル調査」(JPSC)が開始された1993年には61%だった25~44歳女性の就業率は、2021年には77%へと上昇しており、着実に女性の社会進出が進んでいることがわかる。

仕事だけでなく、家庭や趣味など、さまざまな関わりの中で経験を積み重ねていくことをライフキャリアと表現する。仕事を中心とした世代によるライフキャリアの変化の背景には、経済環境の変化、社会環境の変化、女性自身の考え方の変化があり、同時に制度の変更がそれを後押ししてきた。たとえば、１９８６年に導入された男女雇用機会均等法やその後の改正（募集・採用、配置・昇進・降格・教育訓練、福利・厚生、職種・雇用形態の変更、退職の勧奨、定年・解雇・労働契約の更新における各ステージにおける性別を理由とした差別の禁止）、１９９２年に導入された育児休業法やその後の改正、そして同一労働・同一賃金の強化（雇用形態に関わらない公正な待遇の確保）などが女性の働き方に大きな影響を与えた。

日本における女性就業の特徴の一つとして、高学歴女性の働いている人の割合が高くないことが指摘されてきた。女性に限らず、人は将来働きたいがゆえに大学へ進学し、多くのものを学び、広い視野を持って自分の職業能力を高め、高い賃金を得ようとする。それだけ高学歴者のほうが生涯にわたって就業する人が多いと予想される。事実、各国の統計を見ると、多くの先進国で大卒女性の就業率は中卒、高卒の人に比べ、高いという関係が見られてきた。それにもかかわらず、日本では必ずしもそうした関係は見られず、高学歴女性であろうと企業に勤める人は少なく、雇用就業率は低く、学歴による差は小さかった。これが日本の女性就業の特徴であるといわれてきた時代があった。

だが、こうした関係にも近年変化が見られる。本章では約30年間にわたって多くの世代について観察を続けてきたＪＰＳＣのデータを使って、女性の高学歴化が就業を含むライフキャリアに与えた影響の変化について検証してみることにする。具体的には１９６０年代生まれ、70年代生まれ、80年代生まれの三つの世代を比較しながら、女性のライフキャリア、暮らしと生き方が時代の変化や高学歴化によってどのように変わってきたのかを検討する。

ただし多くの女性の就業に関する意識が大きく変わったのに対し、この間、変わらなかったものもある。たとえばその一つが性別役割分業（男が外で働きお金を稼ぎ、女は家事や育児といった家の仕事や家計のやりくりを担う）に関する人々の、特に男性の意識や行動であるといわれる。近年、若い人を中心に家事や育児を行う男性も増えたというものの、依然として、性別役割分業に対する意識は強く、女性の就業を難しくしている面がわが国ではあるように思われる。さらに会社においても、女性社員に対する意識は変わりつつあるというものの、男性社員を想定してつくられた働き方や雇用慣行に耐えられる女性には活躍の場を提供するといった企業は多い。その結果、結婚や出産を機に仕事を辞める女性は多いし、子どもが大きくなるにつれ、再就職するにしてもパートタイマーとして働く女性が多いように思える。

果たして実態はどうか。その変化のあり様について、以下、ＪＰＳＣを使って、学歴によるちがいを中心に見ていくことにする。

2　世代別にみた学歴構成と学部選択の変化

女性の高学歴化に伴うライフキャリアの変化をみる前に、まずは本章の分析対象である1960～80年代生まれの女性の学歴構成について、JPSCデータを用いて確認しておく。最終学歴を中卒：中学校を卒業、高卒：高校を卒業（または高校を卒業せず専門・専修学校を卒業した者を含む）、専門卒：専門・専修を卒業（高校を卒業した後、専門・専修学校卒業）、短大卒：短大・高専を卒業、大卒以上：大学（4年制）・大学院を卒業の五つに分けると、1960年代生まれでは高卒の割合が最も高く、全体の45％を占める。次いで多いのは短大卒（20％）、専門卒（18％）で、大卒以上の割合は12％ほどと少数である。1970年代生まれでは、短大卒および専門卒の割合はほとんど変わらないものの、高卒の割合が約10％ポイント低下し、その分大卒以上の割合が約10％ポイント上昇した。それが1980年代生まれになると、高卒の割合はさらに10％ポイントほど低下し、大卒以上の割合が高卒を上回り最も大きなウエートを占めるようになる（37％）。1980年代生まれにおける大卒以上の者の増加には、高卒割合の低下に加え、短大卒の割合の低下も寄与している。一方で、中卒の割合と専門卒の割合はそれぞれ5％と17％前後で推移しており、世代による差はほとんどみられない。

このように三つの世代を比較すると、高卒以下の割合が半数を上回っていた1960年代生まれに比べ、若い世代ほど大卒の割合が上昇し全体として女性の高学歴化が進んだことがわかる。女性の高学歴化は男女の学歴差を縮め、今や大卒の男女が新規学校卒業者のマジョリティを占めるようになった。

その一方で同じ「大卒」であっても、職業や雇用形態に関しては今なお男女差が存在している。その背景の一つとして考えられるのが、大学における男女の学部選択のちがいである。文部科学省の「学校基本調査」を用いて、１９８５年、１９９５年、２００５年の三時点の学部構成比を男女別に比較すると、男子学生の学部構成比は年代によって大きく変わっていない。これに対し、女子学生では、近年ほど人文科学の割合が減少し、社会科学や教育の割合が上昇している。一方、理学や工学、農学などの理系学部の割合はそこまで上昇しておらず、男子学生に対して女子学生が文科系の学部を選択している現状は、それほど大きく変わっていない。

3　年齢別にみた女性就業の変化

従来からの日本における女性就業の特徴として、年齢別にみたときに労働力率がM字カーブを描くことが指摘されてきた。すなわち、女性の労働力（参加）率は学卒後の20歳代でピークを迎え、その後の30歳代で落ち込み、40歳代以降で再び上昇する。アルファベットの「M」に似た曲線を描くことから、M字カーブと呼ばれてきた。この特徴的な労働力率の推移は、万国共通ではなく、女性の社会進出の進む欧米諸国では現在ほとんど見られなくなっている。30歳代での労働力率の低下は、出産や育児期に仕事を辞める女性が多いことを示しているといえるが、それでは近年の高学歴化や男女平等の進展を受けて、日本の女性就業の構造は変化してきているのだろうか。

図1－1および図1－2は世代別の年齢と就業率および正規雇用率の関係を表している[1]。図1－1をみると、比較する三世代の中で最も上の世代にあたる1960年代生まれでは、30歳代前半を中心に就業率が低下し、その後上昇していることが確認できる。これは上述したM字カーブの特徴に合致する。一方で、1970年代、1980年代生まれの若い世代ほど、30歳代での就業率の落ち込みは小さくなり、M字カーブの底は浅くなってきている。また、その他の年齢層における就業率そのものも、若い世代のほうが高くなっており、働く女性の割合そのものも全般的に上昇していることがわかる。このような変化の背景には、仕事と子育てを両立できる環境が整ってきたことだけでなく、非婚化により結婚退職が減ったことや晩婚化により子どもを持たない女性が増えたこと、出産する場合でも年齢の幅が広がった影響が大きいと考えられる。

続いて正規雇用に限った場合、就業率はどうなるかを見てみよう。図1－2がそれである。この図をみると、正規雇用率は20歳代前半で最も高く、その後は年齢とともに緩やかに低下していく。これをL字カーブと呼ぶことがある。図1－1の就業率との大きなちがいは、図1－2

図１－１　世代別の就業率の年齢推移

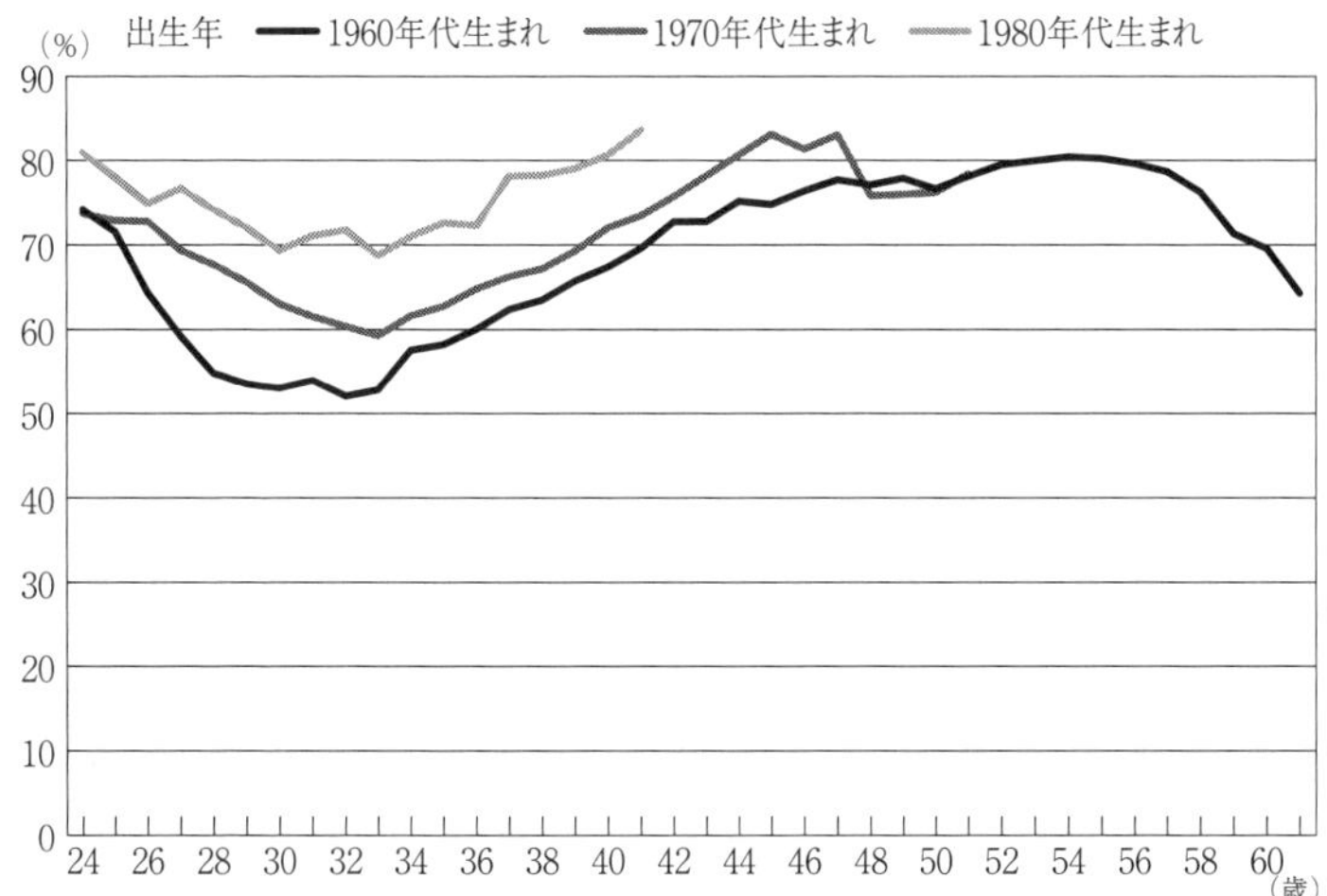

図１－２　世代別の正規雇用率の年齢推移

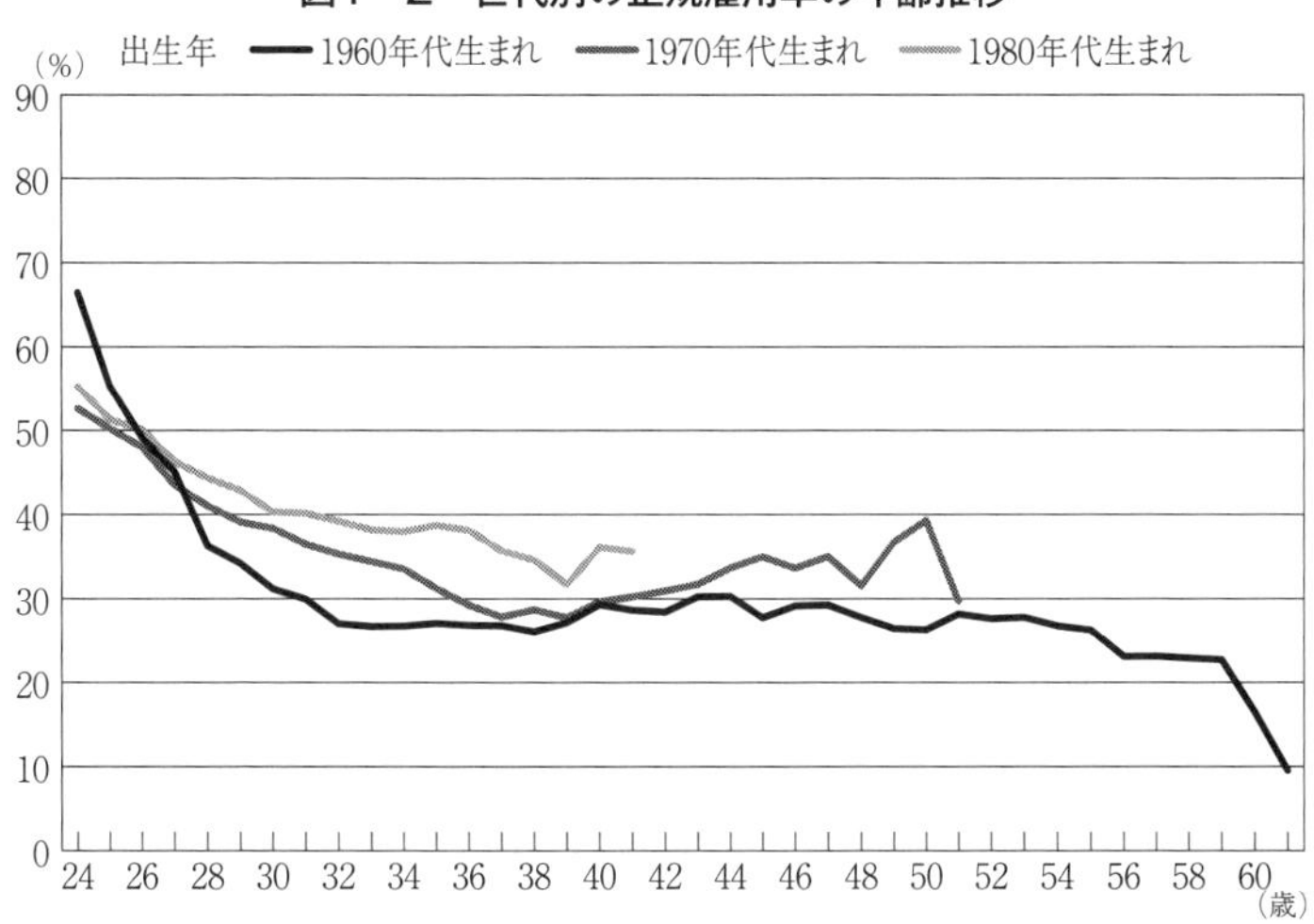

の正規雇用率は出産や子育てが一段落ついたと考えられる40歳代以降でもほとんど回復していない点にある。一度正規雇用の仕事を辞めた場合、職場や家庭の何らかの理由により正規雇用として再就職することが難しいことが示唆される。その結果、パートタイマー等の非正規労働者として再就職する人が多いといえる。

世代間の比較をすると、20歳代前半では１９６０年代生まれの女性の正規雇用率が最も高いものの、その後の低下スピードは速く、20歳代後半以降では低下速度の遅い若い世代のほうが正規雇用で働く人の割合は高くなっている。

このように、加齢に伴う就業率、正規雇用率の推移は世代によっても異なる。果たして学歴による差はあるのだろうか。回答者の学歴を、高卒以下、専門・短大卒、大卒以上の三つに区分して、年齢ごとの就業率と正規雇用率について比較してみる。かつては学歴による就業率に明確な差は見られなかったが、若い世代になると高学歴女性のほうが就業率は高い傾向にあることが確認される。

他方、正規雇用率については、以前から学歴間に統計的な差があったことが見られる。いずれの世代においても高学歴ほど正規雇用の割合は高く、特に最も若い１９８０年代生まれでは学歴による正規雇用率の差は大きくなっている（図１－３）。

図1−3　世代別にみた正規雇用率と学歴の関係

学歴　高卒以下　専門・短大卒　大卒以上

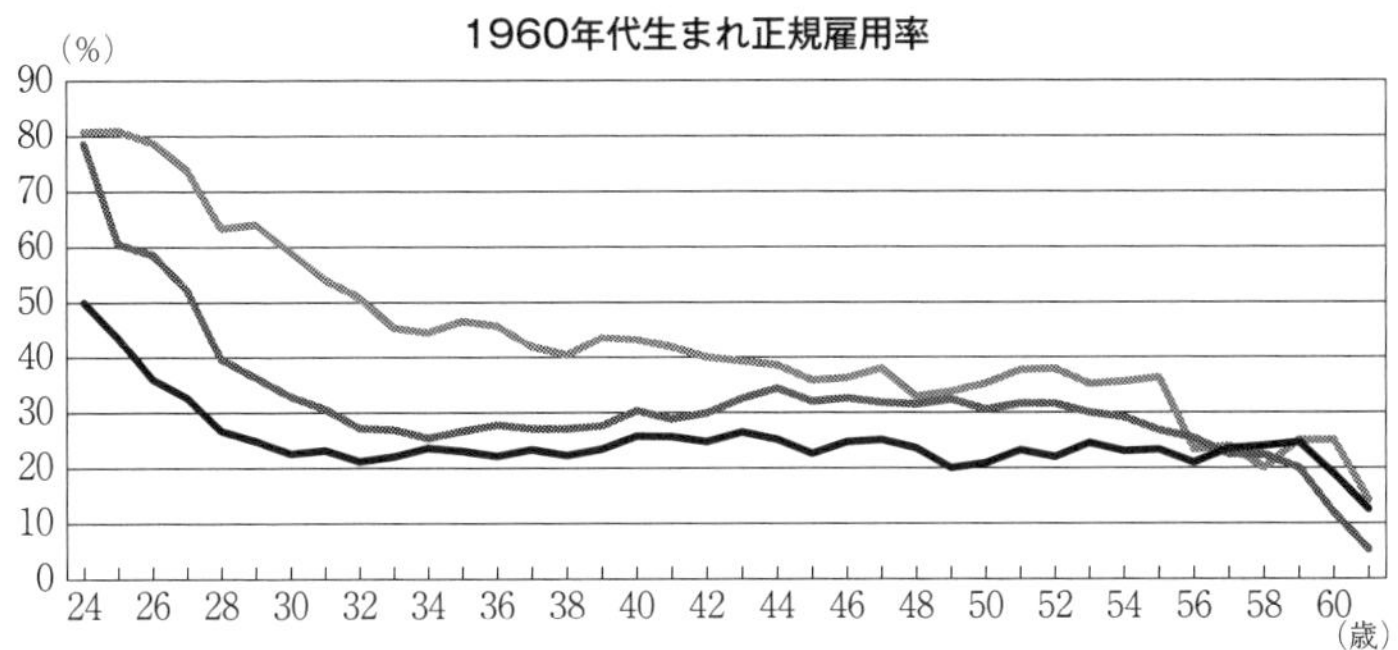

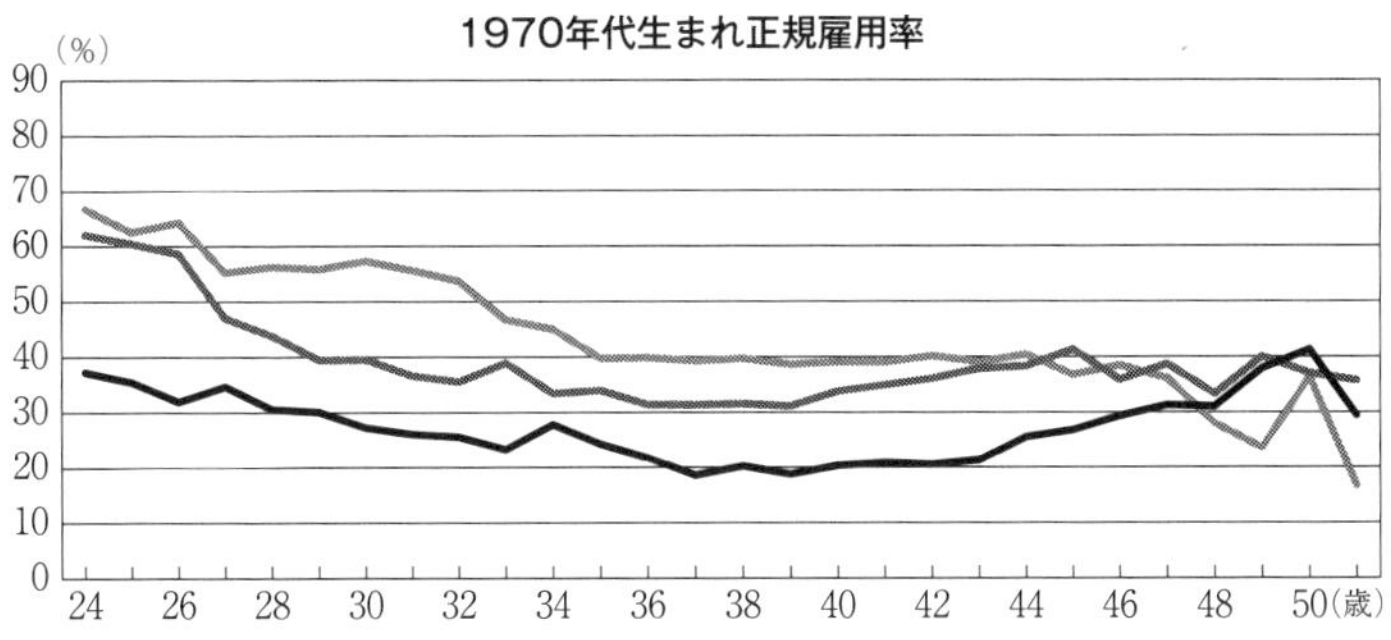

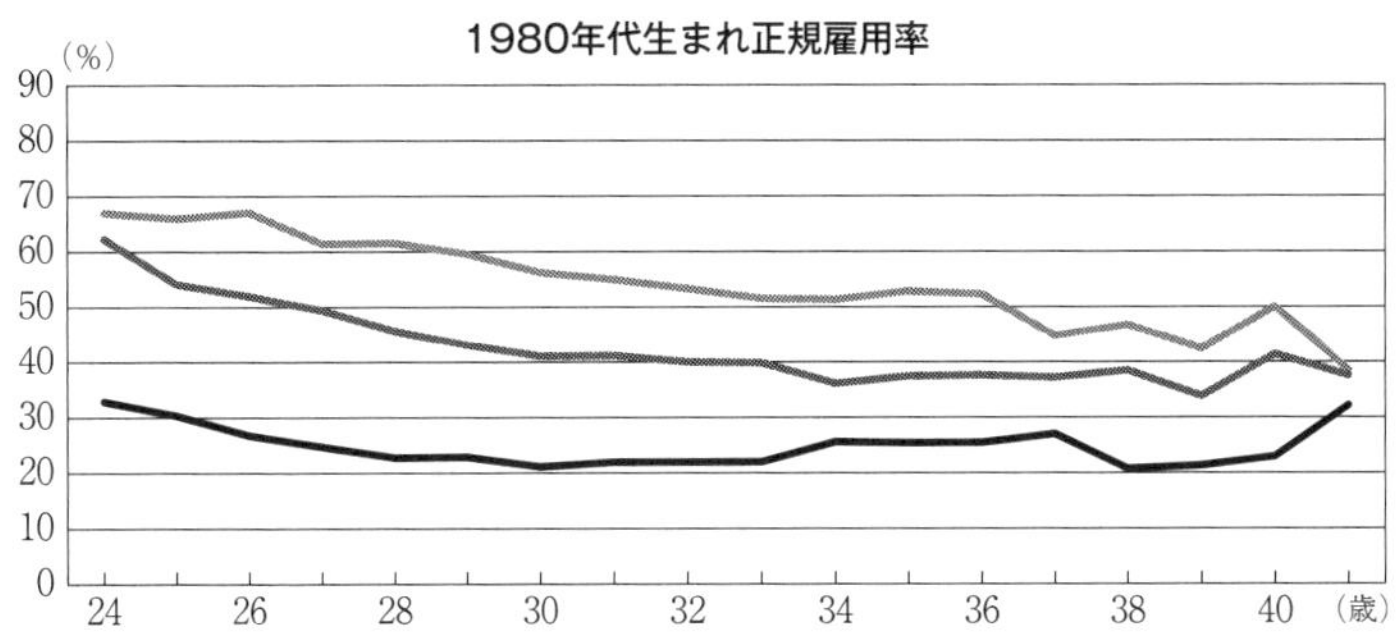

4　イベントごとにみる女性のライフキャリアの変化

前節でみたように、この30年間で女性の就業率は大きく上昇し、高学歴女性を中心に結婚・出産期やそれ以降においても働き続ける女性が増えている。一方で、正規雇用率に限ると子育てが一段落する40歳代以降になっても回復しないことから、総じてみると、依然として女性が男性と同じようなキャリアを築いているとは言いがたく、ライフステージに合わせて働き方を変化させていると言わざるを得ない。本節では、生涯を通じた継続就業の変化を個別のライフイベントに着目することによって、より詳細に女性の高学歴化がもたらした影響について見ていくことにする。

(1)　学卒後の就業選択の変化

男女雇用機会均等施策の導入、特に募集・採用における女性差別（男性のみの採用等）の禁止が女性のキャリア選択に影響したことは間違いない。たとえばこれを機に、以前の男女別の雇用管理ではなく、総合職・一般職といったコース別の採用・雇用管理を導入する企業も増えた。最後の学校を卒業した（学卒）後、最初についた仕事（初職）の職務についての変化に注目すると、最大の特徴は若い世代における非正規雇用の増加である。

たとえば１９６０年代生まれでは、就業している人は減ったものの、就業者に限ると、学歴によらず約９割が常勤の職員・従業員として働き始めているのに対し、１９８０年代生まれでは特に高卒以下を中心にパート・アルバイトの比率が急上昇する。若い世代では学歴による差も顕著である。初職が常勤の職員・従業員である割合は専門・短大卒や大卒では８割近いのに対し、高卒以下では６割に満たない。一方で、学卒後に一度も就業経験のない女性の割合は数パーセントと小さく、世代や学歴による差もほとんど見られない。

それでは、女性は働き始めた後、初職をどのくらいの期間、継続して働いているのだろうか。若者の早期離職は社会問題の一つとなっているが、離職率は学歴と強く関係しているといわれる。新卒の３年以内離職率が中卒で７割、高卒で５割、大卒で３割となる現象は、かつて七五三現象と呼ばれ話題になった。

このような傾向は近年でも確認できるのだろうか。ＪＰＳＣデータでは中卒はサンプル数が限られるため、学歴を高卒以下、専門および短大卒、大卒以上の三つに分け、初職の離職率を世代ごとに比較してみよう。５年未満に離職した人の割合は、１９６０年代生まれで59・１％、１９７０年代生まれで64・８％、１９８０年代生まれで60・８％となっており、全体でみると世代による差は小さい。

続いて学歴による差をみると、どの世代でも高卒以下の離職率が最も高く、学歴が上がるにつれて離職率は低下していく。一方で、１９８０年代生まれの若い世代では、学歴による離職率の差が特に大きくなっており、大卒以上の離職率は5割程度であるのに対し、高卒以下の離職率は75％を上回り、すべての世代の中で最も高くなっている。

⑵　家族形成の変化

女性の学歴により、家族形成、すなわち結婚や出産、離婚の選択にも大きなちがいが見られる。たとえば就学年数が伸びれば働き始める年齢も上がるため、学生結婚や婚外子の比率が低い日本においては、平均的にみて結婚や出産の時期は遅くなると考えられる。また、女性の社会進出は晩婚化・晩産化だけではなく、そもそも結婚や出産をしない女性の増加をもたらす傾向にある。「国勢調査」によれば女性のいわゆる生涯未婚率（50歳まで一度も結婚したことのない人の割合）は１９９０年の４・３％から２０２０年には16・４％へと約4倍になった。

図１－４はＪＰＳＣデータを用いて、結婚経験のある女性の割合が年齢とともにどのように増加していくかを世代別に示している。１９６０年代、70年代、80年代生まれのいずれの世代においても、25歳から30歳にかけて多くの人が結婚する傾向にあることは共通しているが、どの年齢でみても若い世代のほうが結婚したことのある人の割合は低い。

たとえば40歳時点では、１９６０年代生まれの9割が結婚経験を持つのに対し、１９８０年代生まれではおよそ4人に１人が一度も結婚を経験しておらず、若い世代ほど、晩婚化や未婚化が進んでいることがわかる。学歴別にみた場合、どの世代においても高学歴ほど30歳代まで

図１－４　世代別の結婚経験の年齢推移

出生年　1960年代生まれ　1970年代生まれ　1980年代生まれ

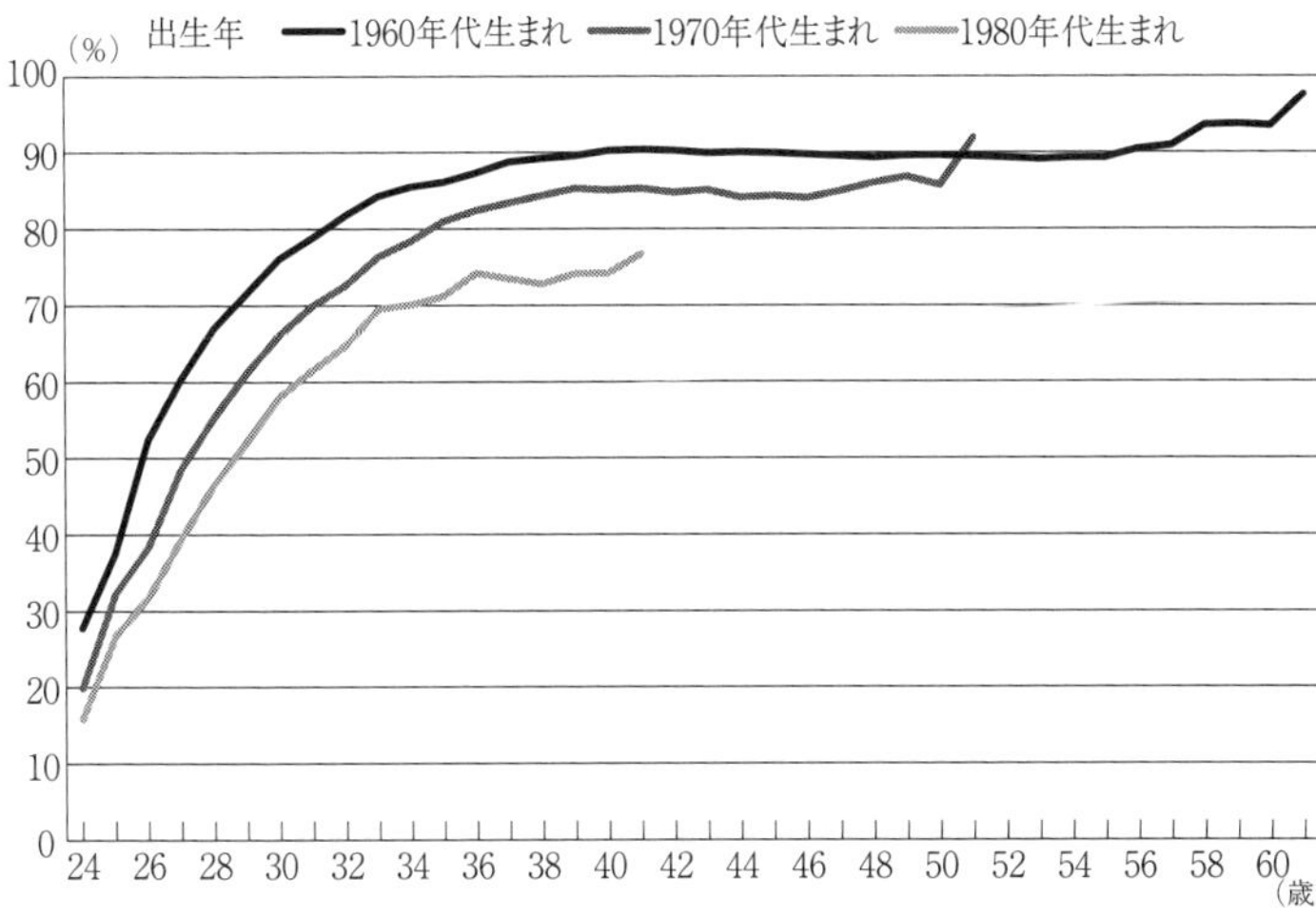

の結婚経験率が低くなるが、40歳代になると学歴による差は小さくなる。

学歴による差は結婚経験だけでなく、離死別経験者の割合についても生じている。結婚経験者のうち、一度でも離死別を経験したことのある人の人口に占める比率を比較すると、世代による離婚経験者の割合に大きな差は確認できない一方で、いずれの世代においても高学歴ほど離婚経験者の割合は低い。高学歴のほうが晩婚・未婚の傾向が強いものの、一度結婚したあとでは、逆に婚姻状態を継続しているといえる。

出産についてはどうか。図１－５は世代別・学歴別に平均子ども数を示している。子どもの数に関する情報は、対象者が最後に回答した調査時点の子どもの数を用い、子どもがいない人を含めて現在、結婚しているかを

図1－5　世代・学歴別の子どもの数

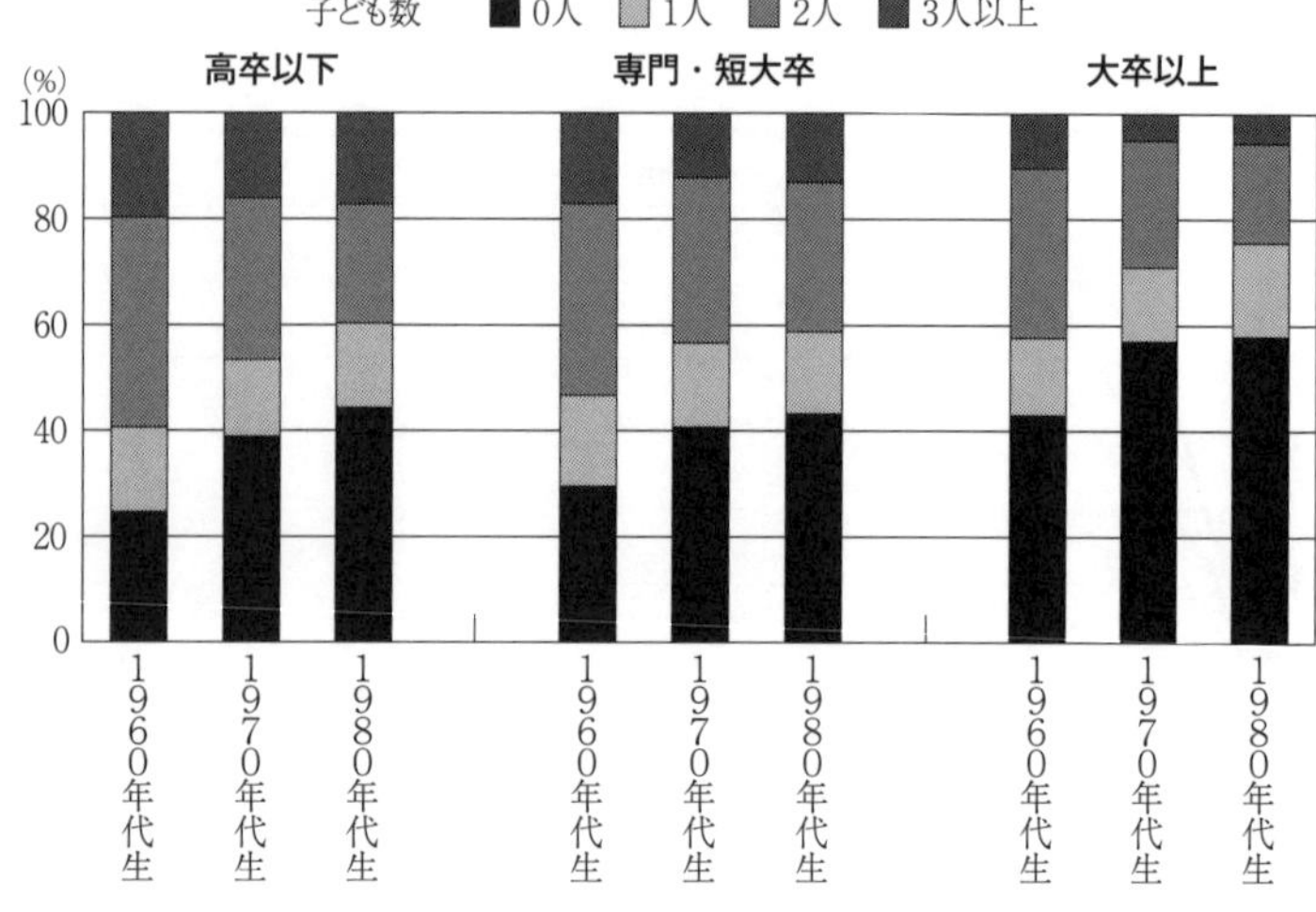

問わず、すべての女性を対象としている。(2)

図1－5から、若い世代で高学歴ほど子どものいない人が多く、平均子ども数は少ない。子どもが0人の人を含めた平均の子どもの数は、1960年代生まれ1・5人、70年代生まれ1・1人、80年代生まれ1・0人である。また学歴別の平均子ども数は、高卒以下1・4人、専門・短大卒1・3人、大卒0・8人である。特に若い世代の大卒では子どもがいない人が過半数に及び、今後子どもを持つ可能性もあるとはいえ、高学歴層を中心に子どものいない独身やDINKsが増加していることが読み取れる。

(3)　夫の収入と妻の就業・世帯収入の変化

結婚し家族ができると、個人の所得という

よりも世帯全体の所得が生活水準を左右するようになる。夫の所得は妻が働くかどうかの決定に大きな影響を与えており、夫の所得が高いほど妻の就業率は低いことが確認されてきた。この関係は「ダグラス＝有沢の法則」と呼ばれ、広く知られてきた。このことは夫の所得が高いと世帯は豊かで、妻は働く必要はなく、実際、妻は働いていないことを示していた。それだけ、夫の所得が主、妻の行動が従であるといえた。だが、近年、こうした関係は見られず、夫の所得の高い世帯でも就業している妻は多いといわれる。

「ダグラス＝有沢の法則」が現在も成立しているかどうかを検証することは、女性の労働供給、すなわち働くのかどうか、働くとすればどのくらい働くのかを分析する上で重要であるだけではない。個人の所得格差と世帯の所得格差の関係を分析する上でも、さらには税制を考える上でも重要である。もしも「ダグラス＝有沢の法則」が今も成り立っているとすれば、夫の所得が高いと妻は就業しないわけであるから、夫の所得格差よりも、夫婦合算の所得格差のほうが小さいことになる。これに対し、夫の所得が高くても妻の就業している割合は高く、所得も高いとすれば、個人の所得格差以上に、夫婦合算の所得格差のほうが大きい可能性もある。個人を課税単位とした所得税制において累進課税をとるべきか、夫婦合算所得を課税単位とした累進税制をとるべきか、「ダグラス＝有沢の法則」が成立しているか、成立していないかによって、公平性に関する議論の展開はちがってくるはずである。

果たして、近年、「ダグラス＝有沢の法則」は成立しているのか、それともそうした関係は見られなくなっているのか検討してみる。さらには妻の就業と所得との関係を見るのであれば、就業形態によって所得の大きな差がある以上、就業形態が正規雇用か非正規雇用か、両者を識別して、検証していくべきであろう。以下では、夫の収入によって妻の就業率と正規雇用率がそれぞれどのように異なるのかをみていく。

図1－6では夫の年収階層ごとの妻の就業率と正規雇用率を世代別・学歴別に示している。全体でみると、夫の年収が高いほど妻の就業率と正規雇用率はいずれも低くなる。すなわち、若い世代になっても「ダグラス＝有沢の法則」は成り立っているように思われる。いずれの世代、学歴においても、夫の年収が200万円未満の世帯における妻の就業率は最も高く、正規雇用率についてもおよそ同様の結果がみられる。また、大卒では正規雇用率が高いのに対し、高卒では、就業率に比べて正規雇用率が高くないことから、高卒の場合には他の学歴に比べて夫の年収によらず非正規雇用として働く人の割合が高いといえる。

ただし、より詳細にみていくと、1980年代生まれの若い世代では妻が大卒の場合には、夫の収入が上がっても妻の就業率は下がりにくい。夫が1000万円以上の場合にも正規雇用として働く大卒の妻が存在しており、特に若い世代の大卒では夫の所得によらず妻が就業を選択していることがわかる。すなわち、夫の労働所得が高いと妻の就業を選択しなくなるといった関係は近年、一部では薄れてきているが、なくなったわけではない。

続いて、世帯年収が年齢とともにどのように推移していくのかをみてみよう。世帯年収を本

図1－6　夫の収入と妻の就業率・正規雇用率の関係

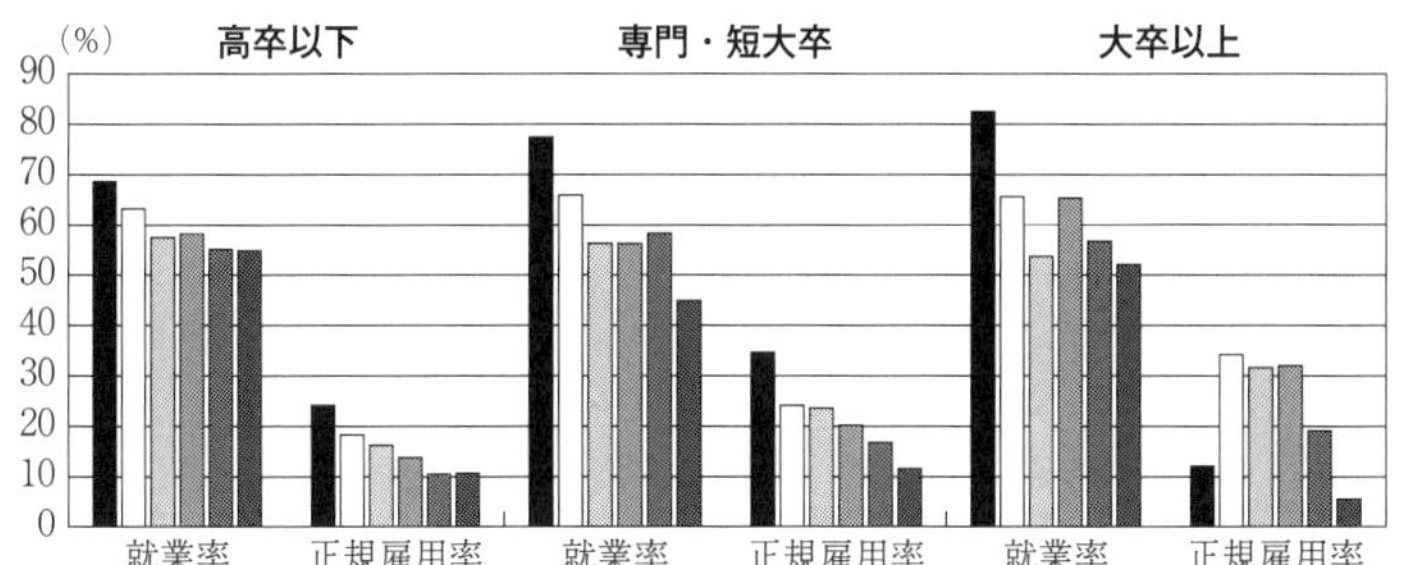

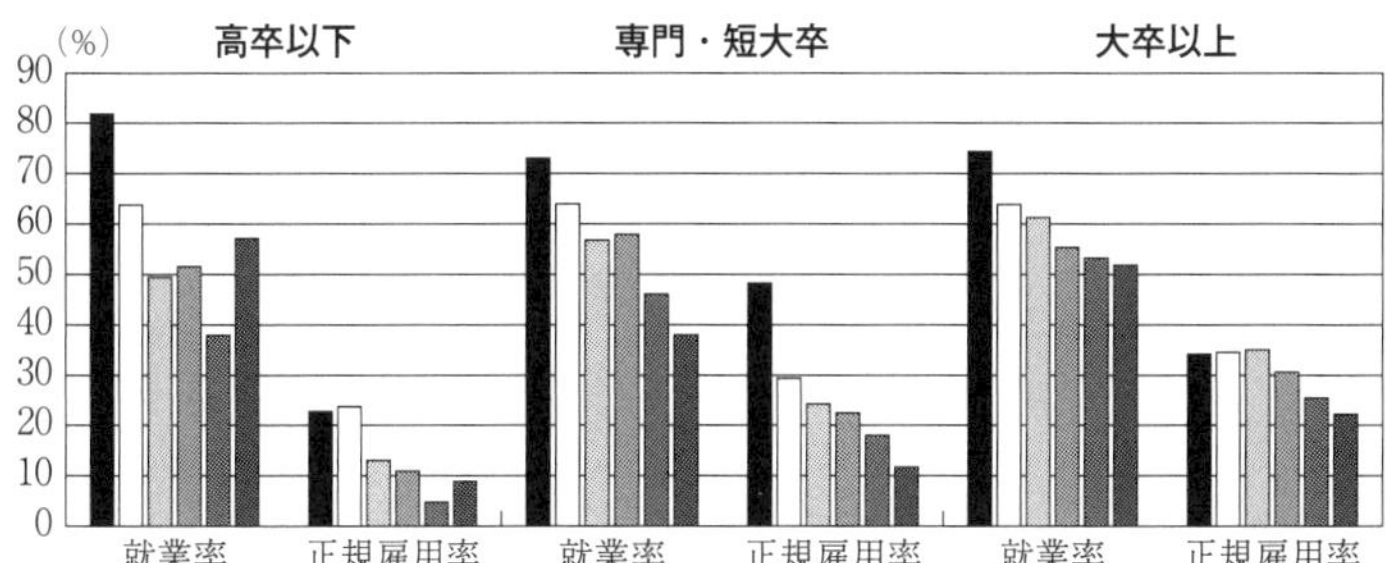

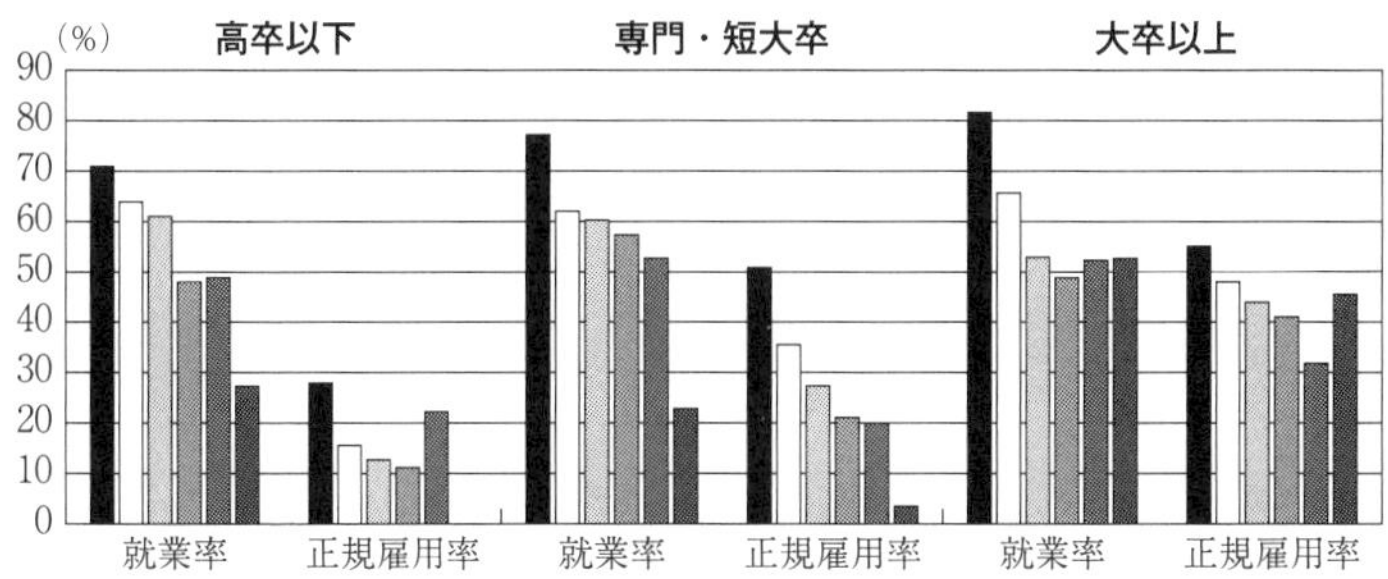

図1－7　等価世帯年収の年齢推移

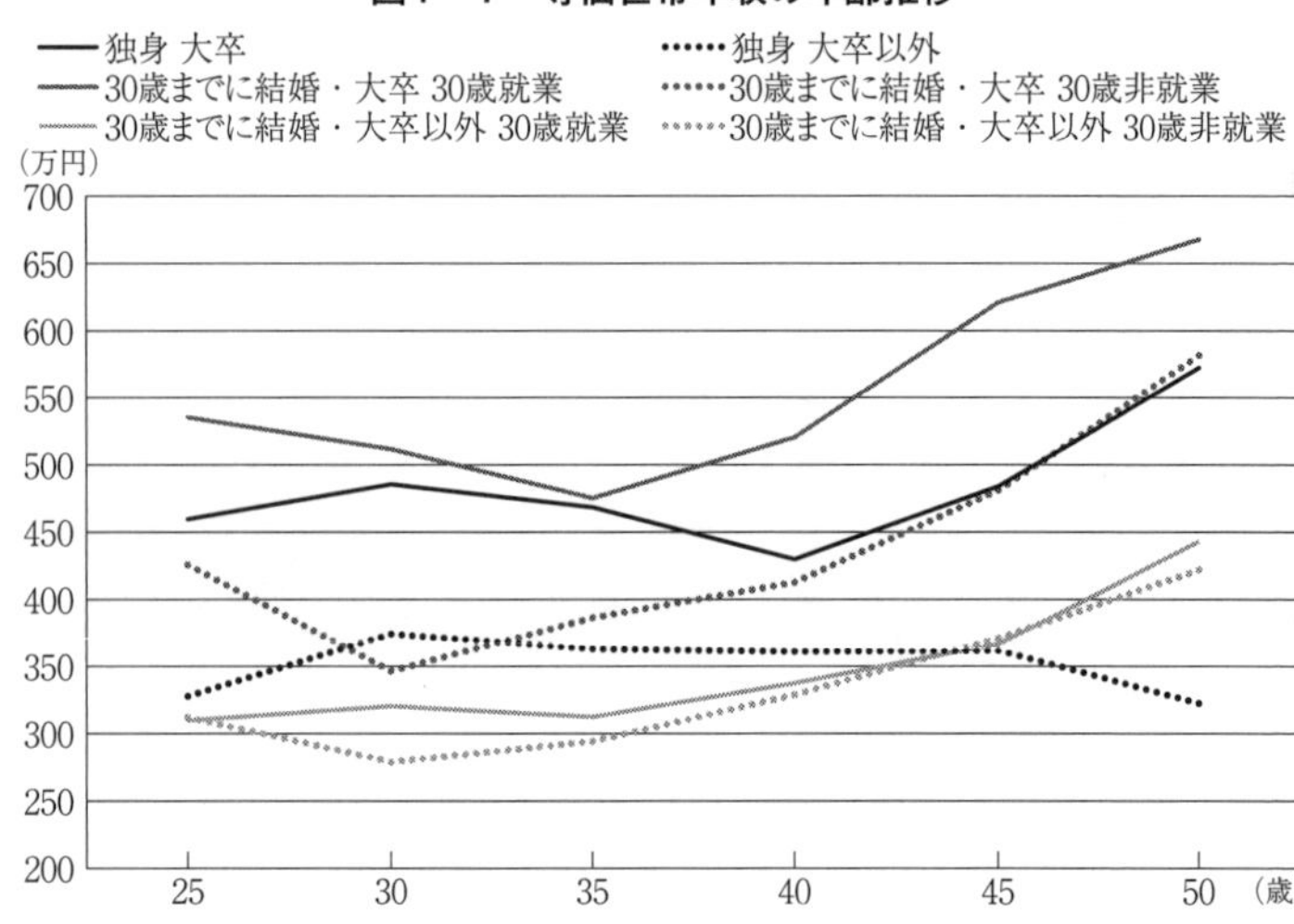

人の年収、配偶者の年収[3]、夫婦以外の世帯員の全員の合算年収として定義すると[4]、世帯年収は妻の年齢とともにゆるやかに増加していく。世帯年収やその上がり幅はどの世代でも大きな差はみられず、類似した傾向を示している。

世帯年収ではなく等価世帯年収でみた場合にはどうだろうか。図1－7は配偶状態および30歳時点の就業状況に分けた上で、等価世帯年収の年齢推移を大卒と大卒以外で比較している。ここでいう等価世帯年収とは、世帯年収を世帯の人数の平方根で割ったものであり、世帯人員のちがいによる生計費のちがいを調整した上での豊かさを比較することができる。

30歳までに結婚している人では、30歳代後半以降、年齢とともに等価世帯年収は上昇する傾向にある。さらに、妻が大卒の世帯では、30歳時点での妻の就業状態によっても差がみられ、妻が働いていた世帯のほうがそうでない世帯よりも一貫して等価世帯年収は高い。反対に妻が大卒以外の世帯では、30歳時点の妻の就業状態によって等価世帯年収はほとんど変わらない。

ここでは既婚女性に限定し、30歳という一時点での働き方のみによってグループ分けしているため、厳密な議論を行うことは難しいが、大卒女性でのみ妻の働き方によって等価世帯年収が異なる理由の一つは、高学歴女性ほど就業した場合に得られる期待賃金が高いため、妻が働くことが世帯年収に与える影響が大きいからであろう。さらに、賃金の高い大卒女性の配偶者も高所得であることが多いため、夫婦合算でみた場合にはより所得格差が大きくなっている。また、妻が30歳時点で働いていない世帯でも学歴による等価世帯年収の差がみられることから、高学歴の妻ほど、夫の収入も高いといえる。すなわち、専業主婦世帯でも共働き世帯の中でも、妻の学歴によって等価世帯収入に大きな差があり、かつ、就業した場合に収入の高い高学歴女性が収入の高い男性と結婚していることで、共働き世帯の中でも学歴による世帯収入の差が年齢とともにより大きくなっている。

調査期間中にずっと独身だった人に注目すると、学歴による差ははっきりとみられ、特に大卒では等価世帯年収は高い水準で推移する。ただし、学歴によらず独身の場合には、等価世帯年収はあまり変化せず、年齢が上がっても収入が増えてはいかない。図1－7でみる独身者の等価世帯収入は特に若い時期には低くはないが、この中には、離婚経験のある女性は含まれていない点に注意されたい。離婚を経験し、子育て中のシングルマザーの中には、所得が低く貧困に直面している人も少なくない（詳しくは4章参照）。

(4)　出産と妻の就業の変化

女性の就業決定に大きな影響を与えているのは夫の所得だけではない。女性の労働力率は30歳代を中心に一度落ち込み、その後再び上昇するM字カーブを描く。このような現象が生じる理由の一つは、出産や子育てを理由に離職する女性が多く存在することである。3節でもみたように、近年では労働力率の落ち込みは緩やかになってきているが、出産前後で女性はどのように働き方を変化させてきているのだろうか。

図1－8は第一子出産について、「産前産後仕事についていましたか。」という質問に対する回答を利用して、世代別・学歴別に出産前後の働き方（出産前から非就業、出産を機に退職、出産前後とも就業の三つの分類）について比較している。

まず世代間の比較をすると、若い世代ほど第一子出産前から働いていない人の割合は低下し、出産後も就業を継続している人の割合は上昇する。1960年代生まれでは、出産前から非就業が45%、出産を機に退職する人が29%で、出産後も就業を継続している人の割合は26%であった。70年代生まれでは、出産を機に退職する人の割合はほとんど変わらないものの、出産前

図1−8　世代・学歴別の第一子出産前後の働き方

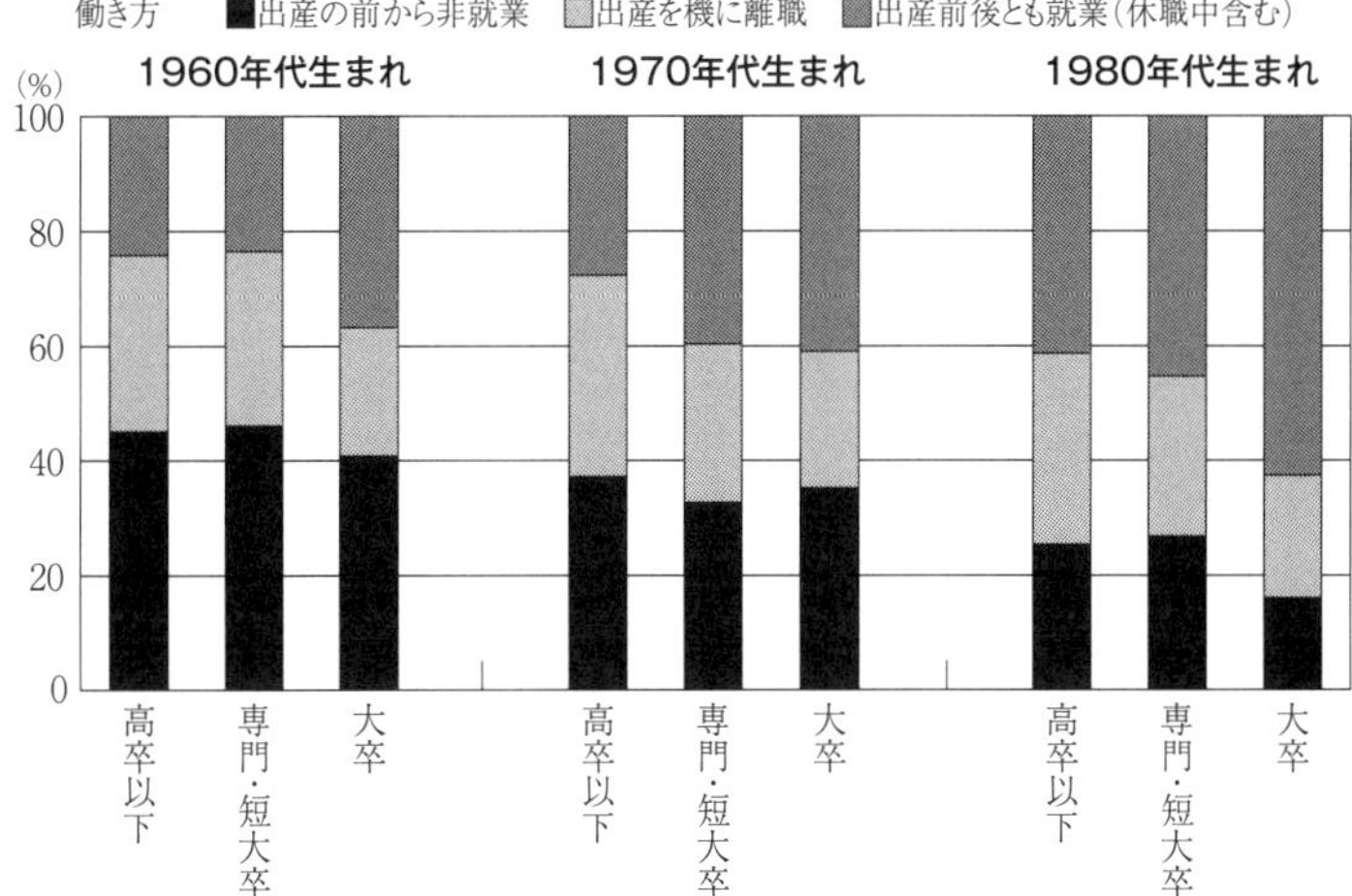

から非就業の割合が10％ポイントほど低く、その分出産後も就業継続の割合が10％ポイント上昇する。80年代生まれになると出産後も就業継続の割合はさらに上昇し、過半数の53％に達した。

出産前から非就業の女性の割合は減少する一方で、出産を機に退職する女性の割合は26％となっており、世代による差はほとんどみられない。すなわち、世代、出産前に働いている女性を分母にした場合、出産を機に退職する人は減っているものの、全体でみれば３割弱の女性が出産を機に仕事を辞めているという現状は、ここに掲げた世代に限れば、変わっていない。

続いて学歴別にみると、上の世代でも高学歴女性のほうが仕事を辞めにくい傾向にある。特に若い世代で学歴による差は顕著に大きい。

1980年代生まれでは大卒女性のうち、出産後も就業を継続する割合は63％で、これは同世代の他の学歴よりも20％ポイント近く高い。若い世代ほどの学歴でも出産後も就業継続する女性が増えてきているが、特に高学歴女性が働き続けるように変化したことの背景には、育児休業制度や短時間勤務など仕事と家事を両立するために国が進めてきた諸政策の恩恵を特に得やすい企業や雇用条件（たとえば大企業や正規雇用）のもとで働ける女性に、高学歴女性が多いことが影響しているかもしれない（詳しくは第6章を参照）。

高学歴女性の就業継続は、女性の役職者割合の増加につながることも期待される。実際、内閣府の令和4年「男女共同参画白書」によると、民間企業の階級別役職者に占める女性の割合は、この30年間で徐々に上昇した。しかしながら、男女雇用機会均等法により配置・昇進における女性差別は禁止されているものの、女性役職者割合の上昇率は低く、2021年の民間企業の係長級で21％、課長級で14％、部長級で8％と諸外国に比べ、いまなお低い状態にある。

(5)　離転職と就業継続、引退の変化

出産は女性の離職の大きな要因の一つであることは間違いないが、このほかにも女性の継続就業に影響を与える要因はさまざま存在する。平成29年「就業構造基本調査」によると、働いている人の中で転職したことのある女性の割合は、25～34歳で約5割、35歳以上では6割となっており、現在でも転職は女性にとって特別なことではない。本節(1)項では初職の離職率は高

図1－9　世代・学歴別の転職率（40歳未満）

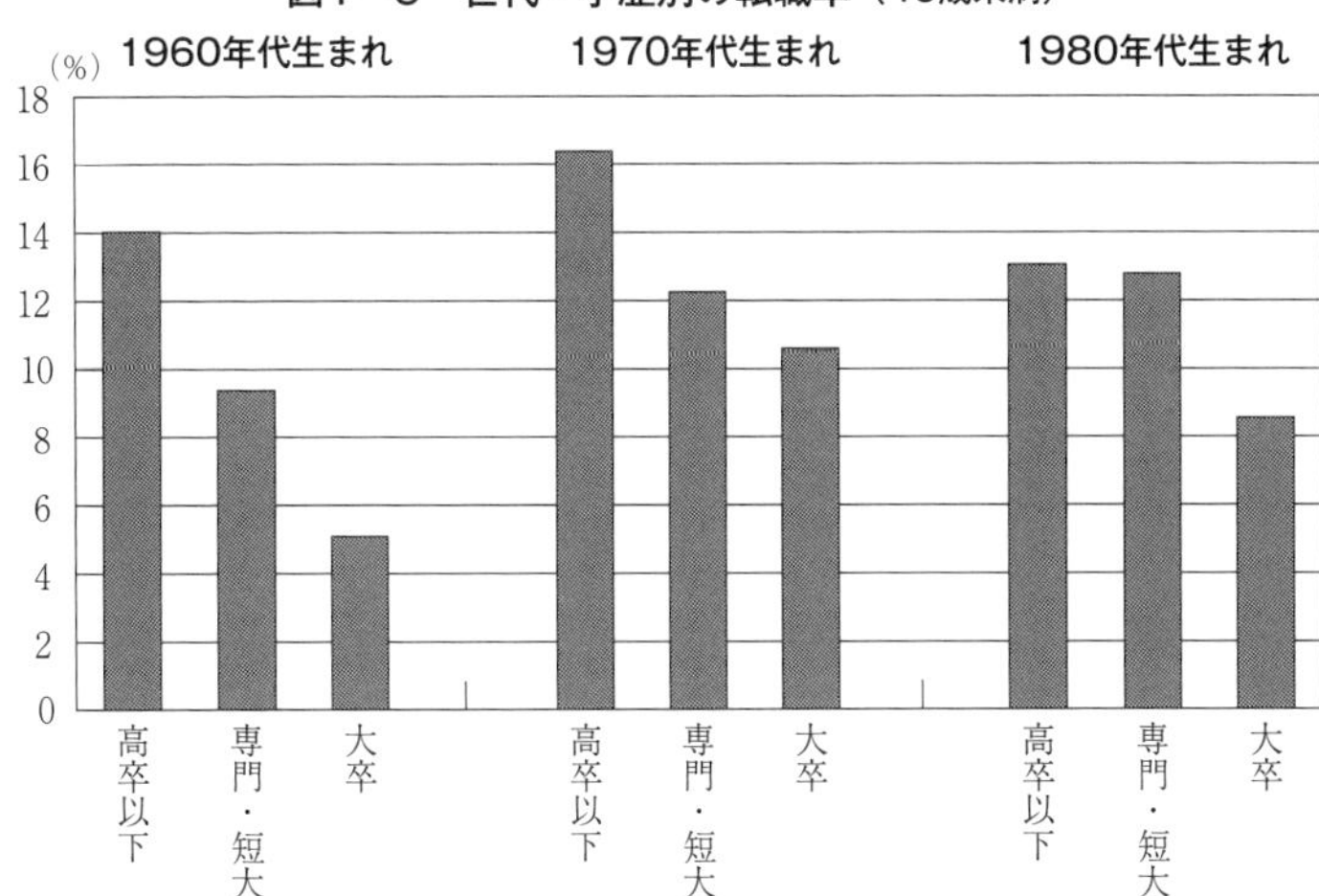

学歴ほど低い傾向にあることを示したが、初職に限らず転職や離職行動には学歴によってちがいがあるのだろうか。

まず、図１－９の40歳未満の1年ごとの転職率[5]を世代別・学歴別にみると、世代による転職率の差は小さく、どの世代でも平均11～13%となる。一方、学歴による差は明白に存在し、高学歴ほど転職率は低くなる。ただし、１９６０年代生まれの上の世代では、高卒以下と大卒以上の離職率には3倍近い差がみられたのに対し、１９８０年代生まれでは高卒以下で13%、大卒以上で９%ほどとなっており、学歴による差は縮まりつつある。一方、転職を含まない1年ごとの離職率[6]を見ると、その傾向は異なり、世代による差が小さいだけでなく、学歴による差も明確には見られなくなる。

就業継続年数についてはどうか。40歳の時点で、その当時働いていた会社に何年勤めているか[7]を世代別・学歴別にみると、平均的には高学歴ほど就業年数は長い。それだけ同じ会社に長く勤めている傾向が確認される。ただし、1960年代生まれでは学歴と就業継続年数の正の相関は明確に確認できるのに対し、80年代生まれでは両者の関係はあいまいになる。図1－9でみたように学歴が高いほど転職率が低いという関係も近年薄れつつあり、高学歴女性でも同じ会社に長く勤める傾向は薄れ、転職が一般的になりつつあるといえよう。

1960年代生まれの情報を用いて労働市場からの引退行動について概観しておくと、55歳から61歳にかけて就業率は緩やかに減少することが確認できる。50歳代後半の就業率は高学歴ほど高く、55歳時点の就業率は大卒以上で87％、専門・短大卒で82％、高卒以下で75％である。ところが、60歳の時点では就業率に学歴差はみられなくなり、61歳では大卒の就業率が最も低くなる。大卒では、60歳で定年[8]を迎えたのを機に引退する人が多いのに対し、それ以外の女性では、収入等の必要性からか、60歳以降も継続して働く女性が多くいることがわかる。

(6)　夫婦の家事分担と性別役割意識の変化

これまでみてきたように、近年では高学歴層を中心に女性の社会進出が進み、結婚や出産後も仕事を継続する女性が増加してきた。進学率や教育年数等の教育水準に関しては、もはや性別による差はほとんどなく、就業面でも男女差は縮まりつつある。

一方で、意識面についてはどうだろうか。国が進める男女共同参画社会の実現は、男女双方にとって生きやすい社会をつくることであり、性別により役割を固定的に考える「固定的性別役割分業意識」の解消を目指してきた。「男性は仕事、女性は家庭」といった、性別による役割分担の意識は、企業で働くかどうかの選択や、仕事内容、職場における配置や昇進を決める際に、男女間の格差をもたらす原因の一つと考えられている。それでは、このような意識は近年、稀薄化しつつあるのだろうか。

「男性は外で働き、女性は家庭を守るべきである」という考え方に対してどう思うかを比較⑨したところ、「そう思う、どちらかといえばそう思う」と回答した女性は全体の3割弱で、多くの女性はこの考え方に賛同していない。

ただし、賛成の割合が3割弱なのはどの世代にも共通しており、若い世代ほど性別役割分業意識が薄いかといえば決してそうではない。これを学歴別に見ると、全体として高学歴ほど性別役割意識は薄いが、特に学歴による顕著な差が見られるのは1960年代生まれの上の世代であり、大卒以上の場合、賛成の割合が1割ほどと低い。

一方、1980年代生まれでは学歴によらず賛成の割合は2～3割である。この結果は、進学率がそれほど高くなかった時代には性別役割分業意識の薄い女性だけが大学進学を選択していたのに対し、大学進学がめずらしくなくなった近年では性別役割意識に関係なく進学を選択する人が増えていることを反映しているのかもしれない。

図1－10　世代・学歴別にみた妻の雇用形態と夫婦の家事・育児時間の関係

妻の雇用形態　■専業主婦　■共働き

母親の家事・育児時間（末子12歳未満）

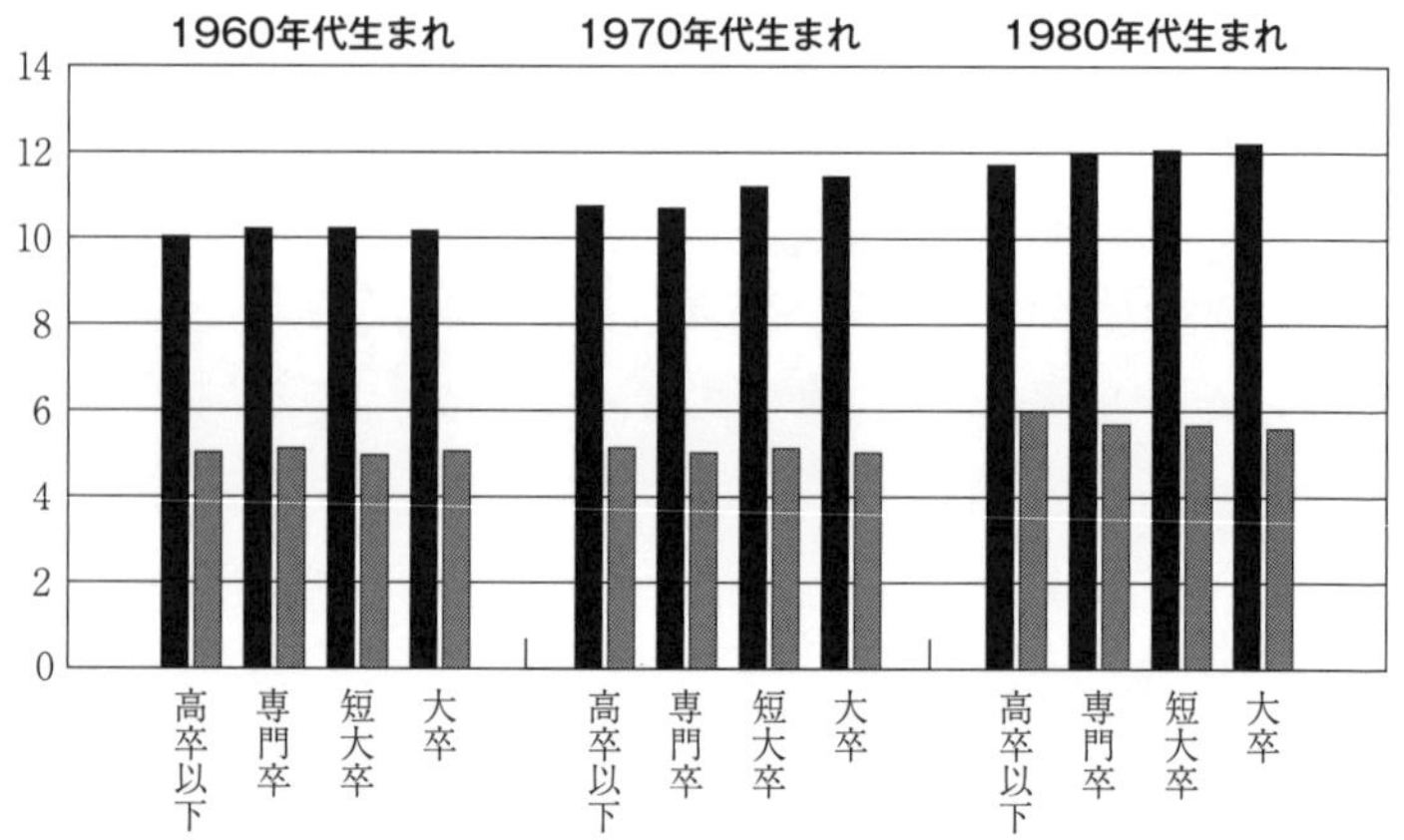

父親の家事・育児時間（末子12歳未満）

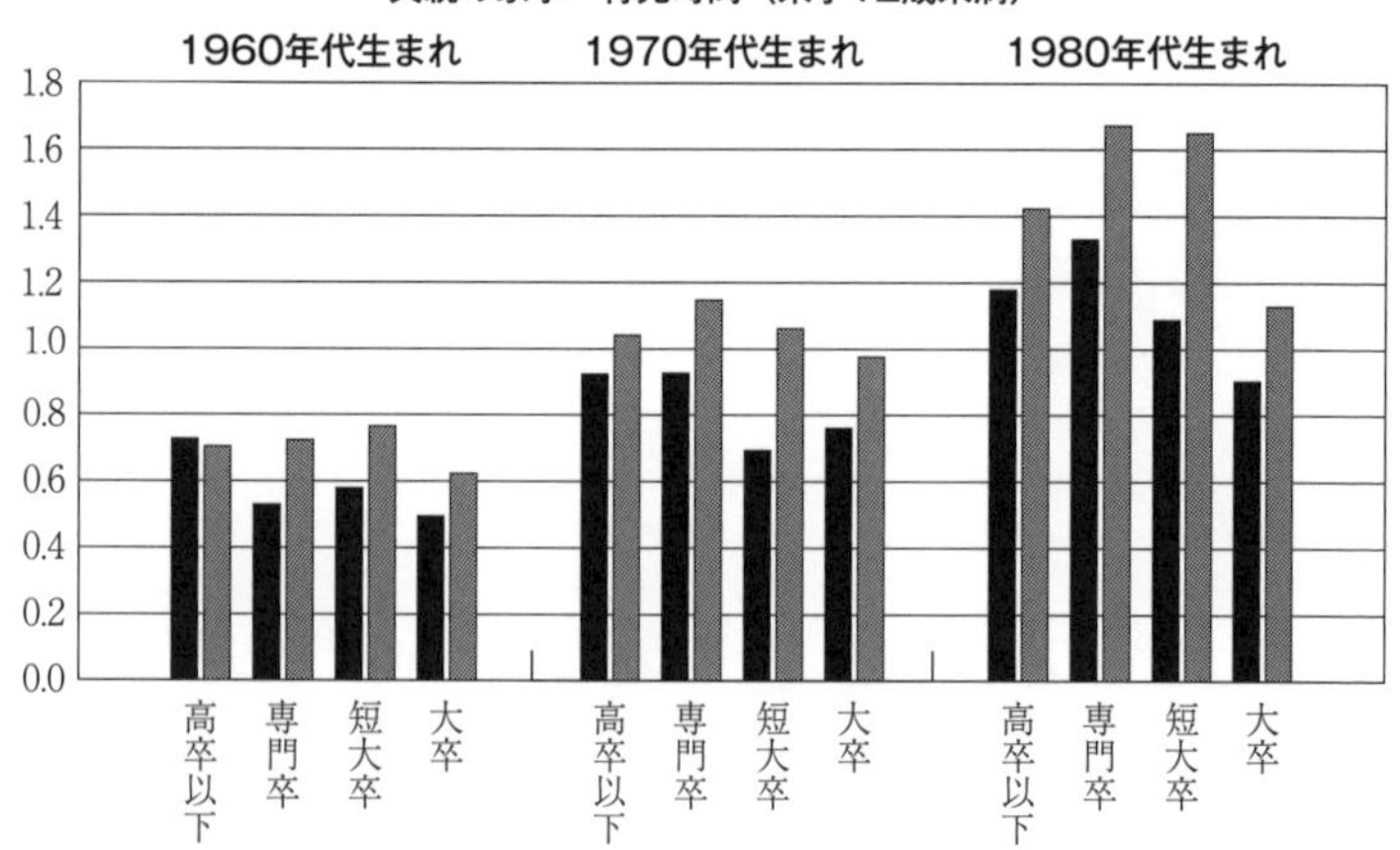

性別役割意識が大きく変化していることは確認できないが、一方でこの30年で女性の就業率は間違いなく上昇している。共働き世帯が増えている中で、家庭内労働、すなわち家事・育児の負担は夫婦で平等化してきているのか。図１－10は12歳未満の子どもを持つ夫婦の平日１日の家事・育児の時間[10]を専業主婦世帯と共働き世帯に分けて比較している。

まず母親に注目すると、専業主婦では平均で10・7時間、共働きでは５・２時間を家事・育児に費やしている。就業の有無によらず、母親の家事・育児時間には世代や学歴差はほぼない[11]。一方、父親に注目すると、平日１日の家事・育児の時間は専業主婦世帯では平均で０・６時間、共働きでは０・７時間となっており、共働き世帯のほうが長い傾向にあるものの、大きな差は見られない。

他方、学歴別に見ると、大卒の父親のほうが家事・育児をしていない傾向にある。世代別にみると、若い世代ほど家事・育児時間が長くなってきているものの、母親と比較すると父親は圧倒的に短い[12]。国際的にみても、日本では依然として性別役割分業意識が強く、女性の社会進出が進んでも、家庭内労働の多くを依然として女性が担っているといえよう。

5　女性の高学歴化がもたらした変化と課題

本章ではこの30年で女性の高学歴化に伴いライフキャリアがどのように変化してきたかを１

９６０年代、70年代、80年代生まれの三つの世代と学歴を交差させながら検証してきた。就業や家族形成、所得そして性別役割分業意識等のさまざまな面からこの30年間を見てみると、結婚や出産といったライフイベントを経ても働き続ける女性が増加し、また、結婚や出産の時期が遅くなったり、それらを選択しなかったりする女性が増加するなど、たしかに女性を取り巻く環境は大きく変化した。

これらの変化は特に高学歴女性を中心にみられる。進学率の上昇に伴って相対的な割合が増加した大卒女性の存在が、就業率の増加や出産後の就業継続等を通して女性の社会進出を加速させてきた。一方で、未婚化や少子化が加速し、子どもを持つ選択をした女性にとっては仕事と子育ての両立が少しずつ実現されつつあるものの、子どもを持つという選択肢そのものが選ばれにくくなったともいえる。

就業率はたしかに上昇したものの、女性管理職の割合は国際的にみても今もなお低く、多くの女性が活躍する社会が実現しつつあるとは言いがたく、一方で未婚化や少子化に歯止めがかからない現状がある。さらに、ライフキャリアごとの所得の推移を見ると、そこには大きな格差が生まれるようになっている。以前は、夫の所得の低い世帯において働く妻が多かったし、今もそうした傾向は観察される。しかし近年、夫の所得とは関係ない、あるいは夫の所得の高い妻も正社員として働き続ける人が増えており、夫婦の合算所得でみた世帯の豊かさにおいて、個人の所得格差以上に格差が拡大しているともいえる。

また、離婚率にも学歴による差がみられる。子どもを持ち離婚した所得の低い女性（シングルマザー）が増えているといった社会問題も生じている。そして本書では扱っていないが、非正規雇用の個人所得の低さ、そして社会保障の非加入が、後々、高齢者になってからの貧困問題につながっていくのではないか。今後、個人で見た女性の所得をいかにして引き上げていくか、問われることになる。

これらの課題を議論する上では、この30年において変化した面だけでなく、十分に変化してこなかった面についても注目する必要があろう。雇用機会や仕事と子育ての両立等を支援するさまざまな政策は、いずれも企業の制度改革に働きかけてきたものであり、人々の考え方、行動に直接影響してきたものは少ない。本章で検討した世代に見る限り、依然として我が国における人々の性別役割分業意識は強く、実際の行動をみても家庭内労働の多くを今も女性が担っている。企業においてもいまだにそうした意識は残っていることは否定できず、これが女性の就業・キャリア形成を難しくしている面がある。同時に、男性社員を前提に構築されてきた雇用慣行や人事管理制度、働き方に耐え得る女性であれば、活躍の場を用意するといった企業が依然として多く、こうした視点から制度改革や運用を変更した企業は多くないことは気にかかる。

今後、自発的な個人の改革に期待するのか、それとも政府による企業への働きかけを求めるのかは、大きな議論が求められるかもしれないが、人口減少社会において男女のちがいにかかわらず活躍できる社会を構築していく必要があることは間違いない。今後、男女の機会均等を求めるだけではなく、いかにして企業においても、家庭においても、男女ともに働きやすい、活躍しやすい社会を構築していくかが求められることはいうまでもない。そのためには、男性も女性も、性別役割分業の見直しが必要となろう。

少子化対策として、国は個人の考え方に直接働きかけることは問題があるとして、金銭的支援に偏った助成を行ってきた。たとえば子育て費用の一部を支援しようとして、主に金銭的助成、経済的支援を増やしてきたが、果たしてそれだけで十分か。これによって人々の望む出生率を実現できるのか。そして人口減少の中でSDGsの社会を構築していけるのか。人々の考え方や行動の変化なしにそれらを実現できるのか。今後は国による金銭的支援だけではなく、自治体や地域、NPO等を巻き込んだ人々の性別役割分業の考えや行動を見直し、ともに働き、ともに暮らしていく支援が必要になるのではなかろうか。

【注】

(1)　就業率は、JPSCの調査票において「あなたは現在（調査年9月）、仕事についていますか」という問に対し、仕事についていると回答すれば1、そうでなければ0となる変数を用いる。なお、休職中は0とみなす。正規雇用率は、「あなたの職務はどれですか」という問において「正社員・正職員」を選べば1、そうでなければ0となる変数を用いる。働いていない場合は0とみなす。

（２）特に１９８０年代生まれの若い世代では、今後さらに子どもを出産する可能性があるため、子どもの人数が過小評価されている可能性は否定できない。また、継子や婚外子等を識別してはいない。
（３）無配偶の場合は配偶者の年収は０として計算している。
（４）「年収（税込み）＝勤め先の収入＋事業収入＋財産収入＋社会保障給付＋その他」として計算。働いていない人も収入０として計算に含めている。
（５）前の年と異なる会社で働いていれば転職とみなし、就業者に占める転職した人の割合を示す。なお、調査時点で無職であっても１年以内に転職経験があれば転職とみなして計算に含める。
（６）前の年は働いていて、調査年には仕事をしていない人を離職とみなす（前の年が無職なら０、今は有職なら０）。
（７）30歳、40歳の時点でそれぞれの時点において非就業の人は計算に含めていない。
（８）本分析で用いるサンプルが60歳に達するのは２０１９年から２０２１年の３年間である。高年齢者雇用安定法の改正に基づき、定年制度は変更を繰り返してきた。60歳未満定年制が禁止されたのは１９９８年であり、２０１３年には65歳までの継続雇用を企業に義務化（対象：全希望者）、２０２１年には70歳までの就業確保措置が努力義務化されている。
（９）２０２１年（第29回）調査の回答を利用。
（10）日常の生活行動を通勤・通学、仕事、勉学、家事・育児、趣味・娯楽・交際など、上記以外の睡眠などの六つに分けた場合の、平日１日の家事・育児の時間（単位：時間）を使用。
（11）若い世代ほど家事・育児時間はわずかに長いが、これは12歳未満の子どもがいる世帯の中でも、若い世代ほど子どもの平均年齢が低いことによる影響かもしれない。
（12）ただし、父親の家事・育児時間は母親が回答したものである点に注意が必要である。

第Ⅱ部

結婚・家族

第2章

親元同居で「豊かな生活」は可能だったのか
――35歳時未婚者の生活の世代比較

田中慶子

1 「長い未婚期」の出現とパラサイト・シングルの誕生

1990年代以降、未婚化・晩婚化が進展した。これは1960年代生まれの女性たち（以下、60年代生まれと表記）において結婚行動が変化したことによる。それまでは「結婚適齢期」といわれる20歳代半ばまでに結婚する人が7割であったのが、1990年代になるとその割合は約6割～5割にまで減少し、結婚のタイミングが遅れた（晩婚化）。また60年代生まれの彼女たちが50歳代に到達する2010年以降になると、50歳時の未婚者の割合（これまでは生涯未婚率ともいわれていた）も1割を超えて徐々に増加しており、加齢に従い未婚のまま「非婚」

へとつながった。50歳時の未婚割合は今後も増え、女性の５人に１人が未婚のままという予測もある。

ライフコースという観点からは、未婚化・晩婚化の進展は単に結婚行動の変化だけに留まらず、ライフコースの多様化をもたらした。高度経済成長期の日本社会では、多くの人にとって学卒後～結婚までのライフイベント（「成人への移行」）は10代後半から20代までの特定期間に集中していた。１９９０年代以降は、未婚期が長期化する者も多くなり、時には生涯にわたって未婚期が継続するという「長い未婚期」にある、それまでとは異なるライフステージを経験する人が一定数、出現することになった。それまで「学卒―就職―結婚」という成人への移行のパターンは高度経済成長期には「標準的」なライフコースであったが、未婚化・晩婚化により標準的ライフコースからの「脱標準化」や女性のライフコースが、たとえば結婚する／しない（役割移行）、どのようなタイミングで結婚する、といった「多様化」を意味する。未婚期の長期化は家族形成の課題にとどまらず、女性の就業行動（キャリア形成）や、親子関係のあり方（中期親子化関係の出現）の変化にもつながっている。

未婚化が顕著になった60年代生まれの女性たちは、高学歴化（最終学歴の多数派が高卒から短大へ）が進展し、１９９０年前後のバブル景気～バブル崩壊、男女雇用機会均等法の成立といった社会変動の中で「成人へ移行」した世代であり就職時は好況で、いわゆる「バブルの恩恵」を経験している。また、１９９０年代に「パラサイト・シングル」として注目を集めた世代であったともいえる。

「パラサイト・シングル」とは、社会学者の山田昌弘による造語で「学卒後もなお、親と同居し、基礎的生活条件を親に依存している未婚者」（山田［１９９９］11ページ）を指す。山田は、未婚で親と同居している者は豊かな生活を送っており、（経済的にも、また家事などの生活面でも）豊かな生活を送っている者は生活満足度が高いため、現状の「ゆとり」を維持しようとし、生活満足度を低下させる選択である結婚を避けると説明する。つまり「リッチで豊かなパラサイト・シングル」が未婚状態を維持し続け、またその親たちも成人子との同居を受容している帰結として、未婚化が進み（婚外子の少ない日本では）少子化にもつながると説明する。

「パラサイト・シングル」論は、１９９０年代後半以降、日本の未婚化や若者、親子関係のあり方を説明・理解する言葉として流布し、海外でも紹介されるようになった。しかし、２０００年代以降の若年雇用の悪化や非正規化が進展する中、未婚のほうが経済的に豊かであるとは必ずしもいえず、むしろ結婚や出産への移行が経済的理由により難しいことによって起こっているという指摘もある（国立社会保障・人口問題研究所［２００１］、「世帯内単身者調査」など）。

「パラサイト・シングル」論の提起から20年以上が経過した現在、60年代コーホートも50歳代を迎えた。その後のコーホートではさらに未婚化・晩婚化が進んでいる。親から離れて単独世帯として未婚を謳歌する人はさほど多くはなく、未婚女性の親との同居率（進学の際に離家

図2－1　世代別　35歳時点まで未婚者の年齢別・親との同居率

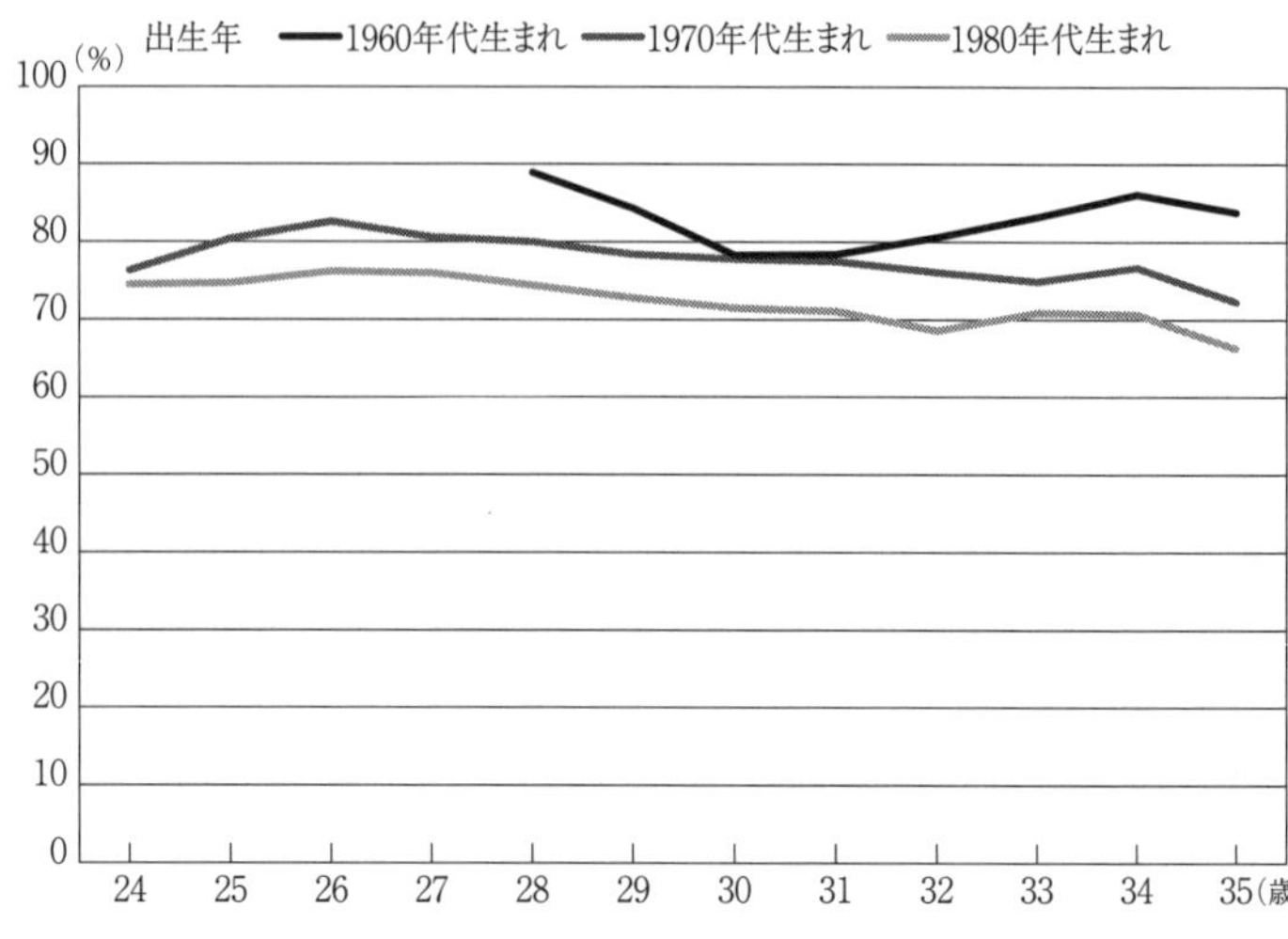

などを経験する人は増えたものの）も8割近くにのぼり、高水準のままである（国立社会保障・人口問題研究所［２０２２］、「第16回出生動向調査」）。

本章では35歳時点[1]で未婚だった女性たちに注目し、20代後半から35歳までの期間の未婚期の生活について検討する。そこでは親との居住関係（調査開始から35歳までずっと同居か、その間に一度でも別居を経験しているか）によって、経済的、主観的な「豊かな生活」は異なるのか、年齢とコーホート間の差異に注目して検討する。

2　親との同居・収入の変化

最初にＪＰＳＣにおける未婚率を確認しておく[2]。28歳時点での未婚率（全体に占める未若い婚者の割合）をみると、60年代コーホートから順に、32・5％、45・4％、52・6％と、若いコーホートほど高くなっている。

また親との同居率をみると（図２－１）、いずれのコーホートも20歳代では８割近い。若いコーホートほど、同居率は低下している傾向はみられるものの、28歳時点での同居率をみると、60年代コーホートから順に88・９％、80・０％、74・４％となっており、いずれの世代においても親と同居している人が多いことにちがいはない。しかし詳しく見ると、加齢に従い同居率は低下傾向にあり、離家を経験する人が増えているといえる。

ただし35歳時点における未婚者の同居率を見てみると、60年代コーホートから順に83・８％、72・３％、66・３％となっており、30代でも未婚者は依然として親との同居が多数を占めている。これは一時離家しても、その後帰家（再同居）している人がいるためであることが、以下の調査結果からも把握される。

調査開始時点から35歳までの間、いずれの調査回でも親と同居していた人（一貫同居）の割合は、60年代コーホートから順に20・０％、54・６％、63・９％に留まる。[3] 反対に一貫して単身世帯だった人は非常に少ない。そのため、未婚期においては加齢に従い離家／帰家により居住状態の変化を経験している人は多く存在する一方、コーホート別に見ると、若いコーホートのほうが、一貫して同居している割合が高くなっており、「パラサイト」化が進展している側面があることがわかる。

次に仕事についてみてみると、未婚女性の就業率は高く、いずれの世代・年齢でも9割近くが有職で占められており、親との居住による差はほぼない。ただし居住状態別に年収を比べてみると、別居経験のある人のほうが、同居者に比べて高い水準で推移している（図2－2①）。特に20代の若い時期にその差が大きくなっており、離家の条件に女性の経済力の差があることがわかる。ただし30代では差が小さくなっていることにも注目したい。

さらに詳細にコーホート別の年齢・親との居住別に年収（税込み）[4]の推移をみると（図2－2②）、コーホート間で年収額には開きがあり、全体的には60年代生まれで高くなっており、若いコーホートほど下がっている。

また、加齢に従って、個人年収は緩やかな上昇傾向を示している。28歳時点と35歳時点での各年収は、最も高い［60年代・同居］で平均値は３１１万円→３６７万円と上昇し、最も低い［80年代・同居］では平均値２５１万円→３１１万円と上昇しており、コーホート間での年収水準に差はあっても、加齢による伸び率という面では差はさほど大きくはない。

他方で、親元同居者と別居者の平均個人年収を比較すると、60年代生まれでは、同居者の個人年収は別居者よりも高い水準で推移している。［60年代・別居］の女性の平均年収は20歳代後半で３００万円近く、30歳代では３５０万円近くになっている。ところが若いコーホートになると同居と別居の格差が縮小し、また平均年収の金額の平均自体も低下している。一般に独立世帯を形成し生計を維持する「自立」可能となるのには「年収３００万円」が目安の一つとい

図2－2①　35歳時点まで未婚者の年齢・親との居住別の平均年収（税込み）

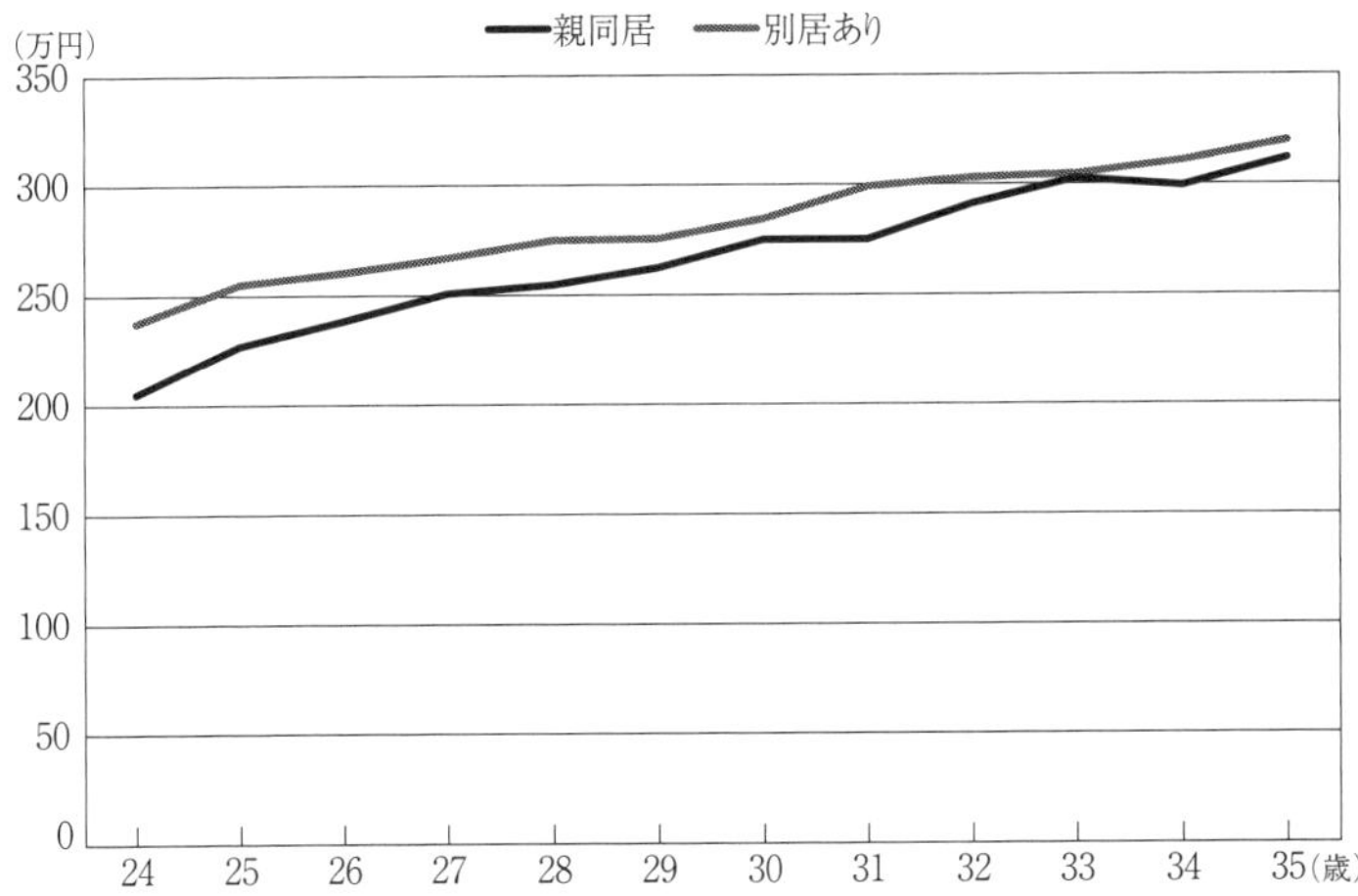

図2－2②　コーホート別　35歳時点まで未婚者の年齢・親との居住別の平均年収（税込み）

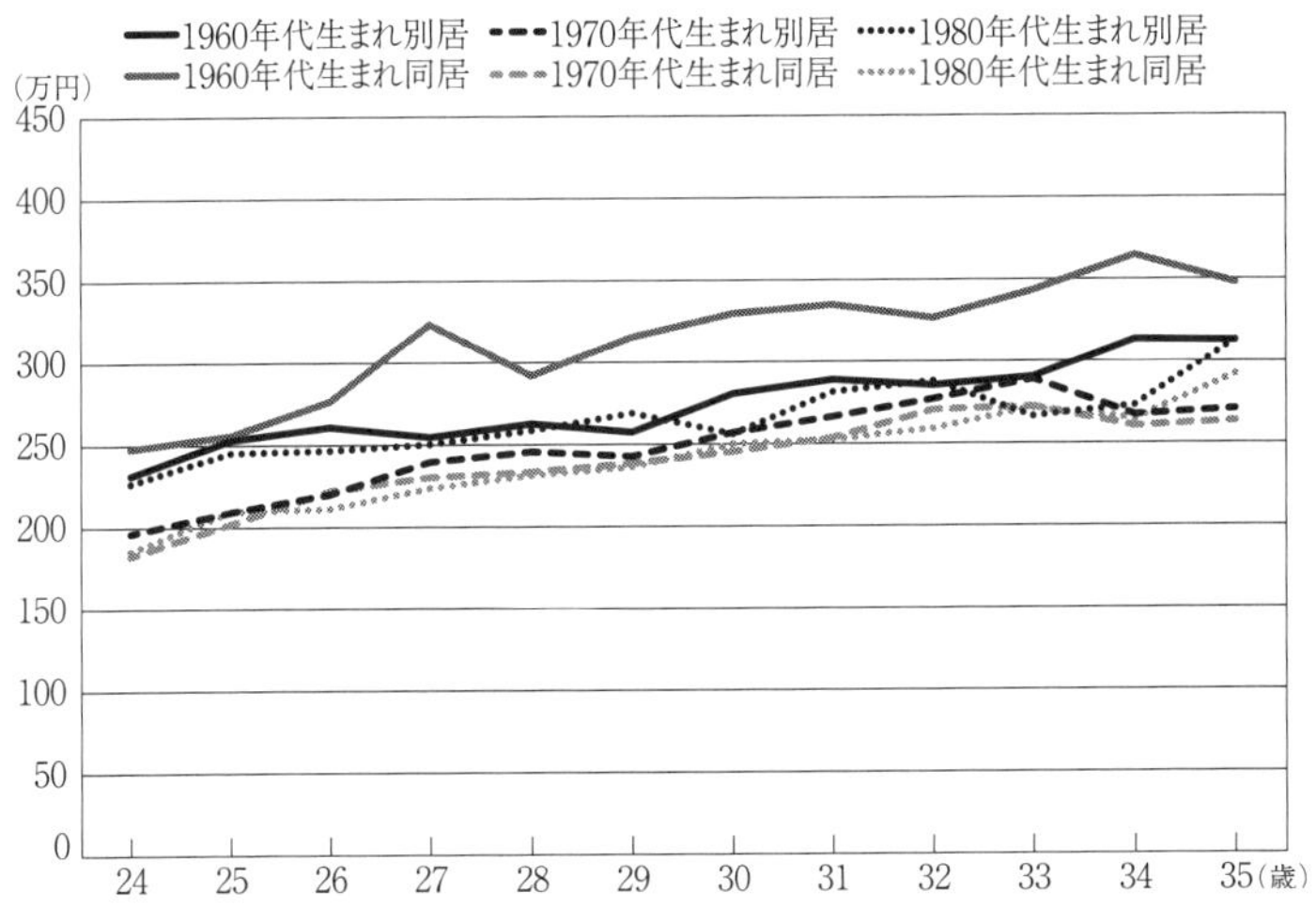

われるが、若い未婚期に「年収３００万円」を実現できたのは平均像で考えると60年代コーホートのみであり、若い世代においては、自立の前提となる収入の面で「３００万円の壁」を超えられる人は多くなかった。

多くの同居未婚者は、自分の収入の一部（平均で３万円程度）は親の家計に繰り入れるもの（岩上編著［２０１０］）、可処分所得の残りは、「自由裁量」の収入だと考えていることが既存の調査で明らかとなっていることから、パラサイトの場合、収入が高いほど手元に残る自由なお金も多くなると考えられる。その意味では60年代生まれの親同居女性たちは、別居未婚者や、その後のコーホートと比べ、平均的に「豊かでリッチなパラサイト」であったと再評価できるが、70年代、80年代生まれにおいては、特に同居未婚者が収入面から「リッチで豊か」とは必ずしもいえなくなっている。

3　未婚者の結婚意向

次に未婚者の結婚に対する考え方（「結婚はしたいですか」）の変化やちがいについて見ておこう。未婚化・晩婚化に関する議論において、従来は「いずれ結婚したい」と考える若者が多数派であり、暗黙のうちに、みな結婚を希望していると想定し、その上でなぜ結婚しない／できないのかという問いからスタートすることが多かった。だが、近年では「いずれ結婚したい」

という人の割合が低下し、２０００年代には非婚を選択する（一生結婚するつもりはない）という人も少しずつ増えていることが指摘されている（国立社会保障・人口問題研究所［２０２２］、第16回出生動向調査）。

一方で、結婚に対する考え方は加齢に従い変化する。20代で結婚を希望していた者も30歳代半ばを過ぎると「しなくてもよい」という意向に個人の中で変化する傾向がある（田中［２０１０］）。最近の非婚意向が増加しているのは、（30歳以降においても）未婚者が増加したことによる効果なのか、それとも若いコーホートでは、20歳代から非婚意思を持つ人が増えているためなのだろうか。35歳時点で未婚の人を対象に、同じ年齢時点の結婚に対する考えを世代間で比較してみる（図２－３）。

最初に結婚は「したくない」（グラフの一番下）という層に注目すると、構成比としては１割未満となっており、明確な非婚意向の人は多くはない。これを年齢別に見ると、60年代、70年代コーホートでは、20歳代では少なく、30歳代になると増えているのに対して、80年代コーホートでは20歳代から一定割合で非婚意向の人がおり、この層を維持したまま、30歳代になるとさらにこれに上乗せされている。

他方、反対に「すぐにでもしたい」（グラフの一番上）の層を見ると、その割合もいずれの年齢でも80年代コーホートで多くなっており、若いコーホートのほうが強い結婚意向を持つ者も多くなっている。以前は20歳代後半の時期は「いずれ」結婚したいと、漠然とした結婚の希望

図2－3　世代別　35歳時点まで未婚者の年齢別・結婚意向

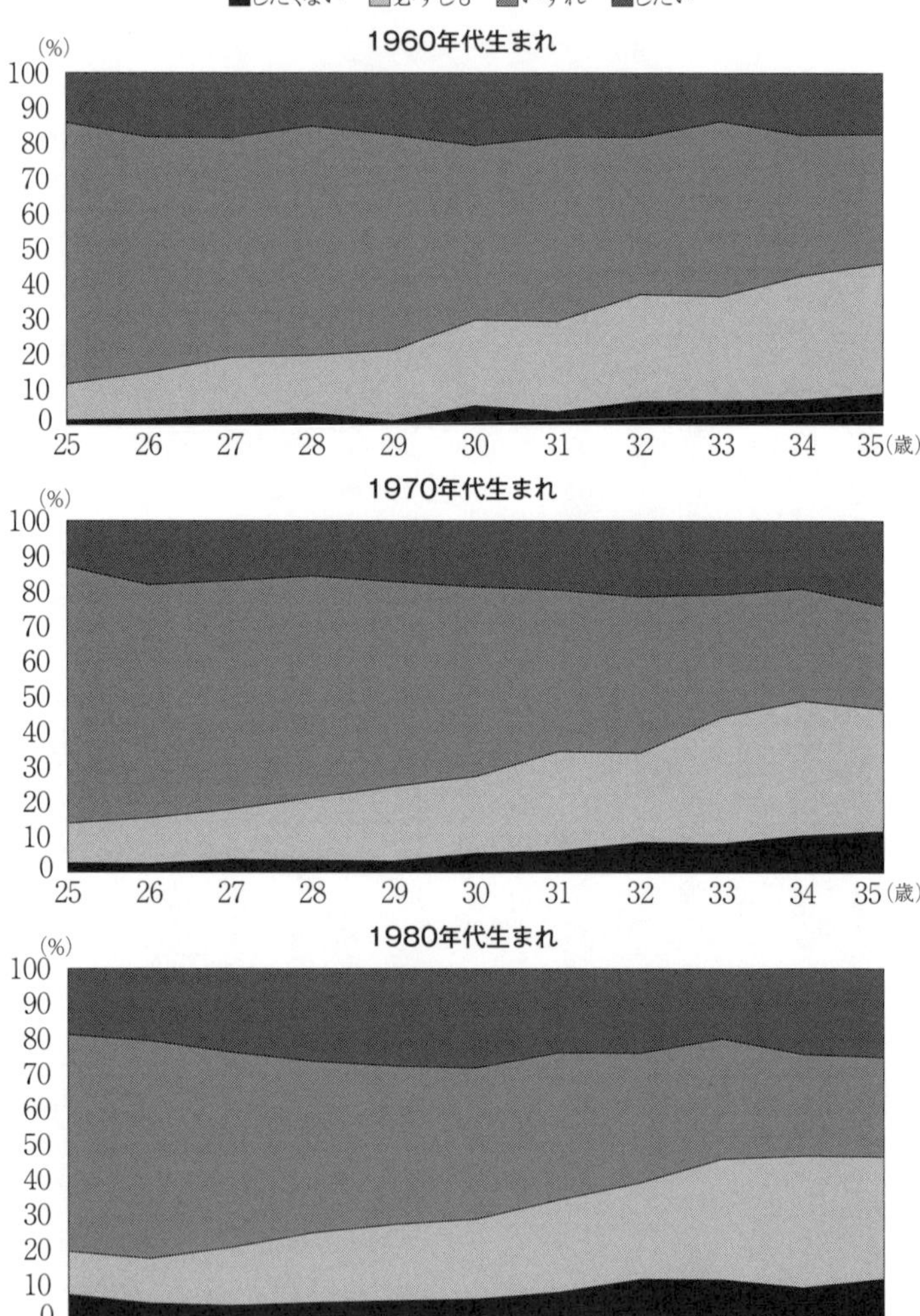

を持つ人が多数派であったが、若い世代では、同じ20歳代後半のいわゆる「適齢期」の時期において、「すぐにでも」と強く結婚を希望する人と、生涯結婚しない非婚を希望する人、そして「いずれしたい」という人と、世代内での差異がみられ、意識からみても多様化が進んでいることがわかる。

また、加齢に伴い、結婚を「すぐにでもしたい」「今はしたくないが、いずれはしたい」（これらをまとめて「結婚希望あり」とする）から、「必ずしもしなくてもよい」「したくない」（同、「結婚希望なし」とする）へと移行していくパターンは共通であるが、「結婚希望なし」が増加する年齢（タイミング）が、若いコーホートほど早まっている。

いずれのコーホートでも、35歳時点では「結婚希望あり」が多数派であるが、その内訳をみると、60年代コーホートや70年代コーホートでは「いずれはしたい」のほうが多い。一方、80年代コーホートでは「すぐにでもしたい」と「いずれはしたい」が均衡している。

「35歳」は、子どもを希望する女性にとっては、結婚・妊活を考える一つの区切りとなる年齢であると考えると、２０１０年代に30代を迎えた80年代コーホートの未婚者においては引き続き強い結婚希望を持っており、（ＪＰＳＣでは追跡できないが）特に結婚を強く希望する人たちが、30歳代後半や40歳代で結婚するのか（キャッチアップ）、単にライフイベントのタイミングが全体的に後ろにずれて伸長していて、結婚意向も「結婚希望なし」に移行するタイミングが遅れているだけであり、結果的に「非婚」になるのかが注目される。

4　生活満足度・幸福感

前節では経済的な面（年収）での豊かさについて見てきたが、次に心理的な豊かさとして幸福感[5]（とても幸せ＝5点～不幸＝1点）と、生活満足度[6]（満足＝5点～不満＝1点）の二つの指標について検討する。これらの指標は心理的な豊かさを捉える代表的な指標で、得点が高いほうが良い状態であると考えられる。

35歳時点まで未婚の女性を、親と同居しているか、別居経験があるか別に区分して、年齢ごとの平均点を図2－4に示す。まず幸福感、生活満足度、いずれの指標でみても同居よりも別居経験がある人のほうが平均点は高い。特に幸福感のほうが両者の間に差がある。図表は省略するが、コーホート別に同別居によるちがいを幸福感で比較すると、一番高位で推移するのは、［70年代・別居］で、一番下位は［80年代・同居］であった。また70年代と80年代では、別居と同居の平均点の差が大きいが、60年代ではそれほど大きな差はなかったといううちがいも見られる。

未婚女性の幸福感と生活満足度という指標からは、「パラサイト・シングル」は生活に満足しているという仮定は当てはまらず、別居のほうが心理的な面では効用が高いといえる。また（年収の面ではちがいがあるのに）コーホートによって平均点が若干異なっており、未婚期に離家

図2－4　35歳時点まで未婚者の年齢別　親との居住別 幸福感・生活満足度

━別居　━同居

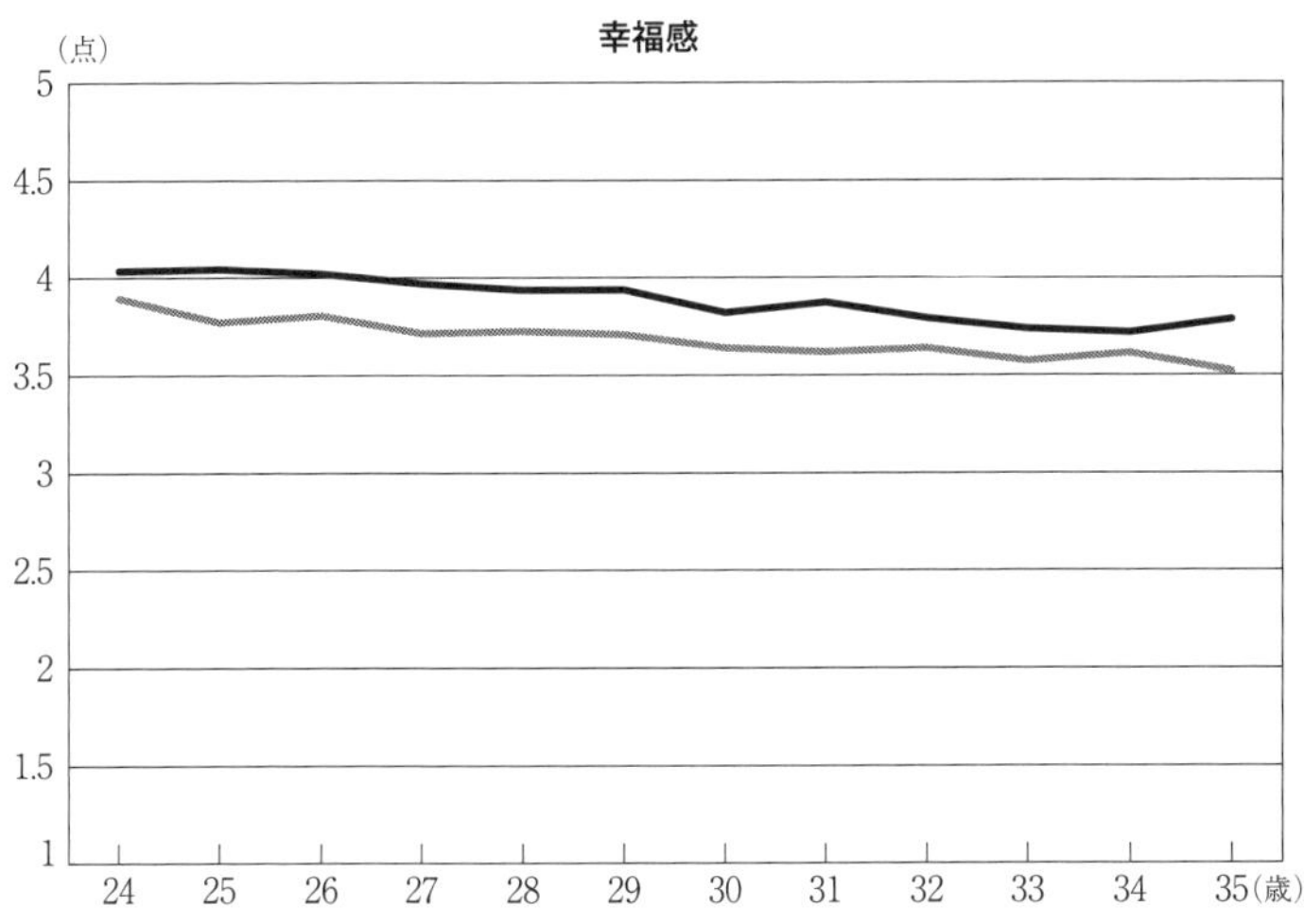

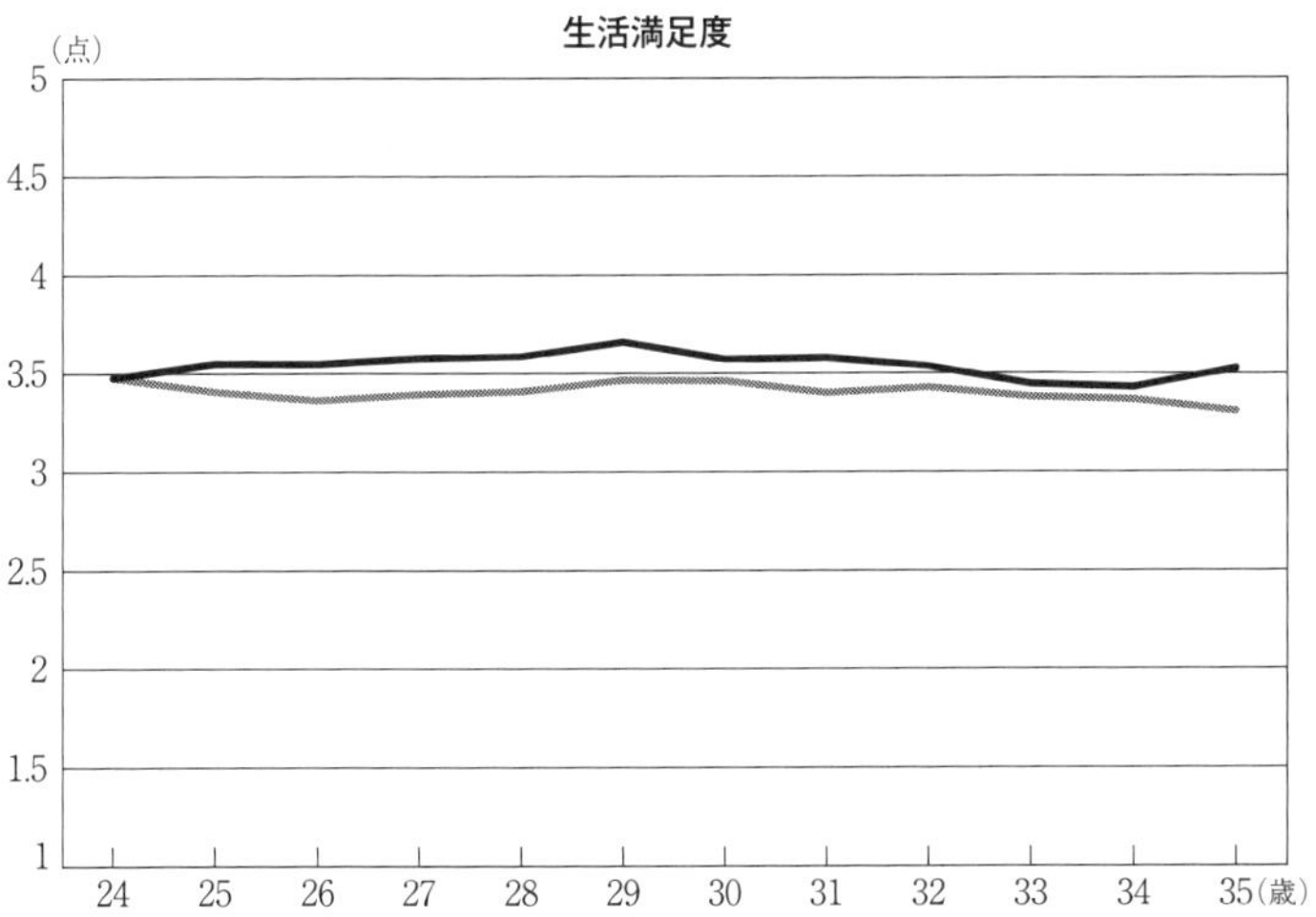

や自立したことの意味が、コーホートによって異なっていることを示唆している。

5　豊かとはいえないパラサイトの今後

本章では、「パラサイト・シングル」論を援用して、35歳時点まで未婚の女性たちの経済生活や結婚意向、心理的な面など「リッチで豊かな親元同居者」というパラサイト・シングル像は本当にあったのか検討してきた。ＪＰＳＣはパネル調査であるため、調査開始時点から35歳になる時点までも調査に継続的に回答している人であることの偏りがあることには注意が必要であるが、パネルデータの特性を生かし、同一個人が20歳代後半から30歳代半ばまでの加齢による変化と世代間の差異をみてきた。

「パラサイト」の基本である親との同居率は、依然として高水準であり、期間中に親と別居経験のない一貫同居者も少なくなかったことから、未婚期に親元で暮らしている「パラサイト・シングル」は90年代以降も多数派であるといえる。しかし、親元同居未婚者のほうが別居者に比べて経済的に豊かであったのは、60年代生まれの世代であり、それ以降のコーホートでは同居・別居による差は少なく、また金額面でも30万円～50万円ほど年収が少ない平均額で推移している。他方、心理的な豊かさ（幸福感、生活満足度）という面では、親元同居者のほうが別居者よりも低く、また加齢によってもその差が維持されたまま推移している。

結婚意向については、世代の間で変化が見られ、60年代・70年代コーホートは、加齢に従い結婚の希望が後退するというパターンがみられるが、80年代コーホートでは30歳代になっても強い結婚意向がある人と20歳代からの非婚希望であるという層の出現が認められる。60年代・70年代コーホートは、特定の時期に「学卒－就職－結婚－出産」を順に経験していく標準的ライフコースの規範や、伝統的な結婚観（適齢期で結婚する）を内面化しており、結婚を先送りしているというよりも、特定の時期を過ぎると結婚に対する考え方が変化しているものと思われる。特に「就職氷河期世代」の中心である70年代コーホートでは、就職や20歳代のキャリア形成期に仕事の面での不利も多く、また（従来の性別で異なるライフコース期待に反して）女性でも単身世帯を形成できるとか、高収入を得られるなど、男性的な「自立」の価値が高まり、それを達成できた別居経験者の心理的効用は大きかったと思われる。

80年代生まれは、４年制大学への進学率も上昇し、男女平等に関する教育や、育児休業等の就業環境などの面でも「平等化」が進展した中で教育期～成人への移行を経験している。そしてこのコーホートでは若年期に非正規での就業経験がある者が増えている一方、女性の賃金が上昇し、単身世帯では男女の平均収入が均衡するなど「男性並み」の収入を得られる女性も出現しており、年収などの経済面ではコーホート内での格差が広がっている、二極化している側面もある。

また、未婚女性とその親との関係という面で彼女たちの母親世代（１９５０年代コーホート）

は、彼女たちの子ども期には専業主婦であった者が多い。そのため娘世代の80年代生まれの女性は専業主婦志向が強いといった特徴も指摘されてきた（内閣府、「男女共同参画に関する世論調査」）。そのため従来のような上昇婚による「生まれ変わり」を求める結婚、あるいは不安定な時代だからこそ、配偶者と二人で稼得も家事や育児といったケアも担うという結婚戦略が志向され、強い結婚希望を持つ層がいるものと思われる。同居率の高さという形態面では変わらないが、「パラサイト・シングル」の内実は「リッチで生活に満足」の未婚者から、経済面でも心理的にも「豊かさ」を享受することが難しい未婚像へと変化している。

成人後の離家を規範とする欧米先進国と異なり、日本では成人しても明確な離家の規範がなく、特に女性は、結婚まで親元で同居することが望ましいと考えられていた。現在では、進学等の機会に女性でも離家することが一般的になりつつあるが、学卒後、就職して自立することが強く望まれる社会とはなっていない。２０００年代以降、非正規就業の増加等、経済的な面で困難をかかえる人も増えており、離家をして自立したい人の希望がかなえられるような仕事（賃金）や、奨学金や住宅供給など、若年層への支援策がより充実することが期待される。同時に、同居者は別居者と比較して特に心理的な面で決して良い状態にあるわけではないのになぜ同居を継続している／せざるを得ないのか。成人後も親元で同居する者が多い東アジア社会では共通に、未婚化・少子化がより進展しており、親子関係とその後の家族形成行動との関係をさらに読み解いていく必要があるだろう。

【注】

（1）本章では28歳～35歳時点で未婚だった者に対象を限定する。調査対象者が第１回は28～34歳、以降の追加の際には24歳～27歳、もしくは28歳であるため、ある程度のサンプルサイズを確保できる28歳～35歳を範囲とする。
（2）ＪＰＳＣでは結婚や離家（親元から離れて別の世帯を形成すること）を契機とした調査から脱落が一定数発生しているため、他の統計との比較には注意が必要である。また60年代コーホート（第１回からの調査参加者）は、調査開始時点で、母集団より有配偶が多かった影響がある。
（3）調査時点の居住状態で判断しているため、調査と調査の間に離家／帰家の変化があっても、ここでは捉えていない。また調査開始以前にも離家経験がある場合があるが、ここでは考慮していない。
（4）ここでは０円と、標準偏差の３倍以上の値は外れ値として欠測値にした。
（5）「あなたは幸せだと思っていますか。それとも、不幸だと思っていますか。」という質問に対して、１＝とても幸せ～３どちらともいえない～５＝とても不満の５段階で評価した回答を逆転している。
（6）「あなたは生活全般に満足していますか。」という質問に対して１＝満足～３どちらともいえない～５＝不満の５段階で評価した回答を逆転している。

【参考文献】

岩上真珠編著（2010）『〈若者と親〉の社会学――未婚期の自立を考える』青弓社。

田中慶子（2010）「友人力と結婚」佐藤博樹・永井暁子・三輪哲編『結婚の壁――非婚・晩婚の構造』所収、勁草書房。

山田昌弘（1999）『パラサイト・シングルの時代』ちくま新書。

第3章

未婚化・晩婚化で「夫婦関係」はどう変わったのか

田中慶子・永井暁子

1　未婚化・晩婚化の進展と夫婦関係

「平成」が始まった1990年代以降の大きな日本社会の変化として未婚・晩婚化が進展したことがある。北欧や欧米の先進諸国では、ポスト近代化の過程において女性の高学歴化や就業率の上昇に連動するように、同棲や非法律婚の増加、離婚率の上昇、同性婚の増加など、従来の「結婚」制度の枠組みとは異なる「多様なパートナーシップ」のあり方がみられるようになった。

しかし、日本や東アジア諸国ではやや異なる動きをみせている。離婚率は欧米並みに上昇することはなく（日本では２０００年代にわずか上昇に転じた時期はあったが、その後は低下・ほぼ平行に推移している）、同棲についても経験率が1割程度（国立社会保障・人口問題研究所［2021］）と低い。つまり従来の「結婚」から多様なパートナーシップへという展開はみられず、全体としては、未婚者の増加や、離死別後に無配偶である状態に長くいる人が増えている。

一方で若者の結婚観には大きな変化はなく、18〜34歳のいわゆる「適齢期」にある男女は「いずれ結婚したい」という人が9割近い[1]。しかし結婚願望があっても、実際に結婚し子どもを持つ人は、相対的に少なくなる、あるいはそのタイミングが遅れている。結婚・出産（親なり）という家族形成の経験は高度経済成長期においては「適齢期」という20代の特定の年齢の間に、「誰もが経験すること」だったが、現在では、結婚することは「選択」といえる状況になり、結婚するタイミング（年齢）も幅広く、結婚することの意味や、パートナーを持つこと／別れることが、個人に何をもたらすのかということへの関心が高まっている。

結婚が個人に何をもたらすのかについては、たとえば金銭面や幸福感などさまざまな測定方法があるが、ここではその指標の一つとして夫婦関係満足度に注目する。夫婦関係満足度は、結婚の「関係の質」を評価する一指標であり、満足度とは実態と個人の主観的な評価（期待）との差を示す。満足度をみることで、実態としての結婚生活のありようではなく、夫婦関係満足度が高い状態をよいという仮定を置き、どのような人の夫婦関係満足度が高いのか、長期的に安定的な結婚生活となっているのかをみていくことで結婚のもたらすメリットを理解する。

たとえば、結婚生活において夫婦の家事分担は大きなテーマである。平日にまったく家事をやらない夫を持つ妻が「夫ももっと家事をすべきだ」と考えているか、「夫のほうが忙しいから、家事をできないのは仕方ない」と考えているのかによって、妻の結婚満足度は異なるだろう。一般的には後者のほうが満足度は高くなると考えられるが、前者と評価が変わらないかもしれない。つまり同じ実態に対して個人の主観的評価がどうなるかはさまざまだが、満足度が高いほど夫婦関係や結婚生活から得ているものが多いと考えるのである。

本章では妻からみた夫婦関係満足度に注目し、どのような夫婦で満足度が高いのか、安定的な関係が持続しているのかを明らかにする。

2　夫婦関係満足度の推移――U字カーブを描くのか

これまでの研究では、夫婦関係満足度（結婚満足度）は、結婚初期には高く（ハネムーン効果）、年数の経過とともに低下していき、子どもが自立・離家する頃になると再び上昇するというパターン、いわゆるU字カーブを描くことが知られている。日本でも２０００年代前後のデータから同様の知見を得ている（稲葉［2011］：赤澤［2019］など）。しかし、これらは横断データをもとにしており、初期では結婚した人の多くをカバーしているが、後期になるほど離婚した人が抜けていく、順調な夫婦だけが調査に回答するなど、回答者の偏りがあることが予想される。

また、満足度の変化には、家族役割・構造の変化（親役割への移行、妻の就業変化、世帯収入の変化、退職など）や、社会心理的・個別的効果（ハネムーン効果、新婚時の結婚への期待の高さ、性別役割分業観、価値観など）、時代効果・コーホート効果（男性の賃金の低下、幼い子を持つ母親の就労の増加、ジェンダー関係の変化、結婚の不一致を解決する努力の低下）が考えられるが、これらの効果の影響を「正しく」測定するためには、パネルデータを用いて、同一個人（夫婦）において、ライフイベントの経験によって夫婦関係満足度がどのように変化するのか、時代やコーホートの影響も計量的に考慮して観察する必要がある。

近年の諸外国のさまざまな研究を概観すると、夫婦関係満足度の平均はあまり低下しないことが明らかになっている。すなわち縦断データを用いた分析手法の精緻化により、いくつかのパターンはあるものの、多くは最初の結婚の満足度が持続しているという（Karney and Bradbury [2020]）。日本の１９９０年代から２０１０年までのパネルデータを用いた研究では、満足度は徐々に低下していき、その後の回復傾向はみられないことが確認されている（永井 [2011]）。

より長期にわたり持続している夫婦では、結婚から30年目やその後にどのように変化しているのか。また日本社会の家族形成を取り巻く状況が変化している中でも、（早く）結婚した人や子どもがいる人は、（未婚者らに比べ）夫婦関係や結婚生活に対する選好が強い、すなわちパートナーや夫婦関係への期待が高く、また関係維持の努力も惜しまないというように、結婚生活や夫婦関係のあり方やその期待などの意識の持ち方が「皆婚」の世代とは異なっていることが予想される。

ここでは長期にわたり継続している夫婦関係を観察可能なパネルデータであるＪＰＳＣを用いて、調査開始当時から参加していた１９６０年代生まれの女性を中心に観察を行う。

3　配偶者のイメージ

最初に１９９３年時点で結婚している人（24－34歳女性）に、「あなたにとって、ご主人はどのような存在ですか」と尋ね、以下の肯定的～否定的までさまざまな15の選択肢の中から、１～３位までの順位をつけて選択してもらった。[2] ここでは夫婦関係のあり方や期待が出身階層やジェンダーにまつわる文化によって異なることを念頭に、夫婦の学歴の組み合わせを、夫婦ともに非大卒、夫大卒・妻非大卒（いわゆる上方婚カップル）、妻が大卒（同類婚もしくは下方婚）という三つのグループに分けて検討することにする。

図３－１をみると、まず1位に挙がっている選択肢は「心の支えになる人」「子育てや人生に共に立ち向かう同志」が多い。３位以内に挙がっている割合でみても、「心の支え」と「同志」は多く、ともに非大卒の夫婦に比べ、妻が大卒や夫が大卒の人が多く選択している。

また、妻が大卒の場合「親しい友人」というイメージが多いのに対し、ともに非大卒の方で

図3－1　夫のイメージ（第1回1993年時点の有配偶）

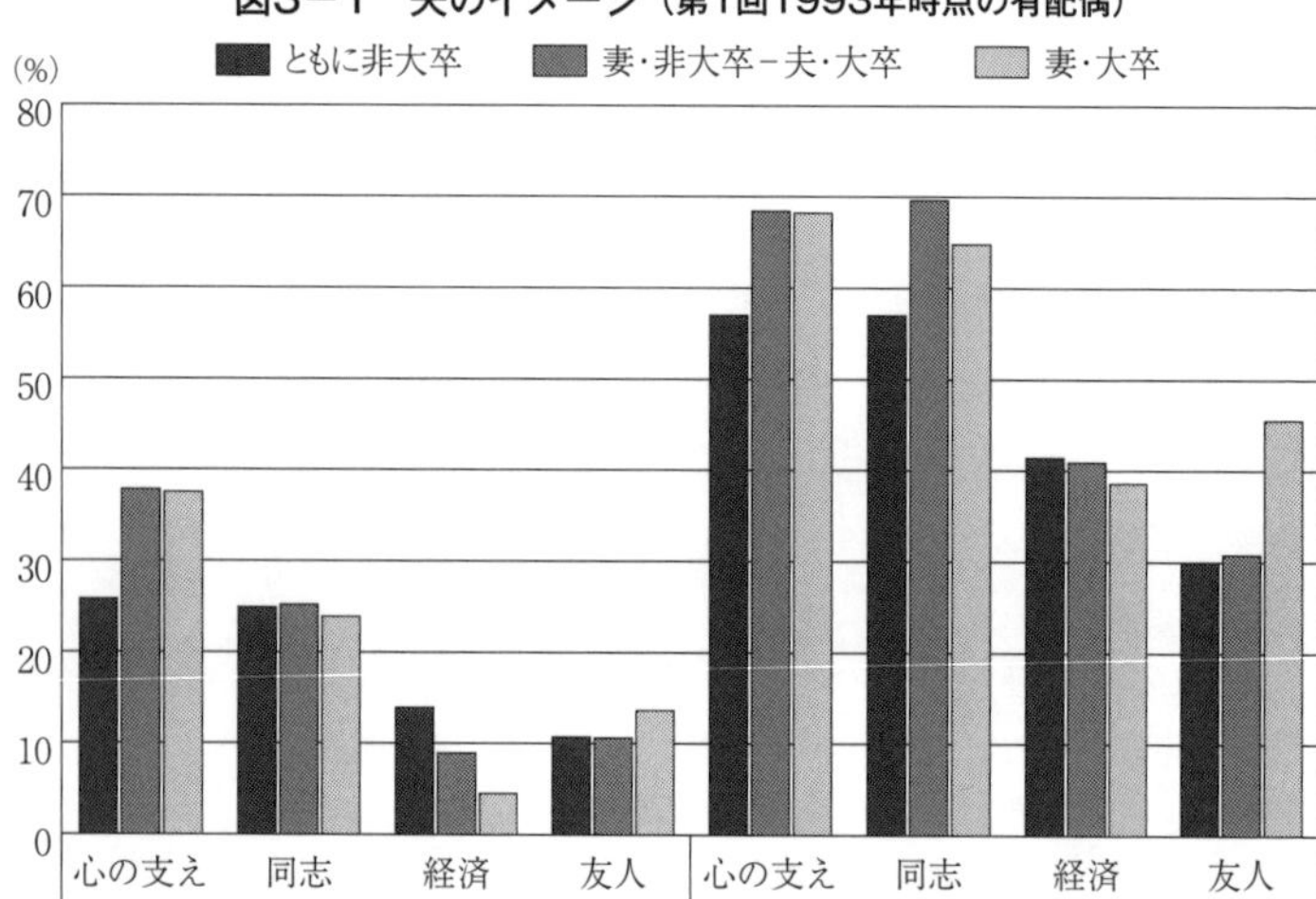

は「経済的に頼れる人」というイメージを挙げる人が多い。１９９０年代前半に30歳代前後、すなわち１９６０年代コーホートでは、夫婦の学歴、その組み合わせによって夫に対するイメージが異なっていることがわかる。

若い世代では夫のイメージがどのように変化しているだろうか。直接比較することはできないが、先ほどとほぼ同様の選択肢に「家事や育児に協力的な人」を加えた16の項目について、あてはまる（４点）～あてはまらない（1点）で評価してもらった。ここでは、約20年後の２０１４年（第22回調査）の時点で35歳以下の有配偶女性に限定して、学歴別に平均点をみてみよう。

図３－２には、夫婦の学歴の組み合わせ別で比較して差があった項目だけを示している。学歴別でちがいがみられるのは、妻上方婚カ

図3－2　夫のイメージ（2014年、35歳以下の有配偶女性）

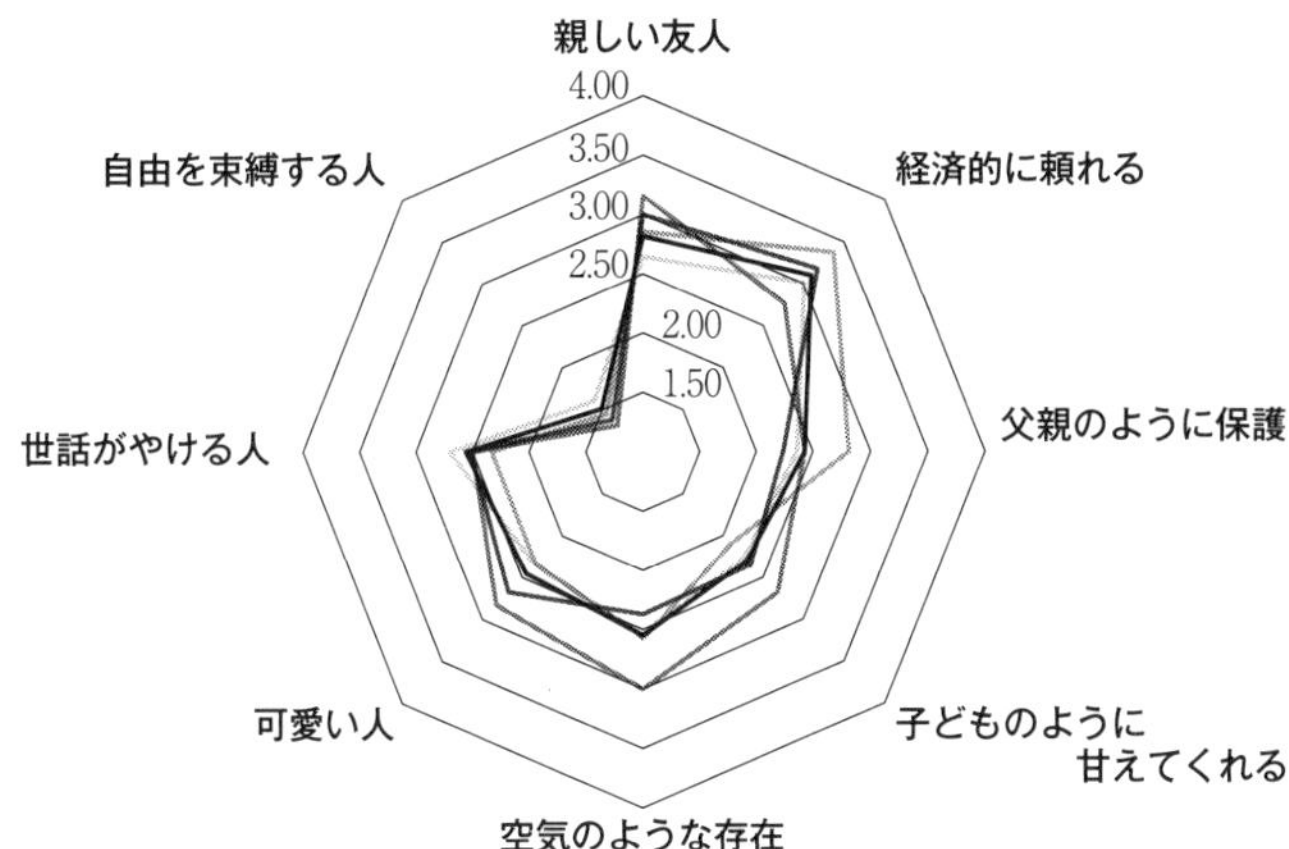

ップルでは、「経済的に頼れる」「父親のように保護してくれる」といった経済面に関する評価を挙げる人が多く、大卒同類婚や妻のほうが高学歴である妻下方婚カップルでは、「親しい友人」「子どものように甘えてくれる」「可愛い人」といった親密性に関する評価を挙げる人が多いというちがいがある。

このように配偶者に対するイメージ＝期待は、学歴の組み合わせで異なっており、大卒同士、あるいは妻優位の学歴のカップルにおいては配偶者に対して妻は経済面よりも親密性へのイメージが強くなっているが、時代によってその構造に大きな変化があるとはいえず、配偶者に対するイメージとして経済面をより評価している人も依然少なくないことがわかる。

4　低下したあとは安定的な夫婦関係満足度

続いて、夫婦関係満足度の推移についてみてみよう。ここでは厳密に検討するために、第1回調査から参加し、これまで離死別を経験していない（初婚継続者とする）人で、夫婦関係満足度の回答が20回以上ある人[3]に限定して集計する。

夫婦関係満足度は、「あなたは現在の夫婦関係に満足していますか」という質問に対し、1非常に満足している～3ふつう～5まったく満足していない、までの5段階で評価してもらった回答を満足が5点となるよう逆転している。

図3－3をみると、夫婦関係満足度は、結婚初期は4点を越えているが、結婚3年目あたりで低下し始め、その後は平均点が3・5～3・0点の間で、ほぼ横ばいのまま推移している。これを選択肢に戻して考えてみると、最初の数年は「非常に満足」「まあまあ満足している」という妻が多かったものの、その後「まあまあ満足している」「ふつう」と評価をする妻が増えているという平均像が描ける。

平均点でみると夫婦関係満足度は、なだらかに低下、あるいはほぼ変わらないという推移になるが、夫婦関係満足度の変化はどの程度起こっているのだろうか。話を単純にするため、結婚年数ではなく、30歳・40歳・50歳時点の夫婦関係満足度の評価の組み合わせをみてみると、3

図３－３　夫婦関係満足度の推移（1960年代生まれ、初婚継続者のみ）

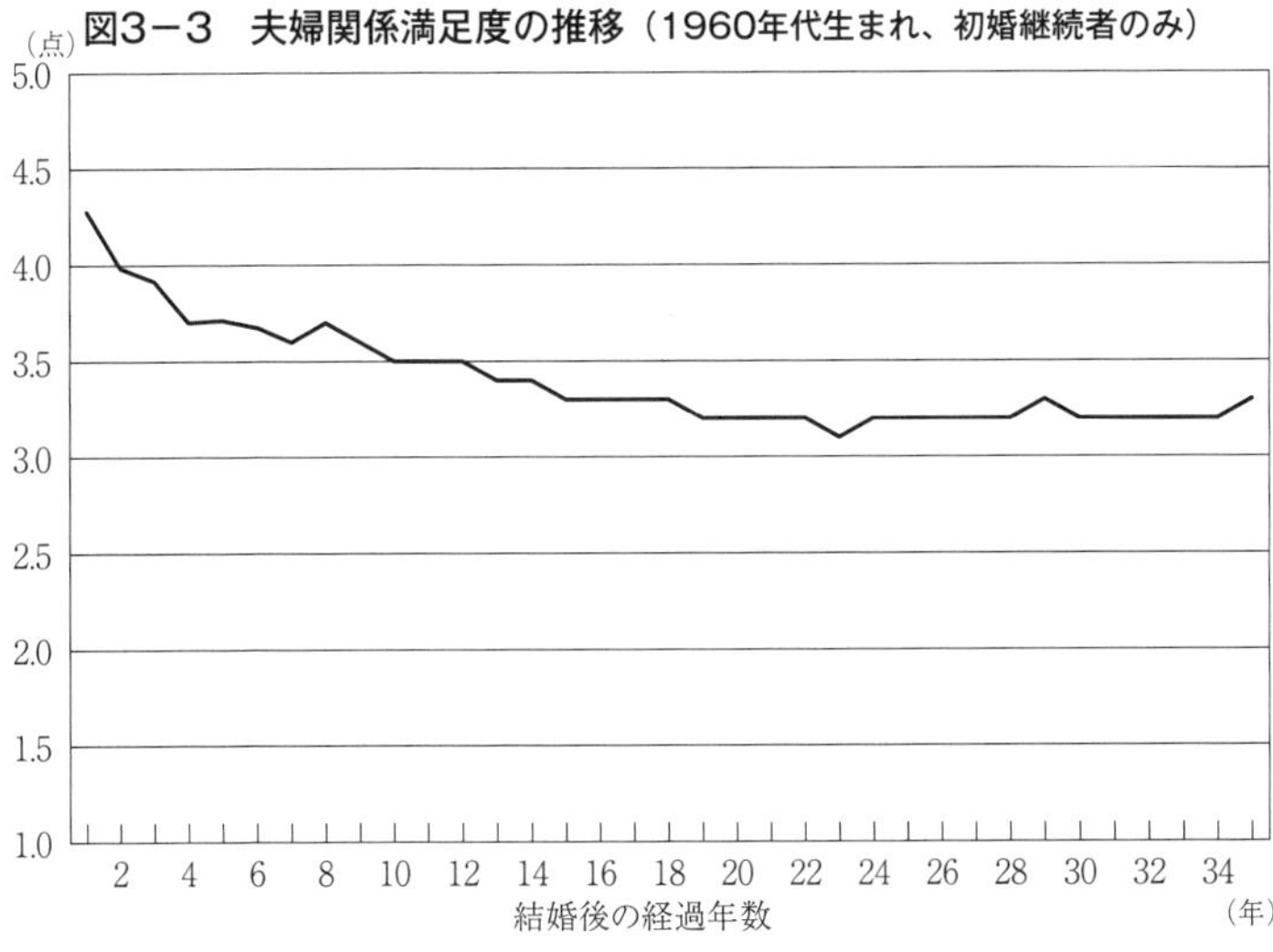

時点とも「非常に満足」「まあまあ満足」（以下、「満足」とする）という人は、全体で23％、逆に３時点とも「ふつう」か「不満」（以下「非満足」とする）の人も23％であった。満足から非満足へ低下していった人は34％に対し、非満足から満足へと改善した人は９％であった。残る11％は、満足と非満足を移動している。つまり、多くの妻の夫婦関係満足度は、結婚期間が長期化するにつれ低下傾向にあるか、一定の評価のまま安定していることがわかる。

5　夫婦の状況によるちがい

では夫婦の状況によって、夫婦関係満足度の推移のパターンはどのように異なるのだろうか。先ほどと同様に夫婦の学歴の組み合わ

図3－4　夫婦の学歴の組み合わせ別　夫婦関係満足度
（1960年代生まれ、初婚継続者のみ）

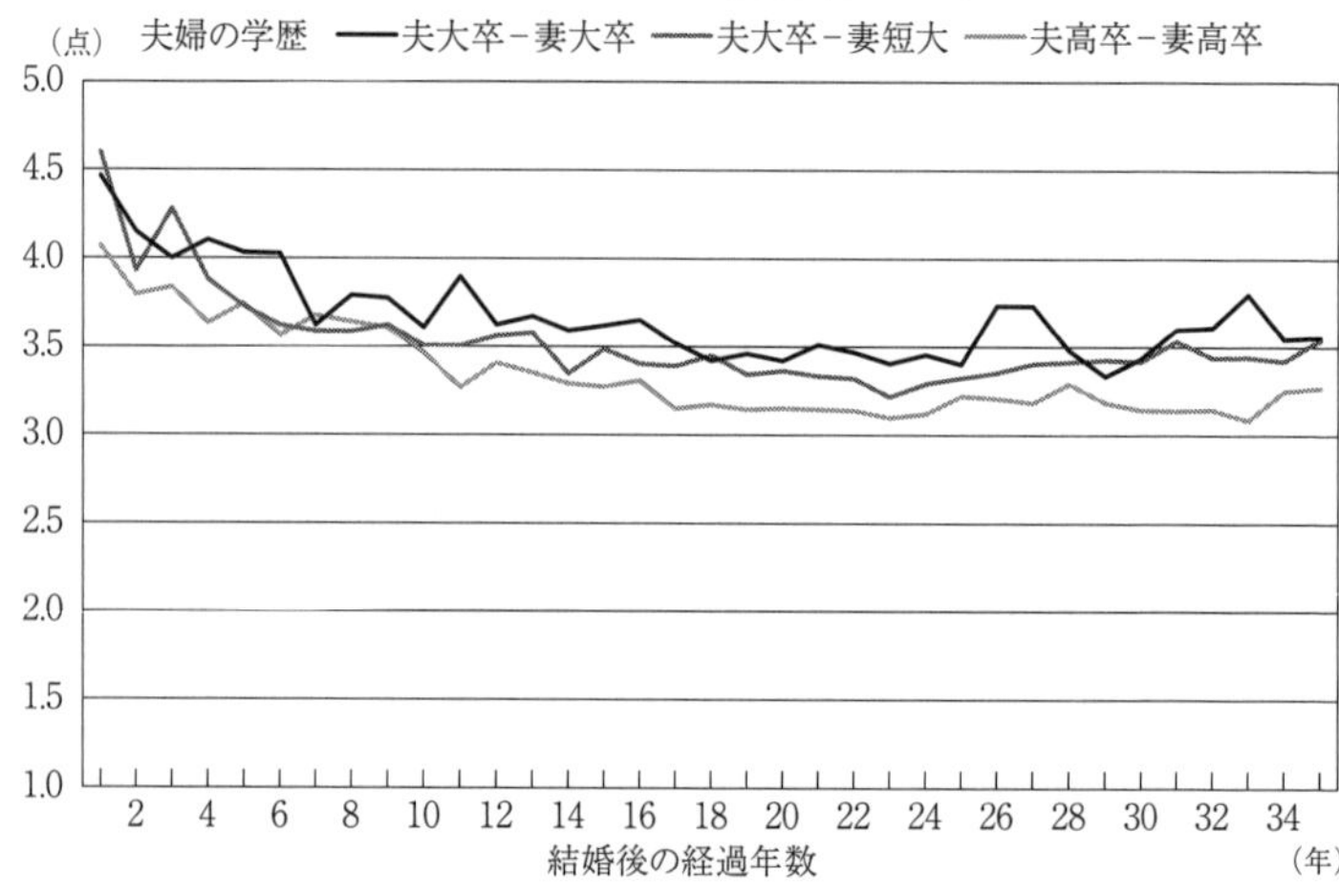

せ別に満足度の推移を図３－４に示す。ここでは出現数が多い、夫婦とも大卒（大卒同類婚）、夫大卒－妻短大（上方婚）、夫婦ともに高卒（高卒同類婚）の三つのグループを取り上げる。対象に占める出現率は夫婦ともに大卒10・３％、夫大卒-妻短大10・７％、ともに高卒21・９％となっており、全体の一部の人のみを取り上げていることに留意してほしい。

図３－４をみると、全体の動向と同様に結婚初期は満足度が高いものの、その後は低下していき、ほぼ横ばいに推移するという軌跡は変わらない。しかし、夫婦の学歴の組み合わせで、水準には差があり、大卒同類婚の妻の満足度の平均が高位、次に上方婚、高卒同類婚という順序がほぼ維持されたまま推移している。

学歴の組み合わせによる差は、先ほどみた

ように結婚生活や配偶者への期待が異なっていることの影響や、学歴とつながりが強い夫婦や世帯の経済力の効果（大卒の夫では収入が高く、生活が安定しているため、夫婦の問題が起こりにくい）など、いろいろな要因が考えられるが、ここでみている１９６０年代生まれの女性たちが「適齢期」を迎える時期（１９８０年〜９０年代）は、男女雇用機会均等法施行前後で「寿退職」などの慣行が残り、どこかのタイミングで「専業主婦」となることも多かった。また、女性間での学歴差も大きく（多くの女性が高卒、進学も短大が多い）、学歴によって結婚のタイミングにも差があったことなどを考慮する必要がある。

最後に、同様の対象を結婚期間中に子どもを持ったか否かに分けて、夫婦関係満足度の推移をみていく。先行研究では子どもを持つことが、夫婦関係にどのような影響を与えるのかが注目されてきた。女性にとって子どもを持つことは短期的には幸福感などの主観的 well-being を低下させることが知られているが、長期的にみるとどうなるのだろうか。

図３－５には子どもの有無によってグループを分け、結婚年数別に夫婦関係満足度の平均点を示している。子どもがいる人に比べ、子どもがいない人のほうが全体として満足度が高く推移しているが、子どもがいる女性でも、先行研究で示されてきたようなU字、すなわち結婚年数の経過とともに低下し、子どもが反抗期を迎えるような時期（日本の知見では結婚14年目あたり）に最も低下するという軌跡は描いておらず、両者の乖離が大きくなるともいえない。子どもを持つことで、子育てに関連したことをきっかけに夫婦関係満足度が下がるというよりも、

図3－5　子どもの有無と結婚満足度の推移

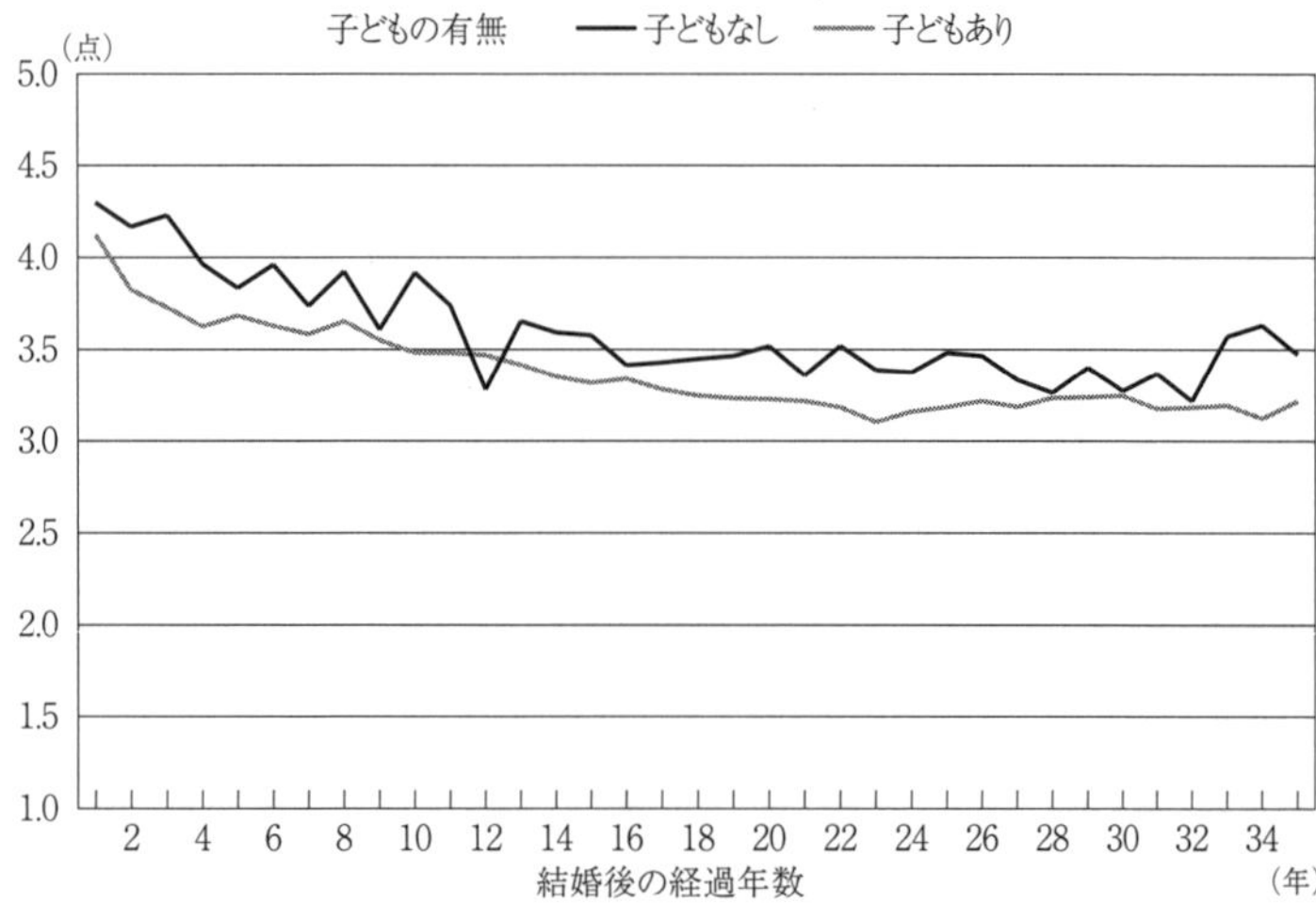

結婚後、数年経過すると（子どもがいてもいなくても）満足度は漸減傾向であると解釈できる結果となっている。

6　「満足」から「ふつう」に安定する日本の夫婦

本章では、夫婦関係満足度に注目し、夫婦の学歴の組み合わせや子どもの有無などに注目して、その長期的推移を観察した。

パネルデータを用いて長期継続している夫婦関係を対象として、妻からみた満足度の推移は、新婚期はやや高く、その後はほぼ一定、あるいは漸減傾向であって、「ふつう」より下がる、つまり「不満」にまでは下がらない夫婦が多い。調査期間中、常に「満足」は4分の1ほどであり、16年間ずっと幸福という妻が5割というアメリカの知見と比べると「中位安定」が日本の夫婦関係のあり方なのかもしれない。

夫婦の学歴の組み合わせでは、大卒を含む夫婦ほど平均点が高い傾向にあり、大卒と非大卒の女性では夫に対するイメージ（期待）も異なっている。夫や子どもを含む家族との個別の関係性の手前に、そもそも一般論や、社会規範として結婚や夫婦関係への期待が異なり、実際の生活や期待の実現のあり方がさまざまであっても、総合的には平均的に大きな差とはならないのだろう。

調査開始時に比べ、近年の夫のイメージで「空気のような存在」という選択肢が選ばれている（得点が高くなっている）。これらを選ぶ妻は夫のイメージが非常によい人が多く、空気のようなというたとえが（本来は「存在感がない」とか、「タダであるもの」というネガティブな意味であったと思うが）「生きていくのに必須のもの」や、「いつもあるもの」というニュアンスで理解されるようになっており、このような面でも配偶者への親密性の期待のあり方が少しずつ変わってきているのかもしれない。今後はさらに経済面よりも親密性の充足という観点から結婚そして配偶者が選択される可能性が示唆される。

本章では、出産や子どもの入学といった役割移行、家事分担などのケア関係の変化などを考慮した分析を行えていないが、そのような多面的な夫婦関係の情報を考慮して、さらに分析を深めることが求められるだろう。

【注】

（1）ただし直近2021年では「一生結婚するつもりがない」が14・6％と増加していることは注目される（国立社会保障・人口問題研究所［2021］）。

（2）選択肢の詳細は以下のとおり。①親しい友人、②子育てや人生にともに立ち向かう同志、③一心同体の人、④趣味を共有する人、⑤経済的に頼れる人、⑥父親のように保護してくれる人、⑦心の支えになる人、⑧性的に魅力のある人、⑨子供のように甘えてくれる人、⑩空気のような存在、⑪可愛い人、⑫世話がやける存在、⑬自由を束縛する人、⑭経済的に頼りない人、⑮そりがあわない。

（3）夫婦関係満足度は、以前は隔年で尋ねており、4回分の回答は欠測している。ここでは調査は継続しているが無回答が多い人などを除去するため、20回以上の回答が揃う人に限定する。

【参考文献】

Cyrus Ghaznavi *et al.*（2022）"Salaries, degrees, and babies: trends in fertility by income and education among Japanese men and women born 1943－1975, analysis of nationalsurveys（https://www.u-tokyo.ac.jp/content/400187301.pdf）

Karney, B. R. and T. N. Bradbury（2020）"Research on Marital Satisfaction and Stability in the 2010s：Challenging Conventional Wisdom," *Journal of Marriage and Family* 82(1)：100－116.

赤川学（2017）『これが答えだ！ 少子化問題』ちくま新書。

赤澤淳子（2019）「夫婦関係満足度の経年変化―U字型変化と規定要因」『福山大学人間文化学部紀要』19：14－30ページ。

稲葉昭英（2011）「NFRJ98/03/08から見た日本の家族の現状と変化」『家族社会学研究』23－1：23－43ページ。

打越文弥（2018）「未婚化時代における階層結合―夫婦の学歴パターンのコーホート比較分析」『理論と方法』33－1：15－31ページ。

国立社会保障・人口問題研究所（2021）「第16回出生動向基本調査」。

内閣府（2015）『平成26年度「結婚・家族形成に関する意識調査」報告書（全体版）』。

永井暁子（2011）「結婚生活の経過による妻の夫婦関係満足度の変化」日本女子大学『社会福祉』52：１２３－１３１ページ。

山田昌弘（2014）『家族難民』朝日新聞出版社。

第4章

結婚で生活は豊かになるのか
——初婚・離婚・再婚による生活の変化

斉藤知洋

1　1990年代以降の女性の家族生活の変化

「もはや昭和ではない」。これは、内閣府が2022年6月に公表した「男女共同参画白書（令和4年版）」の中で、人生100年時代を迎えた現在の日本家族の姿を形容するために用いられたフレーズである。昭和の時代、結婚は女性の人生に埋め込まれた一大イベントであると同時に、彼女たちに対して生活保障（経済的基盤）を付与する制度的機能を有していた。雇用労働化が進む中で、その中核である男性労働者が、企業戦士として生活時間の大半を職業領域に注力できるようにすることは、戦後の高度経済成長を発展・維持させる上で必須の要件であったかもしれない。女性は結婚を人生の節目として寿退職し、専業主婦として夫や子ども、年老いた親の面倒を見る無償ケア労働に従事することが社会的に期待され、専業主婦世帯を優遇する税制・社会保障制度（配偶者控除・国民年金第3号被保険者制度など）の整備が進められた。

しかし、性別役割分業体制を前提とする核家族モデルや、多くの女性たちが結婚・出産を経験するという画一的なライフコース像を想定する自明性は徐々に失われつつある。それは主に人々の婚姻・配偶関係の変化に起因しており、その決定的な分岐点となったのが、元号が平成となった1990年前後である。1990年には、25〜29歳の女性人口に占める「未婚」割合が初めて4割を超え（2020年＝65・8％：総務省「国勢調査」）、女性の平均初婚年齢は女性25・9歳（1990年、男性28・4歳）から29・4歳（2020年、男性31・0歳）へとシフトしている。同時に、女性（妻）の有配偶離婚率（有配偶者千人に占める離婚数）は、わずか10年間で3・31‰（パーミル）（1990年）から5・93‰（2000年）へと上昇し、年間離婚件数も2002年には約29万件とピークに達している（1990年＝約15万8千件：厚生労働省「人口動態統計」）。

1990年代に生じた一連の人口学的変化は、同時期に日本社会が経験したバブル崩壊と平成不況、大学進学率の上昇、共働き世帯の増加、そして少子化・雇用対策の一環としての育児休業制度の整備などと決して無関係ではないだろう。「失われた30年」ともいわれる昨今の経済停滞や非正規雇用者の増大は結婚相手の候補となる経済力のある男性労働者を減少させ、夫の収入のみで家計を維持することを困難にさせた。また、女性の社会進出は、人的資本が高い高学歴女性にとって結婚・出産退職に伴う機会費用（仮に就業継続した場合に得られた労働報酬など）を増大させ、結婚から得られるメリット（便益）の低下をもたらす（Becker［1991］）。さらに、結婚・出産後も就労継続する女性の増加（脱主婦化）は、職業アイデンティティの獲得とともに女性自らの稼得力（経済的自立性）を高めることにもつながったのかもしれない。

結婚をめぐる人々の行動や意識の変化は、結婚制度が個人のライフコースを規定する社会的拘束力の弱体化や、家族集団・関係の流動化・縮小化を示唆するものであり、「結婚の脱制度化」（Cherlin［2004］）や「家族の個人化」（山田［2004］）などと総称される。過去30年間に生じた家族の変化は、結婚や家族のかたちを女性自身が選択／解消できる可能性が広がったと肯定的に評価できる一方で、シングルマザーや高齢単身女性の経済的貧困のような社会的リスクを高めるという負の側面も併せ持つ。働き方やライフコースの歩み方が、異なる個人の間や同一個人の内部でも複雑化している中で、女性たちにとって結婚が持つ社会的意味は果たして変化しているのだろうか。

本章では、この点について、初婚・離婚・再婚の動向（第２節）とそれらの家族イベントが女性たちの家族生活の豊かさ（ウェルビーイング）に及ぼす影響（第３節）について「消費生活に関するパネル調査」（ＪＰＳＣ）データを用いて検討していく。

図4－1　婚姻状況とライフイベント

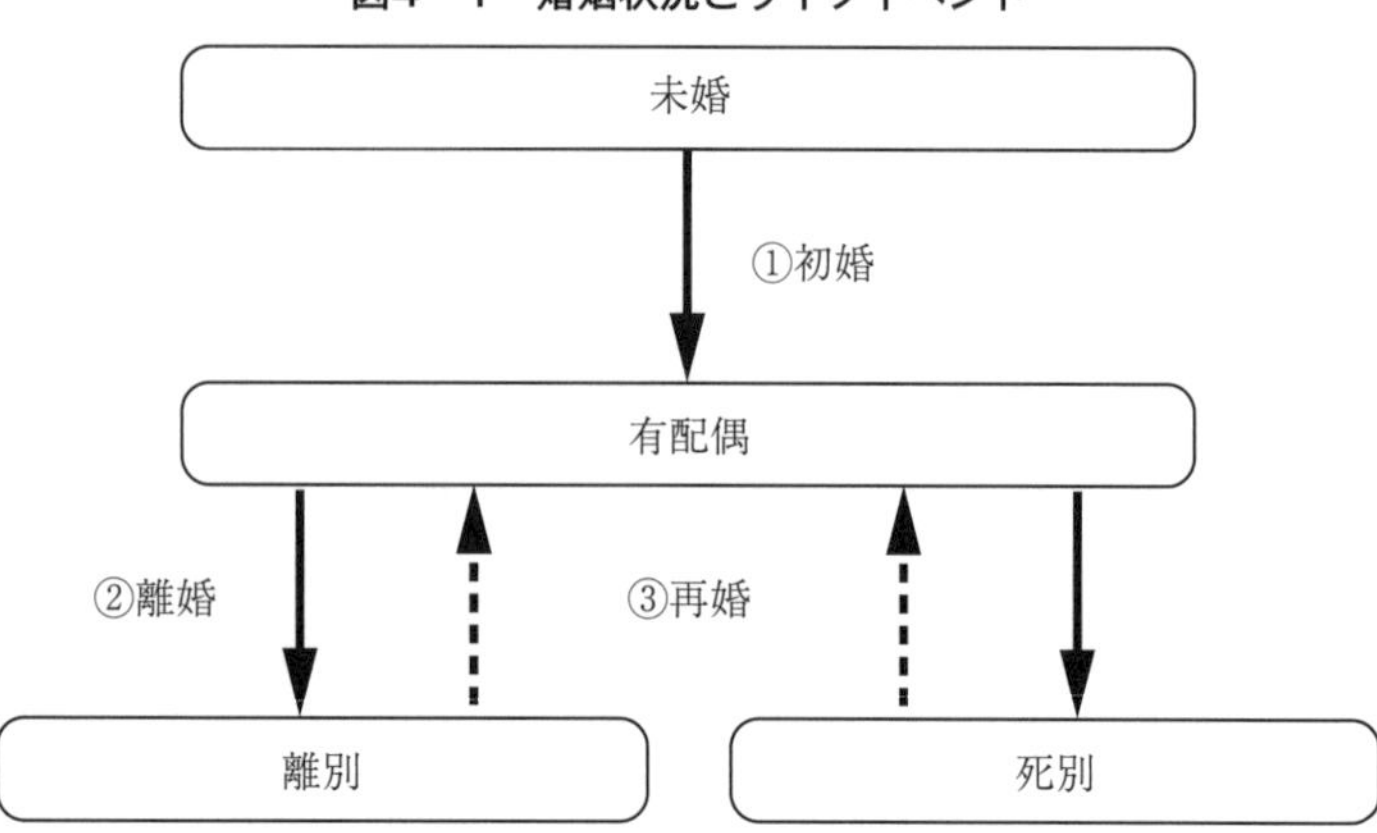

2　初婚・離婚・再婚の経験率

人々の配偶関係（婚姻上の地位）は、「未婚（結婚したことがない）」「有配偶（結婚相手がいる）」「離別」「死別」の四つに分類される。図4－1のように個人のライフコースを時間軸に据えると、ある婚姻状況が別の状況へと変化するライフイベント、すなわち、①未婚から有配偶、②有配偶から離別、③離別または死別から有配偶への移行のことを、それぞれ初婚・離婚・再婚と呼ぶ。

先に述べた未婚化や離婚率の上昇という社会レベルの変化は、未婚状態の滞留（すなわち初婚経験率の低下）と離別状態への移行リスクの増大という個人の婚姻行動の変化が集積した帰結と理解できる。本節ではまず、１９９０年以降の初婚・離婚・再婚経験率がどのように推移してきたのかを確認する。[1]

図4－2　出生年別に見た初婚経験率

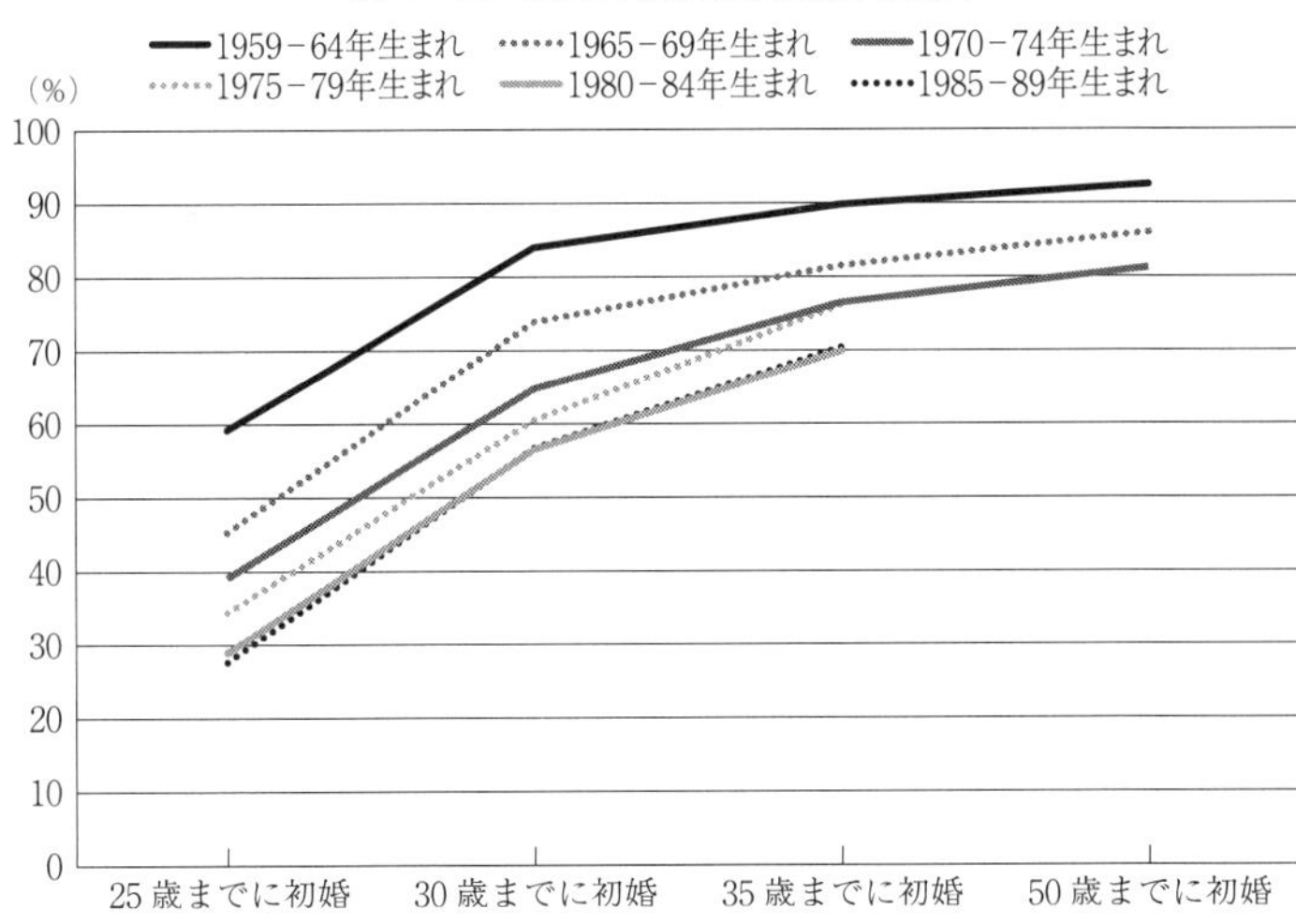

(1)　初　婚

図４－２は、イベントヒストリー分析[2]と呼ばれる統計手法を用いて、初婚経験率を出生年別（５年刻み）に集計したものである。図の見方としては、横軸を左から右へ追っていけば、ある年齢までに初婚を経験した人の割合（累積経験率）を世代別に知ることができる。

図４－２からは、20代での初婚経験率が近年生まれた世代[3]ほど著しく低下していることが読み取れる。最も古い世代である１９５９－64年生まれの女性は、25歳までに６割近く（59・２％）、30歳までには８割以上が初婚を経験している（84・０％）。しかし、続く１９６５－69年生まれでは、25歳時点の初婚経験率は50％を下回り（45・３％）、最も若い１９

85－89年生まれでは27・6％に留まっている。30歳時点の初婚経験率は、1980年代以降に生まれた女性では56％程度となっており、1959－64年生まれと比べて約27％ポイント減少している。50歳時未婚割合も1970－74年生まれで18・8％と推計されており、およそ5人に1人の女性が非婚を選択している。

こうした初婚経験率のトレンドは、すべての女性に生じたライフコース上の変化といえるのだろうか。答えは否である。初婚経験率を最終学歴別に確認すると、非大卒（高校以下）群では大卒（短大以上）群と比較して、各年齢時点での初婚経験率が高い傾向にある。特に1965年以降に出生した大卒女性では、25歳時点での初婚経験率が約5割から2割台まで低下しており、高学歴化が晩婚化を推し進めている要因の一つであるといえる。1980年代生まれの女性では、二つの学歴階層間で見られた30歳時点での初婚経験率の差異が5％ポイント前後まで縮小している。この変化は、非大卒女性の初婚経験率がそれ以前の世代に比べて6割弱まで低下していることに起因する（1965－69年生まれ81・7％、1970年代生まれ約71％）。女性全体の初婚経験率が減少し、晩婚化や平均初婚年齢の上昇が進行する一方で、25歳までの初婚経験率は高卒女性で相対的に高く、早婚傾向が依然として強い。

婚外出生（未婚の母）が極めて少ない日本社会では、初婚経験率の低下（未婚化）は、出生率の低下に直結することから、社会的関心も非常に高い[4]。この未婚化が生じる主な原因として、若年層の結婚意欲の低下（草食化・恋愛離れなど）がマスメディアを中心に指摘されている[5]。そこで、世代別に25～34歳の（婚約者がいない）未婚女性を対象とし、初回調査時の結婚意向の回答状況を集計した。その結果、「すぐにでも結婚したい」「いずれ結婚したい」と回答した女性の割合は、１９７０－74年生まれで86・１％、最新の１９８５－89年生まれで80・１％と、実際の初婚経験率に比してその減少幅は小さい。また、いずれの世代でも、最終学歴と結婚意向の間に統計的な関連は認められず、未婚女性の結婚意欲は全体として高い。これらの結果からは、結婚意欲の低下が未婚化を促進しているとする主張は経験的に強く支持されない。

(2) 離　婚

表４－１は、どのくらいの女性が人生の伴侶として選んだ配偶者との離婚を経験しているのかを、先と同様の統計手法を用いて集計したものである。以下の分析では、初婚有配偶から離別への移行のみに着目し、２回目以降の離婚は集計対象から除外している。

初婚年別に見ると、近年結婚した女性ほど、全体的に離婚経験率が上昇している。初婚15年後の離婚経験率に着目すると、１９７８－89年に結婚した群では４・６％の離婚率に留まっていたが、１９９０年以降の初婚経験群では13％台と約３倍近く上昇している。初婚20年後時点での離婚経験率は、１９７８－89／１９９０－２００５年に初婚を結婚したグループでそれぞれ８・８％、16・２％に達している。

離婚による婚姻関係の解消は、第３節で述べるように、女性や子どもの経済状況を大きく左

表4－1　初婚年・最終学歴・子どもの有無別に見た離婚経験率

(%)

初婚年	初婚経過年			
	5年目	10年目	15年目	20年目
1978−1989年	0.0	1.1	4.6	8.8
1990−2005年	2.8	8.3	13.4	16.2
2006−2021年	3.6	9.0	13.9	—
初婚年	回答者学歴（初婚15年後）		子ども（初婚15年後）	
	高校以下	短大以上	あり	なし
1978−1989年	5.3	3.5	4.5	7.1
1990−2005年	17.4	9.8**	12.9	18.2
2006−2021年	22.0	10.8**	11.9	27.7**

（注）1.カプラン･マイヤー法による推定結果。
2.集計対象（リスクセット）は初婚の有配偶女性、リスク観察期間は20年。
3.死別が発生した場合は、観察打ち切りとした。
4.**は1％水準でカテゴリ間で離婚経験率に統計的有意差が見られた箇所。

右するが、この離婚リスクには個人・世帯属性による差異が明確に存在する。具体的には、1990年以降に結婚し、最終学歴が非大卒（高校以下）の女性では、離婚経験率が大卒女性（短大以上）に比べて7・6〜11・2％ポイント高い。

その原因としては、大きく二つの可能性が考えられる。一つ目は、配偶者である夫の稼得力の低下である。人々が自らの社会経済的属性（年齢・人種・学歴・職業・居住地域など）と類似した相手と婚姻関係を結びやすい傾向のことを、社会学では同類婚（homogamy）と呼ぶ。学歴同類婚の文脈では、高卒女性は大卒女性よりも、高卒男性を結婚相手として選択しやすい。この視点からは、非大卒男性を中心に経験した1990年代以降の労働市場の流動化（非正規雇用の拡大など）や稼得賃金の低下が、家族生活の不安定化をもたらし、非大卒女性の離婚増加につながったという説明が可能である。

もう一つは、早婚による配偶者選択のミスマッチである。先述のとおり、非大卒女性は20代前半以前での早婚傾向が相対的に強い。早婚（若年結婚）は、自分に見合った結婚候補者をサーチ（探索）する期間や交際期間が相対的に短いことを意味する。配偶者の情報（人格・稼得力・家事育児能力・家族の考え方など）をよく知らないまま結婚生活に入った早婚夫婦は、口論やコンフリクトを生じさせやすく、離婚に至ることが考えられる。

また、夫婦の間に子どもがいる女性（１９９０年以降の初婚経験グループ）は、子どもがいない女性に比べて（初婚15年後の）離婚経験率が５・３〜15・８％ポイント低い（１９９０－２００５年初婚グループでは10％水準で有意傾向）。「子は鎹」という諺があるように、子どもは夫婦の仲をつなぎ保たせる存在として機能していることが読み取れる。

(3) 再　婚

最後に、離婚や死別を経験した女性が、その後新たなパートナーを見つけ、再婚しているのかを確認する。ここでは、分析ケースが少ないことを考慮して、離死別年に基づいて二つのグループ（１９９３－２００５／２００６－21年）に区分している。

表４－２によると、１９９３－２００５年に離死別を経験した女性の再婚経験率は、離死別

表4－2　離死別年・最終学歴・子どもの有無別に見た再婚経験率

(%)

離死別年	離死別経過年		
	5年目	10年目	15年目
1993–2005年	29.5	41.1	42.4
2006–2021年	15.8	22.4	25.2

離死別年	回答者学歴（離死別15年後）		子ども（離死別15年後）	
	高校以下	短大以上	あり	なし
1993–2005年	38.2	47.5	39.8	51.1
2006–2021年	11.9	33.6*	23.0	17.5

（注）1.カプラン･マイヤー法による推定結果。
2.集計対象（リスクセット）は初婚配偶者との離死別を経験した女性。
3.リスク観察期間は20年、調査期間中に発生した初めての再婚を集計対象。
4.*は5%水準でカテゴリ間で再婚経験率に統計的有意差が見られた箇所。

発生5年後で3割近く（29・5%）、そして同10年後には4割超（41・1%）となっている。これは、5人に2人の女性が配偶者との離死別後10年以内には再婚に至っている水準であることを意味する。その一方、2006－21年のグループでは、離死別発生5年後の再婚経験率は15・8%であり、15年後でも25・2%に留まっている。すなわち、近年ほど離死別女性の非再婚化（再婚機会の縮小）が進んでいるのである。

1990年代以降には再婚件数の増加や、年間結婚件数に占める再婚割合が上昇しているが[6]（国立社会保障・人口問題研究所[2022]）、表4－2の推計結果はこれらの時代的変化と矛盾していると思われるかもしれない。しかし、ある期間内の再婚件数は、基本的に（A）再婚する可能性がある離死別総人口と（B）再婚率の積（＝A×B）によって決定される。離婚経験率の上昇という表４－２の分析結果を踏まえれば、近年の再婚件数の増加は、前者の離死別人口の量的拡大によってもたらされていたといえる。[7]

さらに離婚と同様に、再婚経験率の学歴差は近年の離死別女性の間で観察される。つまり、２００６－21年に離死別を経験した大卒女性（短大以上）ほど、再婚する機会が開かれており、非大卒女性（高校以下）は離死別状態に留まりやすい。ただし、子どもの有無によって再婚経験率に統計的な有意差は認められなかった。

3　初婚・離婚・再婚前後の生活状況の変化

(1)　就業状況

冒頭で述べたとおり、日本社会では、長年にわたり男性（夫）が「一家の稼ぎ手」、女性（妻）が「家政の担い手」の役割をそれぞれ担う性別役割分業体制が組み込まれてきた。その結果、女性の就労率は、結婚や出産のタイミング、そして育児ケアが集中しやすい20代後半から30代前半にかけていったん低下し、その後再び上昇に転じる「M字型曲線」を描いていた。

一方で、１９９０・２０００年代は男女雇用機会均等法（１９８６年）や男女共同参画社会基本法（１９９９年）の施行、子育て支援の基本的方針を示したエンゼルプラン（１９９４

年）・新エンゼルプラン（1999年）の策定など、女性の就業環境をめぐる制度的変化が見られた大きな過度期でもあった。それでは、未婚化・晩婚化・離婚率の上昇によって、女性の就労パターンは1990年代以降、どのように変化したのだろうか。

図4－3は、初婚・離婚・再婚が発生する2年前から5年後にかけての女性の就業率をそれらの経験年別に集計したものである。まず初婚に着目すると、二つの初婚グループ間に見られる顕著な変化は、無業率の低下である。1993－2005年に結婚した女性では、初婚2年前には8割超が就業していたが、初婚発生年には就業率は31・4％ポイント低下している。また、就業者のうち正規雇用である女性の割合は、初婚2年前の63・7％から初婚発生年で36・8％まで低下し、その5年後には同割合は18・2％となっている。それに代わり、無業割合が初婚発生年に45・7％まで増大し、初婚2～5年後には無業割合が6割前後を推移するようになる。

こうした結婚を契機とした女性の非労働力化は、同期間に再婚を経験した女性でも観察される。再婚2年前の就業率は71・8％（正規雇用割合は48・7％）と初婚ケースに比べて低いが、再婚発生年には就業率は37・5％（正規雇用割合22・9％）まで下落し、無業割合は56・3％まで上昇している。この期間内に結婚した女性の間では、従来型のライフコース・パターン（結婚・出産退職➡専業主婦）が根強く存在していたことがうかがえる。

しかしながら、2006－21年に初婚や再婚を経験したグループでは、結婚以降の無業割合

図4－3　初婚・離婚・再婚前後の就業率の変化

―就業率（1993-2005年）　……正規雇用割合（1993-2005年）
―就業率（2006-2021年）　……正規雇用割合（2006-2021年）

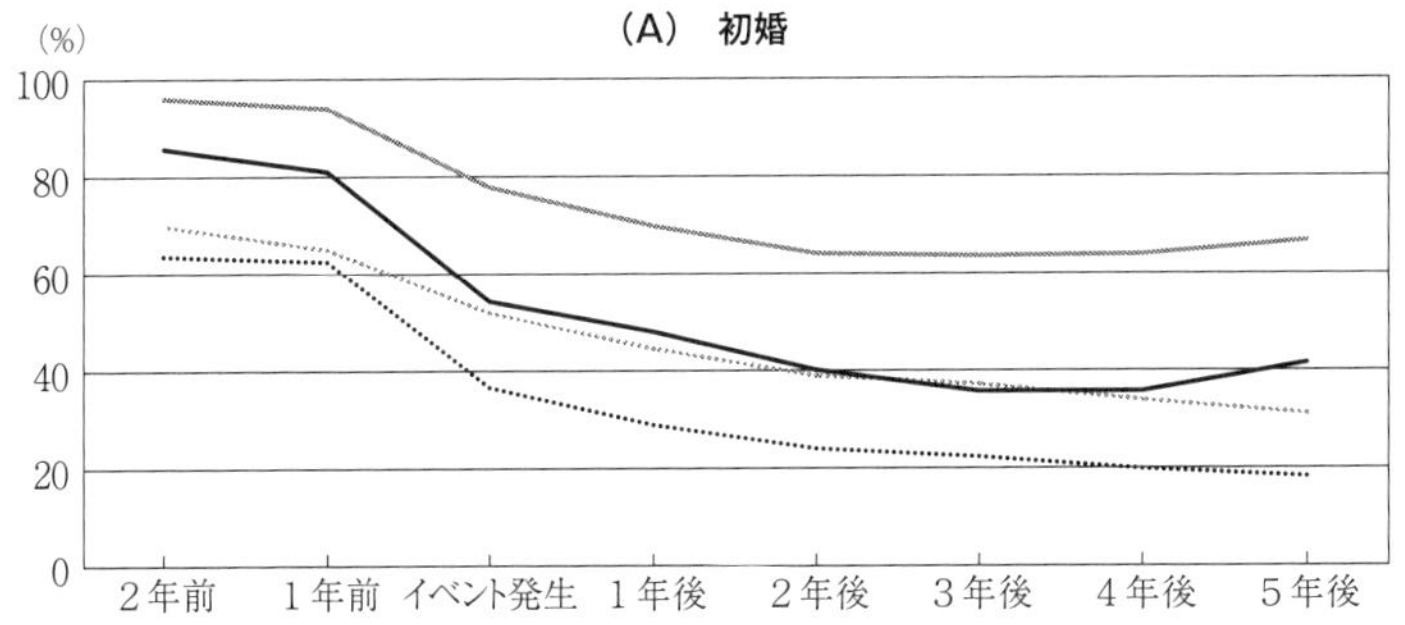

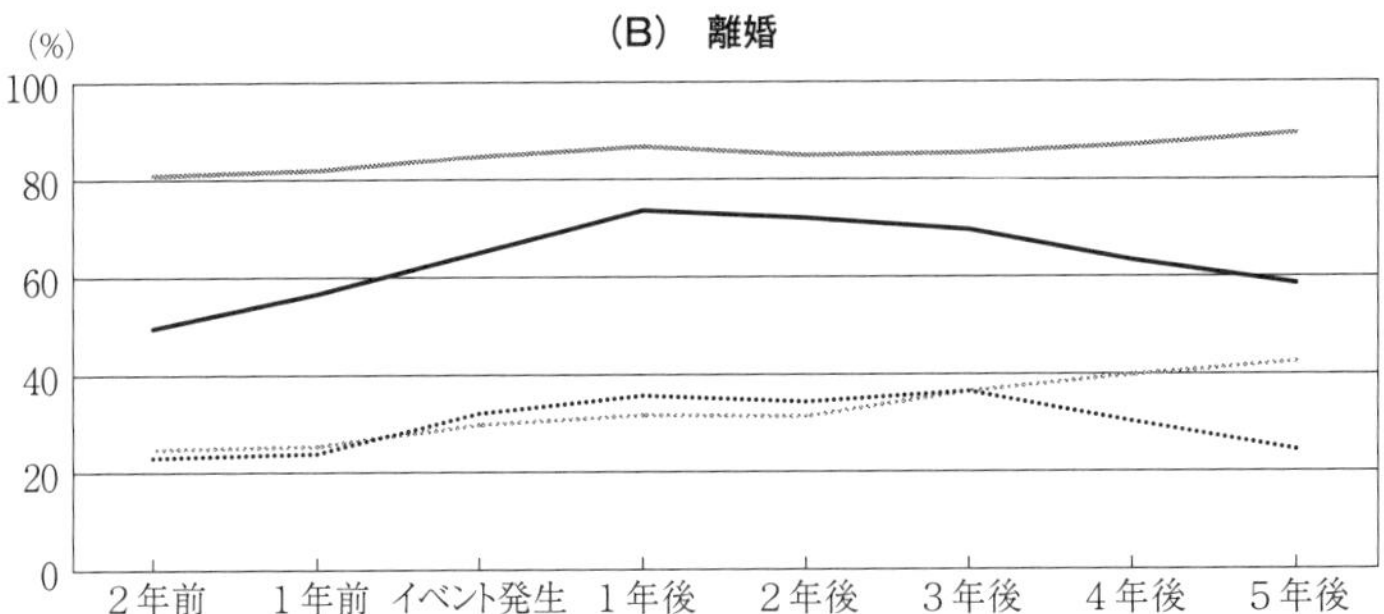

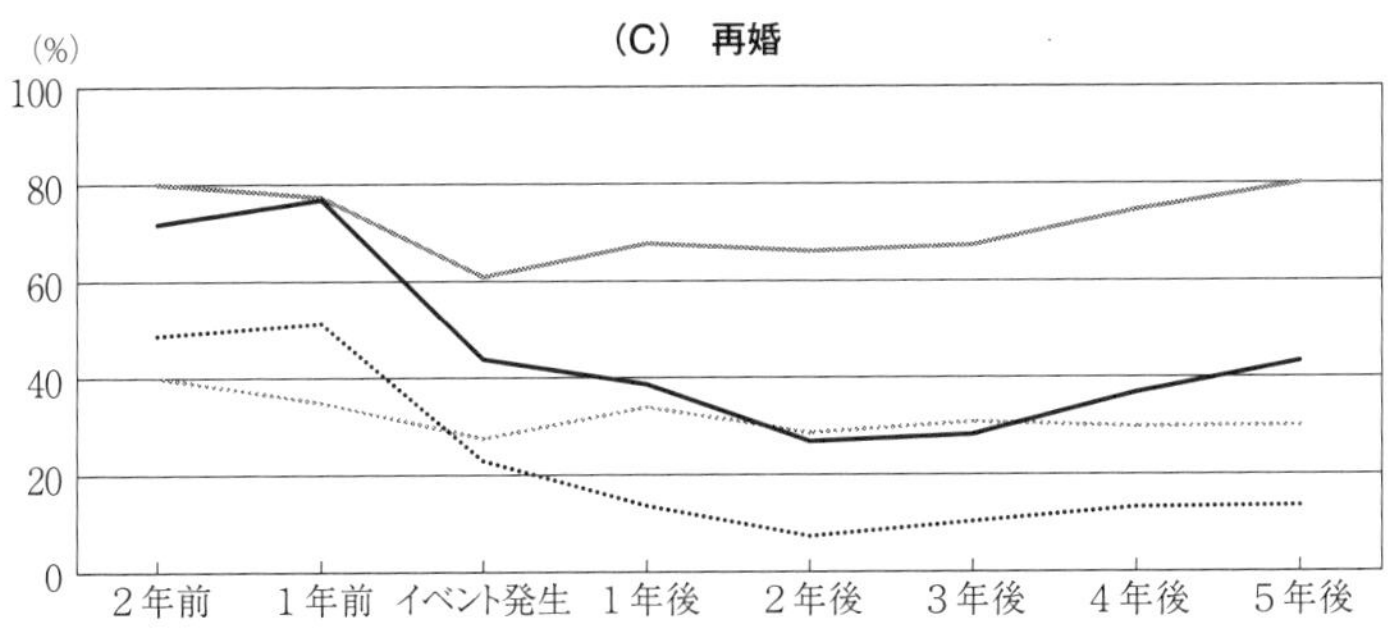

の増大が初婚ケースで22・2～36・5％、再婚ケースで20・0～39・1％程度に抑えられており、結婚後に離職を選択する女性は全体的に減少している。それに代わり、初婚・再婚後の正規雇用割合は前のグループに比べてそれぞれ12・9～15・6％ポイント、16・5～21・3％ポイント高く、そして非正規雇用が占める割合も初婚ケースで2割台まで上昇している。

一方、離婚は世帯内の男性稼ぎ手を失うことから、女性の就労意欲を高める要因となっている。1993－2005年に離別を経験したグループでは、離婚発生年の就業率は35・0％（子どもがいる女性では36・4％）であるが、離婚後3年間は有業率が7割前後まで上昇し、正規雇用・非正規雇用の割合がともに3割台まで上昇している。

ただし、正規雇用については離婚4年後以降にその割合が2割台まで減少し、代わりに無業割合が高まっている。そして2006－21年に離別を経験したグループの無業割合は離婚発生年で15・2％となっており、その後も8割以上の離別女性が就労を選択している。ただ、離婚発生年から3年後にかけて正規雇用の割合が31・4～36・5％とそれ以前のグループとの間で大きく変化していない。近年離婚を経験したグループにおいても、離別女性の半数近くが非正規雇用に就労しており、その傾向はシングルマザーにも当てはまる。すなわち、近年の離別女性の就労化は、非正規雇用労働者の増大が中心的な役割を果たしていたといえる。

（2）等価世帯収入

次に、初婚・離婚・再婚前後における女性の経済状況について検討する。ここでは、世帯を分析単位とし、等価世帯収入（equivalent household income）の変動を取り上げる。等価世帯収入とは、世帯の総収入を世帯人数で調整したものである。世帯収入をそのまま使用しないのは、たとえば同じ世帯収入５００万円であっても、２人暮らしと子だくさんの７人世帯では、世帯の経済厚生（一人あたりの生活消費水準）が大きく異なるためである。等価世帯収入は、しばしば世帯収入を世帯人数の平方根（ルート√）で割ることで算出される[9]。先例の２人暮らしと７人暮らしでは、等価世帯収入はそれぞれ３５３・６万円、１８９・０万円となる。

図４－４は、三つの婚姻イベント発生前後（前年・翌年）の等価世帯収入の変化を、初婚・離婚・再婚経験年別に集計したものである。１９９３－２００５年に初婚を経験したグループの等価世帯収入は、初婚前後で４１９・７万円、３６０・１万円と14・２％の減少が見られる。同様の傾向は学歴階層にかかわらず見られ、初婚前年に実親と同居していた女性で顕著である（17・１％減）。これは等価世帯収入の定義上、結婚に伴う世帯構成の変化によるところが大きい。初婚前年に単独世帯であった女性では、初婚翌年には等価世帯収入を平均14・０％上昇させている（１９９３－２００５年）。このような初婚前後の世帯収入の変動は、２００６－21年初婚グループでは単独世帯を除いて小さくなっており、結婚後も就労継続を選択する女性が増

図4－4　初婚・離婚・再婚前後の等価世帯収入（平均）の変化

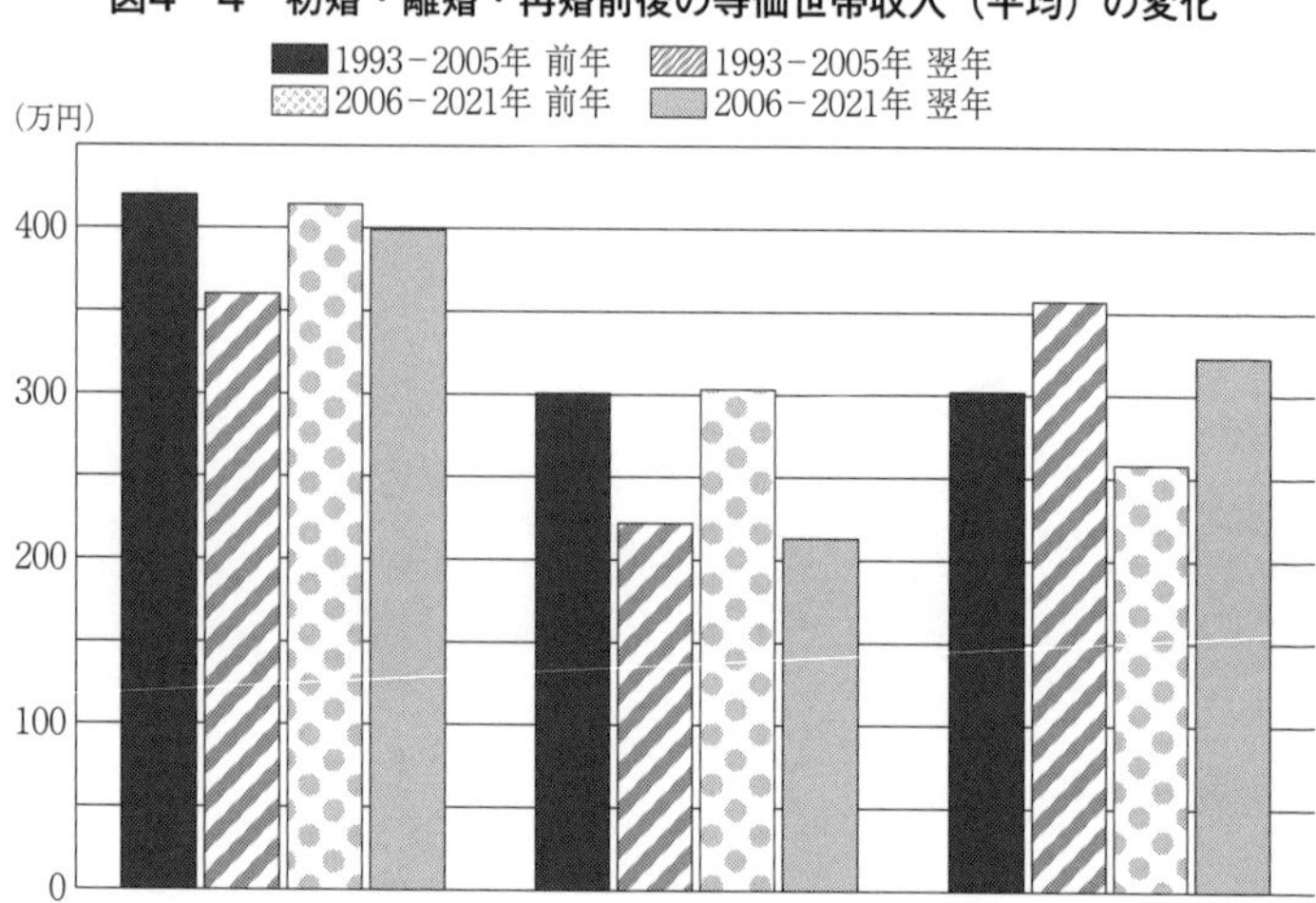

加したことが要因として考えられる[10]。

一方、離婚前後には女性は平均30％弱程度、等価世帯収入の減少を経験している。近年離婚を経験したグループで離別女性の就業率が上昇しているにもかかわらず（図4－3）、離婚による収入減少率に二つのグループ間で顕著な差異が認められない点は、注目に値する。未婚子がいる女性（シングルマザー）は、離婚前の時点で等価世帯収入の平均値が離別女性全体のそれを下回っており、離婚翌年の等価世帯収入が非大卒（高校以下）の女性と並んで190万円前後と低水準にある。シングルマザーや非大卒女性ほど、離婚後の世帯所得の減少率が大きい傾向は、2006－21年離別グループの女性でも見られる。

それでは、再婚によって離別女性の経済状況は、どの程度改善するのだろうか。再婚前後の等価世帯収入は、１９９３－２００５年に再婚を経験したグループで18・３％上昇し、さらに２００６－21年再婚グループでは25・３％と経済状況の改善度が後者で大きい。詳細は省略するが、２００６－21年再婚グループでは再婚１～５年後の等価世帯平均収入が約３４０～３９０万円を推移しており、これは初婚１～５年後の水準とほぼ等しい。再婚による経済状況の回復傾向は、特に未婚子がいるシングルマザーで大きく、世帯平均収入が再婚前の１・５～２倍近くまで増加している。

これらの集計結果からは、稼得役割を担う男性配偶者が世帯内に存在するか否かが女性の経済状況を大きく左右しており、女性にとって結婚制度が持つ生活保障機能がいまだに衰退していないことが示唆される。

(3)　現在の生活程度・生活満足度

(2)項での分析結果より、結婚や離婚に伴う経済状況の変化は決して小さくはなく、女性たちのメンタルヘルスにも多大な影響を及ぼすことが予想される。そこで、以下では「現在の生活程度」と「生活満足度」という二つの心理的指標に注目し、初婚・離婚・再婚前後（２年前から５年後）におけるそれらの経時的変化について検討する。

なお、結論を先取りすると、いずれの指標についても婚姻状況との関連には時代的な変化は見られず、ほぼ一貫したパターンを示していた。そのため、以下では初婚・離婚・再婚経験年

図4－5　初婚・離婚・再婚前後の現在の生活程度と生活満足度

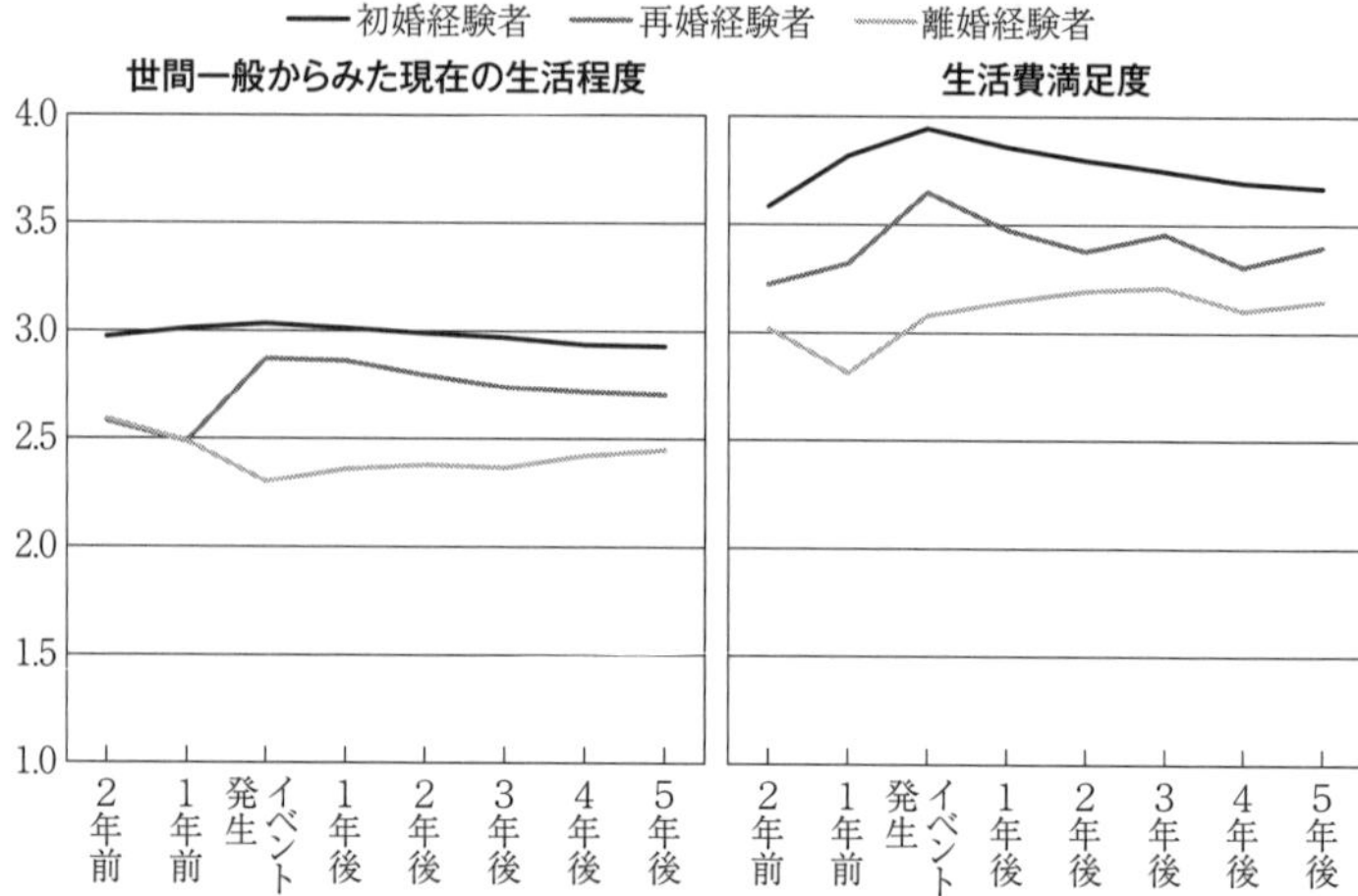

（注）　世間一般からみた現在の生活程度と生活満足度は、それぞれ「1.下」～「5.上」、「1.不満」～「5.満足」の五件法から成る連続値。

別の集計を行っていない。

まず「（世間一般からみた）現在の生活程度」は、社会全体における自身の経済状況の相対的位置づけを五件法（「1・下」～「5・上」）で尋ねている。図4－5（左パネル）を確認すると、現在の生活程度の平均水準は初婚・再婚・離婚の順で高い。初婚前後で生活程度の評価に大きな変化はなく、2・93～3・03ポイントを安定的に推移している。離別女性は、離婚以前から初婚経験者と比較して生活程度を低く評価する傾向にあり、さらに離婚発生年には最低値（2・30）まで落ち込んでいる。この生活程度の低水準は離婚5年後でも大幅な回復が見られず（2・45）、離婚に伴う経済状況の悪化が長期的に持続している状況を反映していると考えられる。そして、再婚経験者の再婚以前の生活程度の評価は、離婚女性とほぼ同水準となっている（2年前：2・58）。再婚発生年には生活程度の水準が2・87ポイントまで上昇し、その後も2・71〜2・86ポイントを維持している。再婚によって、等価世帯収入が初婚経験女性（翌年）に次ぐ水準まで上昇していることから（前出図4－4）、自身の生活状況を高く評価することに結びついていると読み取れる。

より全般的な生活満足度に着目すると（図4－5：右パネル）、現在の生活程度と同様に、その平均的水準は初婚・再婚・離婚の順で一貫して高い。初婚経験者の生活満足度は、初婚発生年で生活満足度が最も高くなり（3・94）、その後緩やかに低下する逆U字カーブを描いている。なお、結婚5年目の生活満足度は、結婚2年前の水準とほぼ等しくなっている（それぞれ3・58、3・67）。新婚時に、結婚生活への期待度や夫婦関係および生活全般に対する満足度が一時的に高まることを「ハネムーン効果」と呼ぶが、同様の効果は再婚経験者についても認められる（再婚発生年：3・65）。再婚後は一貫したトレンドを見出しにくいが、生活満足度は、再婚発生年と比べて低下傾向にある（再婚5年後：3・40）。

一方、離婚経験者では現在の生活程度と異なり、離婚発生年以降に生活満足度が上昇するトレンドを示している（3・08〜3・19）。離婚前に見られる夫婦間の口論や葛藤（コンフリクト）が、離婚によって解消されることが生活満足度の改善に寄与しているものと考えられる。同様の傾向は、他の満足度指標（所得満足度・世帯消費支出への満足度など）でも見られる。

4　変わる結婚、変わらない結婚

本章では、初婚・離婚・再婚行動の時代的な変化とそれらの婚姻イベントが女性たちの経済状況にいかなる影響を与えるのかについて検討を進めた。ＪＰＳＣから得られた分析結果は多岐にわたるが、共通して浮かび上がるのは結婚制度に付随する日本家族の「変わる」姿と「変わらない」姿の二面性である。

１９９０年代以降における家族の大きな変化とは、端的にいえば、婚姻関係を結ぶ人口群の縮小と結婚生活の不安定化である。第2節の推定結果からは、25歳までに初婚を経験する女性は１９７０年代生まれでは4割、１９８０年代生まれでは3割を下回るようになり、晩婚化（結婚の先送り）の傾向が強まっていた。同時に非婚化の進展も見られ、１９７０年代生まれの50歳時未婚割合は18・８％と推計され、生涯にわたり人生の伴侶を持たない女性は増大し続けている。

さらに、離婚リスクは近年結婚した女性ほど高まりを見せる一方で、再婚経験率はむしろ低下の方向にある。これらの分析結果が意味するのは、個人のライフコースにおける無配偶期間の伸長であり、女性たちは長い人生の中で配偶者を持たずに家族生活を過ごす時間が増加しつつある。そして、一連の婚姻・配偶関係の変化は画一的に生じてはおらず、近年では社会経済的に恵まれない女性たちの間で早婚や離婚リスクが高く、再婚する機会が閉ざされていた。

一方で、結婚制度が有する生活保障機能は低下しておらず、結婚は依然として女性の家族生活に対して重要な役割を持ち続けていた。配偶者との離婚は、離婚前年に比べて等価世帯収入を３割程度低下させており、その傾向に過去30年で大きな変化は見られない。この間、より多くの女性が結婚後にも就労を継続するようになったが、それは非正規雇用者の増大によってもたらされており、その稼得力は離婚に伴う経済的損失を補填するほどには遠く及ばない。再婚後には、初婚経験者に近い水準程度まで経済水準が回復していることからも、男性配偶者の稼得役割が女性たちの経済的安定性に寄与し続けている。また、家族生活の経済的側面に限らず、結婚がもたらす女性の心理的メリット（現在の生活程度・生活満足度）も時代を通じて安定的であった。

以上のような家族の「変化／無変化（不変）」の併存は、結婚制度の内外にいる女性たち（すなわち、配偶者を持つ者と持たざる者）との間に家族生活上の格差・分断（二極化）をもたらしている可能性を示唆している（稲葉ほか［2016］）。とりわけ、離婚・再婚という婚姻関係の解消と再形成における階層差は、社会経済的に恵まれない人々を結婚制度の外に誘引する状況をつくり出している。同様の状況は男性にも一定程度当てはまるが（稲葉ほか［2016］：斉藤［2022］）、労働市場上の待遇・処遇の面で不利を受けやすく、結婚・出産を機に退職するキャリアコースを歩みやすい女性にとっては、配偶者の不在は経済的貧困や社会的孤立などのリスクを先鋭化させやすい。

こうした社会状況は、戦後初期の家族内外の性別役割分業体制からジェンダー平等的な社会システムへと移行する過程で、多くの先進国が経験してきた。そして、結婚や出産に伴う女性特有のライフコース・パターンの程度や離婚後の経済的不利益は、性別分業体制がいまだ根強い国ほど大きく、日本もその例外ではない。結婚や家族生活の実態に多様性が増しつつある令和の時代に、家族形成の選択をめぐる自由の最大化とリスクの最小化、そして女性のウェルビーイング向上を実現する上で、男女間賃金格差の解消、結婚・出産前後の女性のキャリア継続支援など、政府による働きかけが今後さらに重要性を増すことは疑いなく、その拡充が求められる。

【注】

(1) JPSCでは、①調査票の種類（有配偶票／無配偶票）、②過去1年間（前年10月～本年9月）の生活変動）と初回調査以前の離死別経験の有無に関する調査項目をもとに、各調査年の婚姻状況（配偶関係）を年単位で把握することができる。ここでの結婚には、婚姻届の提出による法的婚姻関係に限らず、事実婚や内縁婚なども含まれる。

(2) イベントヒストリー分析とは、あるイベント（結婚や出生など）が発生するまでのタイミングを数量的に把握するための統計手法であり、生存時間分析（survival analysis）とも呼ばれる。分析対象は、注目するイベントが生じる可能性がある集合体であり、リスクセット（risk set）と呼ばれる。たとえば、初婚の分析ではリスクセットは結婚を一度もしたことがない未婚者、離婚の分析では配偶者がいる者に限定される。この統計手法を用いることで、リスク観察期間内にイベントが実際に発生した分析対象の情報だけでなく、将来的にイベントが起こる可能性がある対象についても、「（観察期間中に）イベントが発生しなかった時間の長さ」（右センサリングと呼ぶ）の情報を適切に処理することができる。

（3）ここでの世代とは、コーホート（cohort）を指す。コーホートとは、ある特定期間に出生や婚姻などの共通の事象が発生した集団を指す。同時期に出生・初婚・離別（離死別）・再婚を経験した人口群のことを、それぞれ出生コーホート・初婚コーホート・離別（離死別）コーホート・再婚コーホートと呼ぶ。

（4）人口学的手法による分析からは、１９７０年以降の出生率の低下のうち、およそ9割が初婚行動の変化（未婚化・晩婚化）によって説明され、夫婦の出生行動の変化の寄与度は1割程度にすぎないという結果が得られている（岩澤 [2015]）。なお、日本の非嫡出子の割合は１９６５年から80年代半ばにかけて１％未満であり、90年代から２０００年代前半は１％台、そして２００５年以降は２・03～２・38％を推移している（国立社会保障・人口問題研究所 [2022]）。

（5）未婚化に限らず、少子化に関連する一連の人口学的変化（晩婚化や婚外性交渉・婚外子・同棲カップル・離婚の増大など）の主な原因が、若年層を中心とする伝統的価値観からの脱却（個人化・脱物質主義・世俗化などの浸透）にあると主張する学説として、人口学の分野で提唱された「第二の人口転換（the second demographic transition）」論が挙げられる。ただし、この第二の人口転換論は、１９６０年代以降における北欧・西欧諸国の経験的変化をもとに体系化されており、非欧米圏である日本社会には必ずしも適合しないとする研究も見られる（たとえばRaymo *et al.* [2013] など）。

（6）妻（女性）の婚姻数に占める再婚の割合とその件数は、１９９０年で13・４％（約８万５千件）、２００５年で16・０％（約11万５千件）、そして２０２０年には19・４％（約８万８千件）に達している（国立社会保障・人口問題研究所 [2022]）。

（7）こうした再婚経験率の低下傾向は、他の社会調査データを用いた分析でも観察されている（余田 [2014]）。

（8）ＪＰＳＣでは、前年1年間の年間収入について「夫の年収」「妻の年収」「夫婦の共通の年収」「夫婦以外の年収」についてそれぞれ実数値（万円）を記入してもらう回答形式を採用している（第2回以降）。上記四項目は、いずれも「勤め先の収入」「事業収入」「財産収入」「社会保障給付」「その他の収入」によって構成され、それぞれの内訳金額を尋ねている。世帯収入は、これらの項目を合算したものである。

（9）世帯人数そのものではなく、その平方根（等価比率尺度の一種）で割るのは家財や光熱費・住居費など、世帯員が共同で消費する家計内公共財が含まれるためである。

（10）世帯収入に占める妻収入の割合を試算すると、初婚発生年の同割合は１９９３－２００５年グループで平均32・６％、２００６－21年グループで平均39・７％であった。しかし、初婚発生５年後には妻収入の寄与度はいずれのグループでも２割前後まで低下していた。

【参考文献】

Becker, G. S.（1991）*A Treatise on the Family, enlarged edition,* Massachusetts: Harvard University Press.

Cherlin, Andrew J.（2004）"The Deinstitutionalization of American Marriage,"*Journal of Marriage and Family* 66（4）：848－61.

Raymo, J. M., S. Fukuda, and M. Iwasawa（2013）"Educational Differences in Divorce in Japan,"*Demographic Research* 28（6）：177－206。

稲葉昭英・保田時男・田渕六郎・田中重人（2016）「２０００年前後の家族動態」稲葉昭英・保田時男・田渕六郎・田中重人編『日本の家族１９９９－２００９―全国家族調査［ＮＦＲＪ］による計量社会学』東京大学出版会、３－21ページ。

岩澤美帆（2015）「少子化をもたらした未婚化および夫婦の変化」高橋重郷・大淵寛編『人口減少と少子化対策』原書房、49－72ページ。

国立社会保障・人口問題研究所（2022）『人口統計資料集（２０２２年）』。

斉藤知洋（2022）「非婚時代における中高年未婚者の生活リスク」国立社会保障・人口問題研究所編、東京大学出版会、２５７－２７５ページ。

山田昌弘（2004）「家族の個人化」『社会学評論』54（４）：３４１－３５４ページ。

余田翔平（2014）「再婚からみるライフコースの変容」『家族社会学研究』26（２）：１３９－１５０ページ。

第 III 部

家事・子育て

第5章

性別役割分業意識の強さと出生率
——質と量のトレードオフは今も成立しているのか

坂本和靖

1　変化する二つの統計的規則性

出生に関する経済学は新しい時代に突入したといわれる（Doepke *et al.* [2022]）。Becker（1960）を嚆矢とした、出生の経済学の第一世代モデルでは、過去数十年間の出生率に関する重要な統計的規則性——「所得が高いほど出生しない」「女性が労働参加するほど出生しない」といった、二つの負の相関関係——に対応するものであった。

しかし、近年、その関係性が弱体化している。一部先進国では、所得や学歴と出生率との関係が正の相関関係に逆転しているケース（「世帯の所得が高いほど出生する」「女性が高学歴であったり、労働参加するほど出生する」）もみられるようになった。最近の日本においても、国立社会保障・人口問題研究所「出生動向基本調査」を用いたGhaznavi *et al.*（2022）の研究によれば、男性では高収入・高学歴であるほど、子どもがいる割合および3人以上子どもがいる割合は高く、女性では、かつては（1956‐70年生まれ）は、大卒以上の高学歴女性のほうが子どもを持つ割合が低かったのに対し、後年生まれ（1971‐75年以降）の若い世代では大卒とそれ以外の人との間で子どものいる割合に差がないことが指摘されるようになった。出生の重要な統計的規則性に何が起きているのか。

本章では、こうした疑問に答えるべく、第2節でこれまでの出生の経済学における二つの統計的規則性について概観し、第3節で国際比較データを用いて統計的規則性の変化を確認し、第4節では「消費生活に関するパネル調査」（以下、JPSC）を用いて、所得・女性の機会費用が出産行動に与える影響について（出生数と子どもの教育との関係、女性の社会進出と出産との関係）考察し、第5節で性別役割分業意識が強いといわれる日本において、その社会的規範が出産行動にどの程度影響しているかについて検証する。

2　先行研究の整理

(1)　質と量のトレードオフ

イギリスの経済学者マルサスによる18世紀の人口学の古典『人口論』（1798）以降、所得と人口は正の相関関係にあると考えられてきた（食物などの生存資料が増加するところでは人口は増加する）。しかし、第二次世界大戦後、経済発展を遂げる先進国ほど人口が減少するというパラドックスが生じた（多産少死型から少産少死型への「人口転換」）。

このメカニズムを解明したのがBecker（1960）、Becker and Lewis（1973）が提唱した「子どもの質と量（Quality and Quantity）の選択モデル」であった。経済的余裕ができることで、「子どもの量」ではなく、「子どもの質」に対する需要が高まり、教育投資などにコストが振り向けられることで、少子化が進んでいると解釈された。

(2)　女性の子育ての機会費用

子育てのコストは、保育費や教育費などの直接的費用だけでなく、子育てのために仕事を辞めたり、就業時間を制限することで発生する機会費用（逸失所得）も含まれる。夫が職場で一日の大半を過ごし、妻が子どもの世話をするために家に留まる状況では、子どもを育てる時間コストは、主に母親の時間コストになっている。

女性の高学歴化により、稼得可能な賃金が上昇すれば、就業機会の逸失による費用も上昇する。加えて、仕事から離れることで、賃金という損失だけではなく、就業継続することによりキャリアの形成を通して、自己実現を果たすという生きがいをも手放す可能性がある。そのため、女性にとって就業と出生行動はトレードオフ関係にあった。

3　1980年から2010年までの変化

これまで出生の経済学で唱えてきた、所得や女性の社会進出と、出産との負の相関関係は消滅していったのか。以下では、まず、所得と出生との関係についてみてみたい。

OECDのデータから、各国の経済力と出生率との関係をみると（図5-1）、1980年では、一人あたりGDPが高い国ほど、出生率も低いが、2010年になると、逆に、一人あたりGDPが高い国ほど、出生率が高いという関係が確認できる。

ただし、この図は比較的経済力が高い国に限定して作図したものであり、経済力と出生力との正の相関関係がどの国にも当てはまるわけではないことに注意する必要がある。

Doepke *et al.*（2022）では、1980年代から2000年代にかけて、所得水準が全体的に上昇していることを踏まえて、所得と出生率との関係は負から正に転換するU字型の関係にあ

図5－1　出生率と一人あたりGDP（対数値）

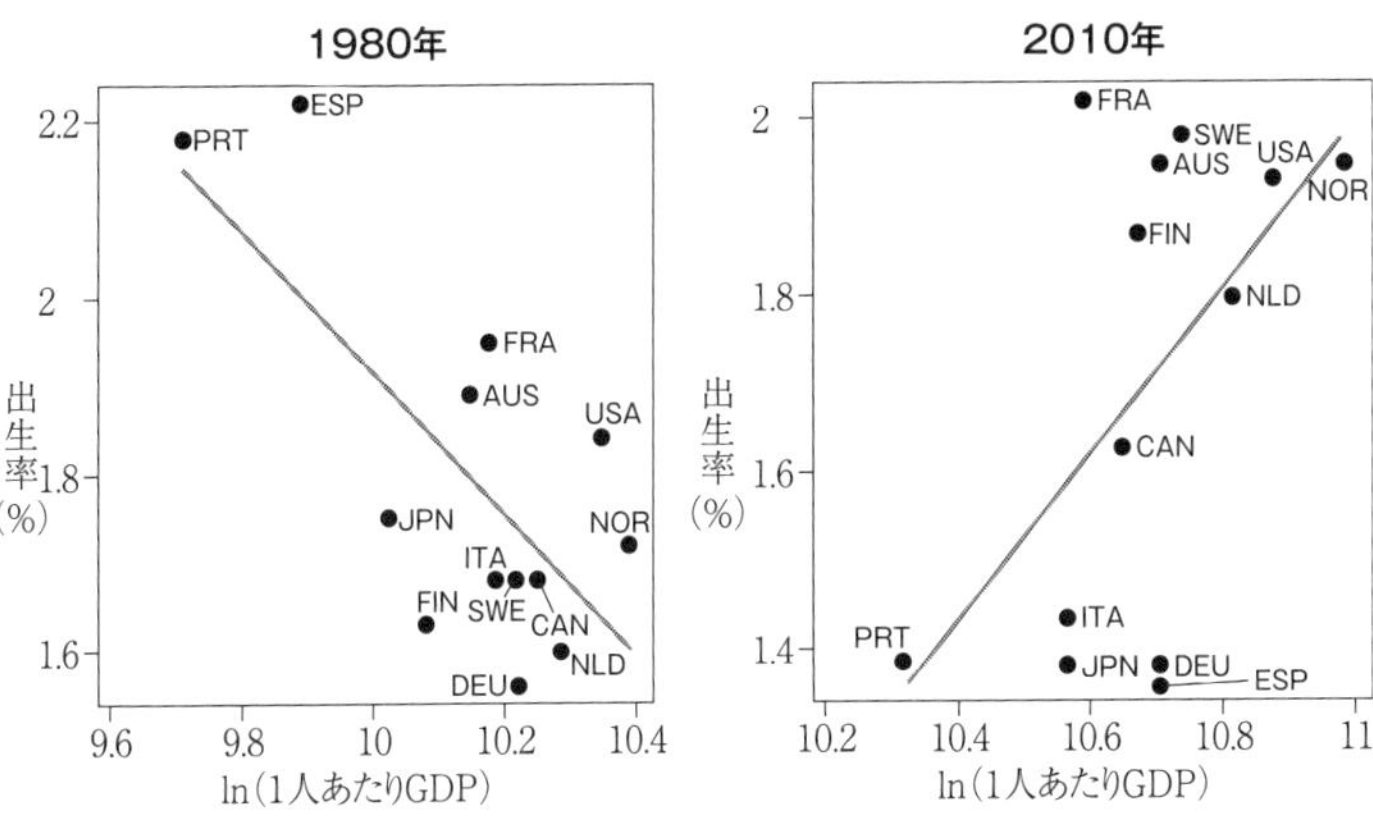

（出典）　出生率：OECD（2022）“Fertility rates”（indicator), https://doi.org/10.1787/8272fb01-en
一人あたりGDP：OECD（2022）“ Level of GDP per capita and productivity”,
https://stats.oecd.org/index.aspx?DataSetCode=PDB_LV（アクセス日 2022年12月20日）

ることが示された（図５－１はＵ字型の上昇部分を示していることになる）。

次に、同じＯＥＣＤデータを用いて、女性の社会参加を示す指標の一つである労働力率（Labor Force Participation rates：ＬＦＰ[1]）と出生率との関係をみると、１９８０年では、女性が就業している国ほど出生率が低いという負の相関関係が見られたが、２０１０年になると、所得と出生率との関係同様に、逆転して正の相関関係となっており、以前のように明確な負の相関関係が確認できなくなった（図５－２）。このような現象は高所得国では２０００年以前から見られていた（Ahn and Mira[2002]）。

質と量とのトレードオフ関係が徐々に薄れていった背景に、経済発展に伴い、公的教育の対象範囲が拡張し、支援内容が充実したこ

図5－2　出生率と女性労働力率

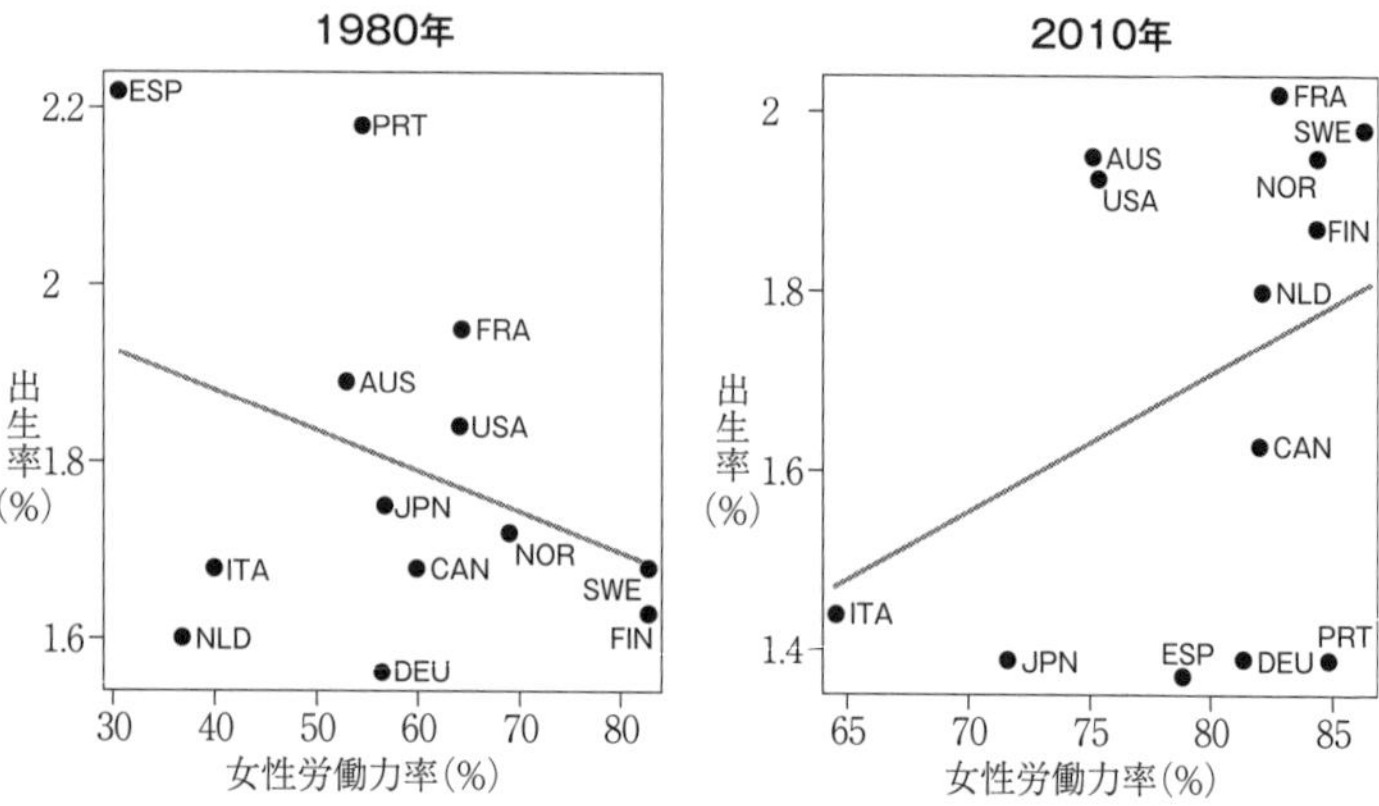

（出典）　出生率：OECD（2022）"Fertility rates"（indicator）, https://doi.org/10.1787/8272fb01-en
女性労働力率（25-54歳）：OECD（2022）"LFS by sex and age", https://stats.oecd.org/Index.aspx?DataSetCode=lfs_sexage_i_r#（アクセス日 2022年12月20日）

とによる「教育」面での質の向上があったことが考えられる。中学生までの義務教育に加えて、高等教育についても、奨学金や学資保険などの制度が整うことで、多くの生徒が高等教育を受けるようになった。これにより質による差が小さくなったことが影響しているとも考えられる。

また、前述したGhaznavi *et al.*（2020）の研究では、所得が高い世帯ほど、子どもを持つ世帯割合、および多子（3人以上）である世帯割合が高い傾向にあることが示されている。

その理由として考えられるのが、たとえばわが国における、「出生動向基本調査」を用いてみてみると、男性は低学歴・低収入であるほど、異性との交際経験がなく、未婚である傾向が強いことが挙げられ、所得と出産との間には正の相関関係があるとの説明がなされている。

女性の社会進出と出産との関係において、近年、子育てと仕事上のキャリア形成が両立可能になったことも影響しているということができる。「家族」と「キャリア」という観点に着目している、クローディア・ゴールディンの研究（Goldin［2020］；Goldin［2021］）によると、１９００年以降に大学を卒業した女性を五つの世代(2)に分類し、この１００年間で、母性とキャリアの間には二者択一の関係から、企業や政府による育児支援の拡充や配偶者との交渉を経て、両者を選択できる（切望する）女性が登場していることを示している。

出産・子育てを含んだ家族生活とキャリアのトレードオフの関係を緩和させるようになったもう一つの要因として、育児の市場化を挙げることができる。育児を外部委託し、時間コストを金銭的コストで置き換えることにより、女性の育児のための時間喪失による機会費用（逸失所得）の関連性が低下し、外部サービス購入により就業を促進するようになった可能性もある。

また、国際比較データをみると、所得や社会進出が出生率に対して、負の相関関係でなくなっているものの、南ヨーロッパ（イタリア、スペイン、ポルトガル）と東アジア（日本、韓国）の一部の国では、依然としてその負の関係が見られることが指摘されている。

Bertrand *et al.*（2021）では、これらの南ヨーロッパと東アジアのいくつかの国ではジェンダー保守の傾向が強く、非伝統的な家族構成や婚外子（婚姻関係を結んでいない者の子ども）出産が非常に稀であり、性別役割分業意識が強く残っており、女性が家庭内での家事・育児の責務を負わされることを避ける（結婚、出産から逃避する）結果、出生率の低下につながっている可能性を示唆している。

次節以降は、第一に、ＯＥＣＤに加盟する一部の高所得国ではマクロデータで確認されたのと同様、新しい統計的規則性（質と量のトレードオフ関係、女性の機会費用と出生の相関関係）が、日本のマイクロデータ（ＪＰＳＣ）でも確認できるのか（第4節）、第二に、性別役割分業意識の強さが出生行動に対して抑制する方向で影響を与えているのかについて検証したい（第5節）。

4　統計的規則性の確認

(1)　質と量のトレードオフ関係

Becker（1960）を嚆矢とする、子どもの質・量モデルは世帯収入と世帯人数との負の相関を説明するものであり（Becker and Lewis[1973] Becker and Tomes[1976]）によって拡張）、子ども人数が多い世帯ほど、子どもの平均的な教育レベルが低下する（あるいはその逆）ことを示すものである。果たして「人数」と「質」との間に負の関係性が恒常的に成立しているものであるのか。

本節では、ＪＰＳＣを用いて、家族の規模（子ども人数）が子どもの教育達成水準（長子の

表5－1　長子大卒(教育の質)に対する子ども人数の影響（限界効果）

被説明変数： 長子大卒・院卒	全体 プロビット分析	全体 操作変数分析	1960年代生まれ プロビット分析	1960年代生まれ 操作変数分析	1970年代生まれ プロビット分析	1970年代生まれ 操作変数分析
子ども人数	−0.0498***	−0.304***	−0.0616***	−0.384***	−0.023	−0.597
	(0.006)	(0.071)	(0.007)	(0.070)	(0.015)	(0.409)

（注）1.*** 1%、** 5%、* 10% 基準で帰無仮説を棄却。
　　　2.その他の説明変数：長子年齢、長子性別、両親年齢、両親学歴、居住都市、調査年。

高等教育機関への進学[3]に負の影響を与えているかを検証することにしたい。

これまでの子どもの教育達成に対する世帯規模の影響を考察した実証研究のうち、その多くが両者の間には負の関係があることを支持していた（Rosenzweig and Wolpi[1980]など）。

ここで質－量モデルを検証するために、長子が高等教育機関（短大・大学）に進学したかどうかを被説明変数とし、子ども人数を説明変数として推計を行い、子どもの「質」と「量」との関係についてProbit Modelを用いて分析する[4]。

その結果（表5－1参照）、通常のProbit Modelと操作変数を用いたProbit Modelのいずれにおいても、子ども人数は長子の進学確率を引き下げる効果を持つことが明らかになった（従来どおりの負の関係）。

ただし、母親が1960年代生まれと70年代生まれに区分して世代別に推計すると、60年代生まれでは統計的に有意な結果が得られるが、70年代生まれになると統計的に有意な結果が得られず、若いコーホートでは、質と量とのトレードオフの関係が弱体化していることが示唆された（最新調査年２０２１年時点では、１９８０年生まれの母親の子どものほとんどが18歳未満であり、高等教育機関への進学の有無が確認できないため、１９８０年代生まれの母親およびその子どもは分析対象としない）。このように、ＪＰＳＣにおいても、子どもにおける量（人数）と質（教育投資）との関係の負の相関が見えなくなるようになったことが確認されたといえる。

(2)　女性の機会費用

次に、女性の社会進出と出産との関係について考察する。女性の就業と出生との関係は一方的な因果関係ではなく、多くの子どもが欲しい女性は家事・育児時間が増加するため、仕事にかけられる時間が短くなり、仕事上のキャリアの成功を望む女性は子どもにかける時間が短くなる傾向にある。

女性の高学歴化、社会進出が少子化の要因といわれるのは、子育てと仕事の時間が競合することに起因している。第2節で触れたとおり、女性に育児負担が偏っている状態では、子育ての時間コストの大部分は女性の時間コストであり、女性の高学歴化により、得られる賃金の上昇は、就業機会の逸失による費用の上昇をもたらしている。

女性の労働参加率と出生率との負の関係は、前述のように以前は各国比較で観察されていたが、２０００年以降、最近の先進国データでは、両者の関係は逆転する傾向にある。

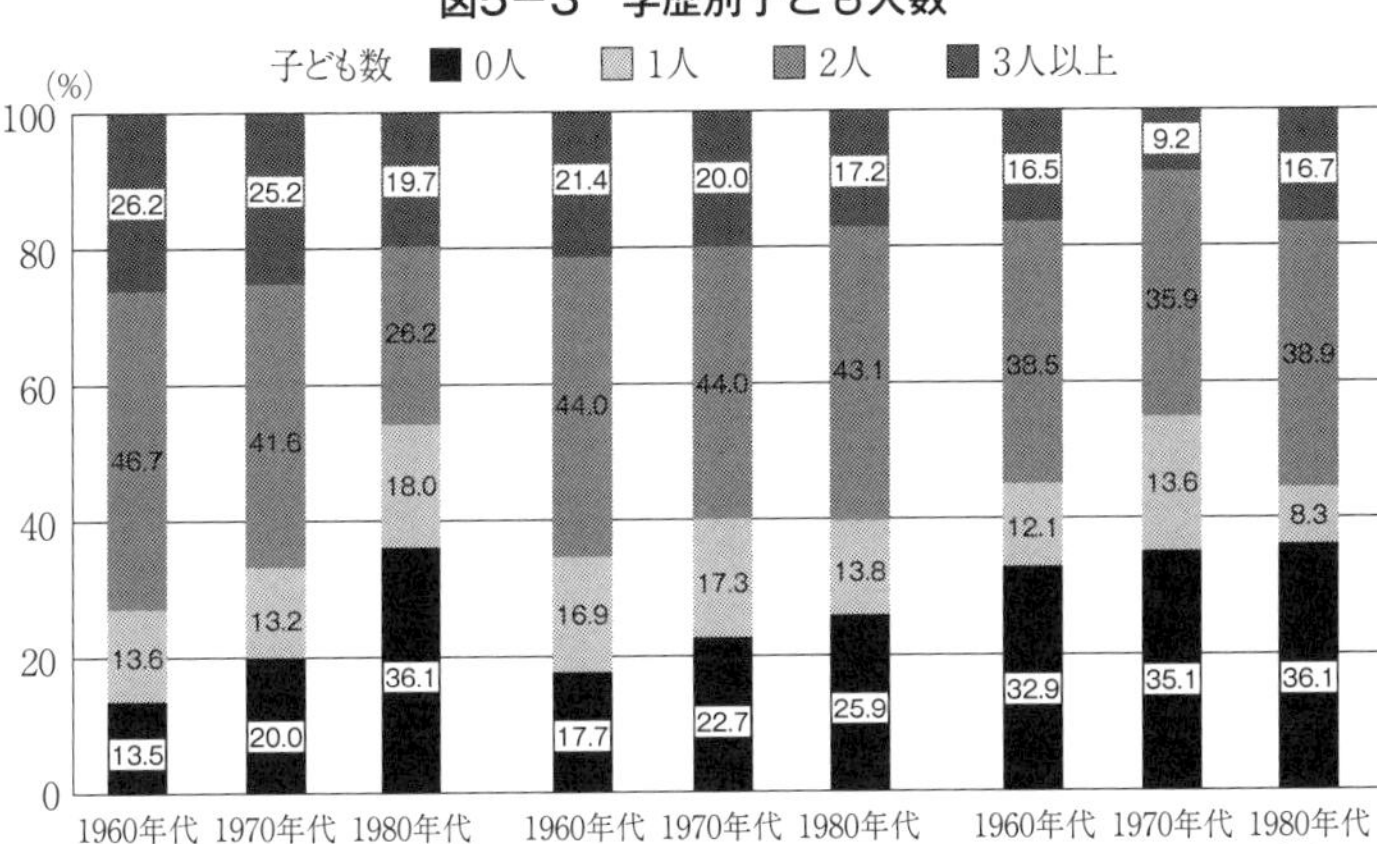

（出典）　筆者作成（40歳時点　1981年生まれまで）

加えて、就業に関する側面での社会進出を捉える上で、女性の高等教育機関への進学も重要な指標となる。(5) アメリカでは、大卒女性と、そうでない女性との婚姻率を比較してみると、両者の差は小さくなっているが（Isen and Stevenson[2010]）、日本を含めた東アジアでは、高学歴女性ほど婚姻率が低いことが示されている。

ＪＰＳＣを用いて学歴別・出生年代別での出生児数（40歳時点）を確認すると、どの学歴でも子ども０人（無子）の割合が、若いコーホートになるほど増加しており、特に中学・高校卒者での無子割合の上昇幅が大きい（図５－３）。そして、80年代生まれになると中学・高校卒者と大学・院卒者における無子割合が同程度となり、大学・院卒者のほうが子ども２人の割合が高い。

表5－2　子ども人数に対する母親学歴の影響（限界効果）

被説明変数：子ども人数	全体	1960年代生まれ	1970年代生まれ	1980年代生まれ
中学・高校卒	―	―	―	―
専門学校・短大卒	−0.0360**	−0.0713**	−0.0536	0.0254
	(0.0176)	(0.0316)	(0.0355)	(0.0326)
大学・大学院卒	−0.172***	−0.213***	−0.203***	−0.0855**
	(0.0242)	(0.0510)	(0.0482)	(0.0368)

（注）1.*** 1%、** 5%、* 10% 基準で帰無仮説を棄却。
2.その他の説明変数：妻年齢、子ども数（前年）、居住都市、調査年。

大卒者が出生児数を増やしているというよりは、中学・高校卒者の出産数が減ったことが、両者の差を縮小するようになったといえる。

これに加えて、本節では、子どもの人数と母親の学歴との関係について分析した[6]。その結果、サンプル全体では（中学卒・高校卒と比べて）、専門学校・短大卒、大学・大学院卒の限界効果は負となり、高学歴者ほど子ども人数が少ないことが確認された（表5－2）。母親の出生年代別で比較すると、70年代生まれ以降では、専門学校・短大卒の有意性がなくなり、大学・大学院卒は子ども人数に対して、一貫して負の影響を与えているものの、その効果は逓減している。

5　性別役割分業意識の影響

第3節で触れたように、南ヨーロッパや東アジア諸国では、性別役割分業意識が強く残っていることから、女性は家庭内の仕事（家事・育児）負担を忌避するため、結婚・出産を選択せず、少子化につながっている可能性が高い。本節では、ＪＰＳＣを使って、ジェンダー規範の強さが子どもの数のちがいを生み出しているかどうかについて検証する。

Bertrand *et al.*（2021）では、先進国の国際比較データ、アメリカの州別データなどのセミマクロデータを利用し、性差別指数[7]、女性の労働市場における就業条件[8]が、結婚経験率、同居率、有子率など家族形成に関する指標に与える影響を分析している。分析の結果、より保守的なジェンダー態度を持つ国ほど、（非技能労働者：大卒ではない女性と比べ）技能労働者（大卒である女性）は結婚・出産などの家族形成行動をしない傾向が確認された。

性別役割分業意識が強い場合、女性が家事・育児を行うことを強いられる、あるいはそうした期待に対応しようとするため、高い賃金が稼得できる高学歴、技能労働者にとって、機会費用が高いため（またキャリアを諦められないため）、結婚、出産を逡巡する可能性がある。

ここで用いる、性別役割分業意識とは、先行研究で用いられている「仕事が不足しているとき、男性は女性よりも仕事を得る権利があるか」や「男性は外で働き、女性は家庭を守るべきである」などの回答情報を用いることも考えられるが、ここでは、将来女性が結婚後に期待する（していた）夫妻の就業状態についての回答結果を用いる。

具体的には、ＪＰＳＣでは、各コーホートの調査初年度に、無配偶者には、希望する結婚後の家計管理方法、有配偶者には、結婚前に希望していた家計管理方法を尋ねた質問項目がある。[9]

表5－3　性別役割分業意識と世代（出生コーホート）

性別役割分業意識		1960年代生まれ	1970年代生まれ	1980年代生まれ	全体
なし	人数	969	763	645	2,377
	%	72.75	81.87	83.88	78.37
あり	人数	363	169	124	656
	%	27.25	18.13	16.12	21.63
合計	人数	1,332	932	769	3,033
	%	100	100	100	100

そこでは、Ｑ１．（妻自身が）働いて収入を得たいと思っていますか？　Ｑ２．夫には働いてほしいですか？　の二問から、Ｑ１がＹｅｓの場合、性別役割分業意識弱し（専業主婦希望なし）とし、Ｑ１がＮｏでかつＱ２がＹｅｓの場合、性別役割分業意識強し（専業主婦希望あり）と分類する。[10]

上記の二つの質問は、通常の性別役割分業意識を計測する質問（「男性は外で働くべき、女性は家事・育児に専念すべき」など）のような社会全般に対する規範を問うものとは異なり、自身の将来の結婚生活で希望する家計管理のあり方に関する質問となっている。

前述した先行研究で使用される質問の場合、他者からみて社会的にどう答えたほうが周囲の受けがよいかなどを反映し、バイアスが発生する可能性がある（Edwards[1957]）一方、自身の結婚生活に限定することにより、多少なりともそのバイアスを回避することができる。出生コーホートごとでの回答状況をみてみると、若いコーホートのほうが、専業主婦であることを望んでいないことがわかる（表５－３）。

ここでは、性別役割分業意識それ自体の出産数への影響をみるだけではなく、女性にとっての家族形成行動（専業主婦になること）への機会費用がもたらす子ども数への影響を考察する。ここで予想される結果は、よりジェンダーに保守的な考え方を持っていると、高学歴で稼得賃金が高い女性ほど、結婚市場で大きな障壁に直面することが考えられる。

母親の出生コーホート別に比較すると、１９６０年代生まれでは、予想と異なり、大学・大学院卒と性別役割分業意識の交差項は子ども数を増加させる影響を持つことが確認できる。保守的なジェンダー意識が、高学歴女性の出産を促進させている。

この点はさまざまな解釈が考えられるが、同類婚・上方婚を前提とした場合、大卒女性の結婚相手の多くが大卒以上であること、加えて、１９８５～90年にかけての平均初婚年齢が25歳前後であることから、「適齢期」と好景気が重なり、結婚相手の安定的な収入を見込んで、自身のキャリアを諦めていたことが予想される。

逆に、相対的に若い世代である１９８０年代生まれになると、短大・専門学校卒、大学・大学院卒と性別役割分業意識の交差項が両方とも、子ども数を抑制する傾向が確認でき、機会費用が高い女性にとって、性別役割分業意識は子どもの数を減らす傾向が強いことが確認できる。すなわちジェンダー意識が強い女性にとって、高学歴は、出産に対して大きな障壁になることが考えられる（表５－４）。

表5－4　子ども人数に対する学歴・性別役割分業意識の影響（限界効果）

被説明変数：子ども人数	全体	1960年代生まれ	1970年代生まれ	1980年代生まれ
中学·高校卒	—	—	—	—
専門学校·短大卒	−0.0340*	−0.0791**	−0.0599	0.0408
	(0.0194)	(0.0367)	(0.0378)	(0.0330)
大学·大学院卒	−0.180***	−0.266***	−0.218***	−0.0692*
	(0.0261)	(0.0593)	(0.0510)	(0.0375)
性別役割分業意識	−0.0773***	−0.03	−0.139*	0.129
	(0.0298)	(0.0454)	(0.0718)	(0.1130)
専門学校·短大卒×	−0.0306	0.0281	0.00445	−0.359**
性別役割分業意識	(0.0455)	(0.0705)	(0.1090)	(0.1600)
大学·大学院卒×	0.0623	0.194*	0.11	−0.311**
性別役割分業意識	(0.0634)	(0.1110)	(0.1500)	(0.1570)

（注）1.*** 1%、** 5%、* 10% 基準で帰無仮説を棄却。
2.その他の説明変数：妻年齢、子ども数（前年）、居住都市、調査年。

6　変化の兆候と依然残る規範意識の影響

ＯＥＣＤの国別マクロデータを用いた分析では、２０００年代以降、出生の経済学における二つの重要な統計的規則性（質・量のトレードオフ、女性の機会費用と出生数との負の相関）が弱体化しつつあることが散見された。そこで本章では、この二つの規則性についてＪＰＳＣのデータを用いて、世代別に考察した。加えて、性別役割分業意識が強いとされる東アジアの日本において、同データを利用し、そうした規範意識がもたらす出生への影響を分析した。

第一に、質・量トレードオフ関係を精査するために、子ども人数が長子の教育達成に与える影響を検証した。子ども人数の内生性を考慮した分析の結果、従来どおり、子ども人数と教育とのトレードオフ関係が確認された。しかし、母親の出生年代別の推計では、１９６０年代生まれの母親では量の質に対する負の影響が確認されたが、若い70年代生まれの母親では負の結果が得られず、質と量との関係が弱体化している可能性があった。

第二に、学歴情報を用いて、女性の機会費用が子ども数に与える影響を確認した。その結果、高学歴であるほど、子ども人数が抑制され、ここでも従前の関係性が見られたものの、母親の出生年代別にみると、若い世代になるほど、学歴が子ども数に与える影響が逓減していることが確認できた。

最後に、性別役割分業意識と子ども数との関係性について検証した。性別役割分業意識が強い場合、女性は家庭内労働を行うことを強いられ、それに応えることが期待される。また、稼得所得が多い高学歴女性は、家族形成行動をとることで発生する逸失所得、キャリアを放棄する選択に迫られ、仕事を取るべきか、家庭生活を取るべきかの板挟みになり、その決断を先送り、あるいは決断しないままとなることが予想される。

分析の結果から、1960年代生まれの女性は、保守的なジェンダー規範意識を持つ高学歴女性ほど子ども数が多いことが確認された。逆に若い1980年代生まれ女性は、規範意識が強い女性ほど、子ども数を抑制する傾向がみられた。前者の結果は、社会において規範意識を遵守する雰囲気が広く浸透していたことだけでなく、80年代後半から90年代前半にかけて、結婚相手の安定的な収入が見込め、家族形成行動に積極的になれたことが大きく影響していると考えられる。また後者の結果は、予想どおりに、機会費用が高い女性にとって、規範意識があるほど、出生行動を抑制させていた。

分析結果を整理すると、欧米諸国データにより確認されている、出生の経済学における統計的規則性の弱体化は、日本においてもその兆候が若い世代を中心に確認されたといえる。質・量のトレードオフ、女性の機会費用と出生との関係性は依然として維持されているものの、若い世代ほど、その関係性は徐々に弱まっているといえる。加えて、国際的にみても、性による規範意識が強い日本において、夫が外で就業し、妻が家庭内労働に従事する、片働きを希望する女性割合は徐々に減少している。しかしながら強い性別役割分業意識は、若い世代における女性の出生行動を依然として抑制していることが確認されたといえよう。

【注】

（１）労働者数［就業者＋完全失業者］を生産年齢人口［15歳から64歳までの人口］で割った数値、ここでは各国の進学状況および定年年齢を考慮し、25－54歳に限定。

（２）１９００－19年卒業（１８７８－97年生）、１９２０－45年卒業（１８９８－１９２３年生）、１９４６－65年卒業（１９２４－43年生）、１９６６－79年卒業（１９４４－57年生）、１９８０－２０００年卒業（１９５８－78年生）。

（３）ＪＰＳＣの世帯票では、子どもの進学・就業状況が確認できる。ここでは過去に「短大・大学生」を選択したものを、高等教育機関進学と判定する。

（４）ただ、子どもの数と子どもへの教育投資は親によって内生的に選択されるため、家族の規模が子供の教育に与える因果効果を識別するために、ここではAngrist and Evans（1998）に倣い、最初の２人の子どもの性別の組み合わせを操作変数として扱い、推計を行った。

（５）Bertrand, *et al.*（2021）を参照。

（６）ポワソン回帰分析を用いて分析する。

（７）質問「仕事が不足しているとき、男性は女性よりも仕事を得る権利があります」に対する選択肢は、同意する、同意しない、どちらでもない、のいずれかであり、この質問への同意は、男性が女性よりも労働市場で雇用されることがより重要であるという見解を表明していると解釈する。

（８）女性技能労働者の平均年間賃金、男女賃金格差、技能労働者と非技能労働者の賃金格差。

（９）第19回調査（２０１１年実施）以降、「男性は外で働き、女性は家庭を守るべきである」という設問が設置されている。

（10）Ｑ１の回答がNo（妻自身が働きたいとは思わない）で、Ｑ２の回答もNo（夫に働いてほしいと思わない）というパターンもあるが、ここでは利用しない。

【参考文献】

Ahn, Namkee and Pedro Mira（2002）"A Note on the Changing Relationship between Fertility and Female Employment Rates in Developed Countries," *Journal of Population Economics* 15（4）: 667－682.

Angrist, Joshua D. and William N. Evans（1998）"Children and Their Parents' Labor Supply: Evidence from Exogenous Variation in Family Size," *American Economic Review* 88 : 450－477.

Becker, Gary S.（1960）"An Economic Analysis of Fertility," in *Demographic and Economic Change in Developed Countries,* Princeton University Press.

———and Gregg H. Lewis（1973）"On the interaction between the quantity and quality of children," *Journal of Political Economy* 81 : S279－S288.

———and Nigel Tomes（1976）"Child Endowments and the Quantity and Quality of Children," *Journal of Political Economy* 84（4）: S143－S162.

Bertrand, Marianne, Patricia Cortes, Claudia Olivetti and Jessica Pan（2021）"Social Norms, Labour Market Opportunities, and the Marriage Gap Between Skilled and Unskilled Women," *Review of Economic Studies* 88, 1936－1978.

Black, Sandra E., Paul J. Devereux and Kjell G. Salvanes（2005）"The More the Merrier? The Effect of Family Size and Birth Order on Children's Education,"*Quarterly Journal of Economics* 120（2）, 669－700.

Conley, Dalton and Rebecca Glauber（2006）"Parental Educational Investment and Children's Academic Risk: Estimates of the Impact of Sibship Size and Birth Order from Exogenous Variation in Fertility,"*Journal of Human Resources* Vol. 41（4）: 722－737.

Doepke, Matthias, Anne Hannusch, Fabian Kindermann and Michèle Tertilt（2022）"The Economics of Fertility: A New Era," *IZA Discussion Papers* 15224, Institute of Labor Economics（IZA）.

Edwards, Allen（1957）*The Social Desirability Variable in Personality Assessment and Research,* New York The Dryden Press.

Freeman, Richard B. and Ronald Schettkat（2005）"Marketization of Household Production and the EU-US Gap in Work," *Economic Policy* 20（41）: 6－50（07）.

Hazan, Moshe and Hosny Zoabi（2015）"Do Highly Educated Women Choose Smaller Families? "*Economic Journal* 125（587）: 1191－1226.

Ghaznavi, Cyrus, Haruka Sakamoto, Shuhei Nomura, Anna Kubota, Daisuke Yoneoka, Kenji Shibuya and Peter Ueda (2020) "The herbivore's dilemma: Trends in and factors associated with heterosexual relationship status and interest in romantic relationships among young adults in Japan—Analysis of national surveys, 1987－2015," *PLoS One 2020* ; 15:e0241571. pmid:33166316.
https://doi.org/10.1371/journal.pone.0241571

———, ———, Lisa Yamasaki, Shuhei Nomura, Daisuke Yoneoka, Kenji Shibuya and Peter Ueda (2022) "Salaries, degrees, and babies: Trends in fertility by income and education among Japanese men and women born 1943 – 1975," *Analysis of national surveys,*
https://doi.org/10.1371/journal.pone.0266835

Goldin, Claudia. (2020) "Journey across a Century of Women – The 2020 Martin S. Feldstein Lecture," *NBER Reporter,* no. 3.

——— (2021) *Career and Family: Women's Century-Long Journey Toward Equity,* Princeton University Press.
（邦訳：鹿田昌美訳『なぜ男女の賃金に格差があるのか』慶應義塾大学出版会，２０２３年）。

Hwang, Jisoo (2016) "Housewife, 'gold miss,' and equal: the evolution of educated women's role in Asia and the U.S. ,"*Journal of Population Economics* 29 (2)：529－570.

Isen, Adam and Betsey Stevenson (2010) "Women's Education and Family Behavior: Trends in Marriage, Divorce and Fertility," in John B. Shoven. ed., *Demography and the Economy,* 107－140, National Bureau of Economic Research, Inc.

Mogstad, Magne and Matthew Wiswall (2016) "Testing the quantity–quality model of fertility：Estimation using unrestricted family size models,"*Quantitative Economics* 7：157－192.

Rosenzweig, Mark R. and Kenneth I. Wolpin (1980) "Testing the Quantity-Quality Fertility Model: The Use of Twins as a Natural Experiment," *Econometrica* 48 (1)：227－240.

第6章

育児休業制度の効果はどこにみえるのか
――働き方、賃金と夫婦の家事・育児分担の変化

中山真緒

1　出産前後の女性の働き方の変化

女性の社会進出と少子化が同時に進む中で、子どもを産み育てながら働ける社会の実現が求められている。育児休業制度は働く女性の出産前後の就業継続を支援する制度であり、1991年の成立以降、法改正を繰り返しながら休業期間や給付金、対象者が拡充されてきた。育児休業制度の導入や制度変更が女性の就業に与える影響については学術的にも政策的にも関心が大きく、すでに多数の研究が蓄積されている。国内の実証研究の多くが、育児休業制度の存在は女性の就業継続にプラスの効果を持つことを示している（樋口 [1994]；滋野・大日 [1998]；

駿河・張［2003］；滋野・松浦［2003］；今田・池田［2006］）。

厚生労働省の「雇用均等基本調査」に基づき公表される女性の育児休業取得率は近年8割を超える水準で推移しており、一見、大多数の女性が育児休業を取得して働いているように思われるかもしれない。しかし、この解釈には注意が必要である。

ここでの育児休業取得率は、調査対象の1年間の中で在職中に出産した女性のうち、育児休業を開始した者の割合として定義される。すわなち、妊娠前に就業していた女性であっても、妊娠や出産を機に仕事を辞めた女性は計算に含まれてはいない。あるいは育児休業制度の効果を調べるときにも、出産時に就業していた人について、育児休業を利用した人と利用しなかった人で1年後の就業率にどれだけ差があったかを見て検証しようとしている。

だが、本来、育児休業制度が子どもを持つ母親の就業を支えたのかを議論する上では、妊娠して出産前に仕事を辞めた女性を含め、出産したすべての女性を対象に育児休業制度の実際の利用状況や出産前後の働き方の変化を調べていく必要があるのではないだろうか。

本章では、続く第2節で成立から現在に至るまでの育児休業制度の法的変遷を整理し、育児休業制度の利用資格や取得状況がどのように変わってきたかをまとめる。第3節では、「消費生活に関するパネル調査」（ＪＰＳＣ）のデータを用いて、調査期間中に出産した女性の中で育児休業制度はどの程度利用されているのか、育児休業を取得する人にはどのような特徴があるのかを記述的分析を行いながら明らかにする。さらに、育児休業を取得した人はそうではない人に比べて、出産後もどの程度の人が就業を継続しているのか、出産後の雇用形態や収入に変化はあるのかについても分析する。

また、育児休業制度の普及によって出産後の女性の就業継続が促進しているとすれば、かつては多くを女性が担ってきた家事や育児の負担についても変化がみられると期待されるが、第３節では就業に加えて、家事や育児配分が夫婦で均等化してきているのかを合わせて検証する。第４節では、これらの結果を踏まえて今後の女性就業支援のあり方を議論する。そしてさらに育児休業制度の普及が、果たして出生率の上昇に寄与しているかどうかについて、これまでの分析を展望する。

2　育児休業制度

(1)　現在の育児休業制度

育児休業制度の変遷をみていく前に、まずは現在（２０２２年時点）の育児休業制度についてまとめる。育児休業とは、育児・介護休業法により規定され、原則1歳未満（最長2歳まで）の子を養育する男女両方の労働者が取得する権利のある休業である。つまり、仕事と育児の両立を図り、出産前後の就業継続を支援する制度といえる。休業中は雇用保険法で定められた国からの支援金として育児休業給付金が支給される。現在の給付額は男女とも最初6カ月が休業前賃金の67％、その後は50％である[1]。

最大で休業前賃金の67％という数字だけをみると、育児休業開始前に比べ、休業中は収入が大きく減少するように思われるかもしれない。しかし、実際には給付金は休業前の手取り賃金の80％以上となることが多いといわれている。なぜなら、育児休業給付金の計算のもととなる平均月収は手取金額ではなく、税控除前の「額面での金額」がベースとなっており、固定給に加えて残業代や通勤手当等も含まれて計算されるからである。

加えて、育児休業期間中は社会保険料が免除され、所得税も非課税となる。さらに、育児休業給付金は所得に含まれないことから、休業明けの翌年度の住民税も軽減されるため、実質では休業に伴う収入の減少はさらに小さくなるのである。

育児休業給付金は雇用保険からの給付金であるため、給付を受けるにはいくつかの条件を満たす必要がある。受給資格を大雑把にまとめると、①現在企業に雇用されて働いており、雇用保険に加入していること、②育児休業を開始した日からさかのぼって2年間に、雇用保険の被保険者期間が12カ月以上（1カ月のうち11日以上働いた場合に1カ月とみなす）であることが必要となる。さらに、有期雇用契約で働いている労働者の場合は、前述の条件をすべて満たすことに加えて、育児休業を開始した時点で、③子供が1歳6カ月になるまでのあいだに、労働契約が終了することが決まっていないことが必要となる[2]。

なお、働く女性の場合、育児休業の前に、労働基準法で定められた休業として、出産日以前

６週間[3]と出産日後８週間は産前産後休業を取得することができる。育児休業や産前休業の取得は労働者の自由であるのに対し、産後休業は労働者の請求の有無にかかわらず必ず取得する必要があり、母体保護のためこの期間を経過しない女性労働者を就業させてはいけないと決められている。[4] 産前産後休業中は育児休業と同様、社会保険料が免除され、出産手当金として一日あたり休業前賃金の３分の２相当が支給される。

このような育児休業制度は日本に限らず多くの先進国に存在する。ただし、休業できる期間や休業中に保障される賃金の割合は国によって大きく異なる。たとえば、アメリカでは法定の育児休業期間は12週間しかなく、多くの州では給付金も支払われないのに対し、フランスやドイツでは３年近い休業期間があるなど、ヨーロッパは期間も長く、給付金も手厚い傾向にある。休業期間が日本に近いのは韓国やオーストラリアであり、給付金についてみれば、休業前賃金の６割以上が保障される日本はヨーロッパ諸国と同程度といえる。

(2)　育児休業制度の変遷と今後の課題

育児休業制度のもととなる「育児休業等に関する法律」が初めて成立したのは１９９１年のことであるが、当初は給付金がなく、従業員数によって適用対象にならないなど、現行の育児休業制度に比べると充実した制度とはいえず、課題も多かった。現在に至るまで、育児休業制度は何度も法改正を繰り返しながら、休業期間の延長や給付金の増額、対象者の拡大が行われているのである。育児休業制度の期間と給付金の額や給付タイミングの変遷をまとめたのが図6－1である。

育児休業制度の度重なる改正の背景には、少子化に歯止めがかからない中、働き方によらずより多くの男女が育児休業を取得でき、かつ復職後に無理なく就業を続けられるような雇用環境の整備が求められたことがある。たとえば近年、正社員が減少し、有期雇用者が増加傾向にある。有期雇用者の過半数を占めるのは女性であり、有期雇用ではあるものの、実態は長期雇用や転職をしながらの継続雇用であることが多い。しかしながら、従来の法制度では有期契約労働者は育児休業制度の適用対象ではなかった。有期契約労働者が一定の条件のもと育児休業を取得できるようになったのは２００５年のことである。

また、特に２０１０年以降は男性の育児休業の取得を促す動きが加速した。２０２２年からは子の出生後８週間以内に４週間までの休業が育児休業とは別に取得できる通称、産後パパ育休も開始されている。男女がともに働きながら子どもを育てる社会の実現が望まれているといえるだろう。

すでにみたように、育児休業制度は国によっても大きく異なる。諸外国では育児休業の制度変更の前後を比較することで、休業期間の延長や給付金の増額が女性の就業に与える影響を検証する実証研究が数多く存在する。

多くの研究では、育児休業期間上限の延長は、出産後に女性が仕事復帰するのを遅らせるが、

図6−1　育児休業制度の変遷

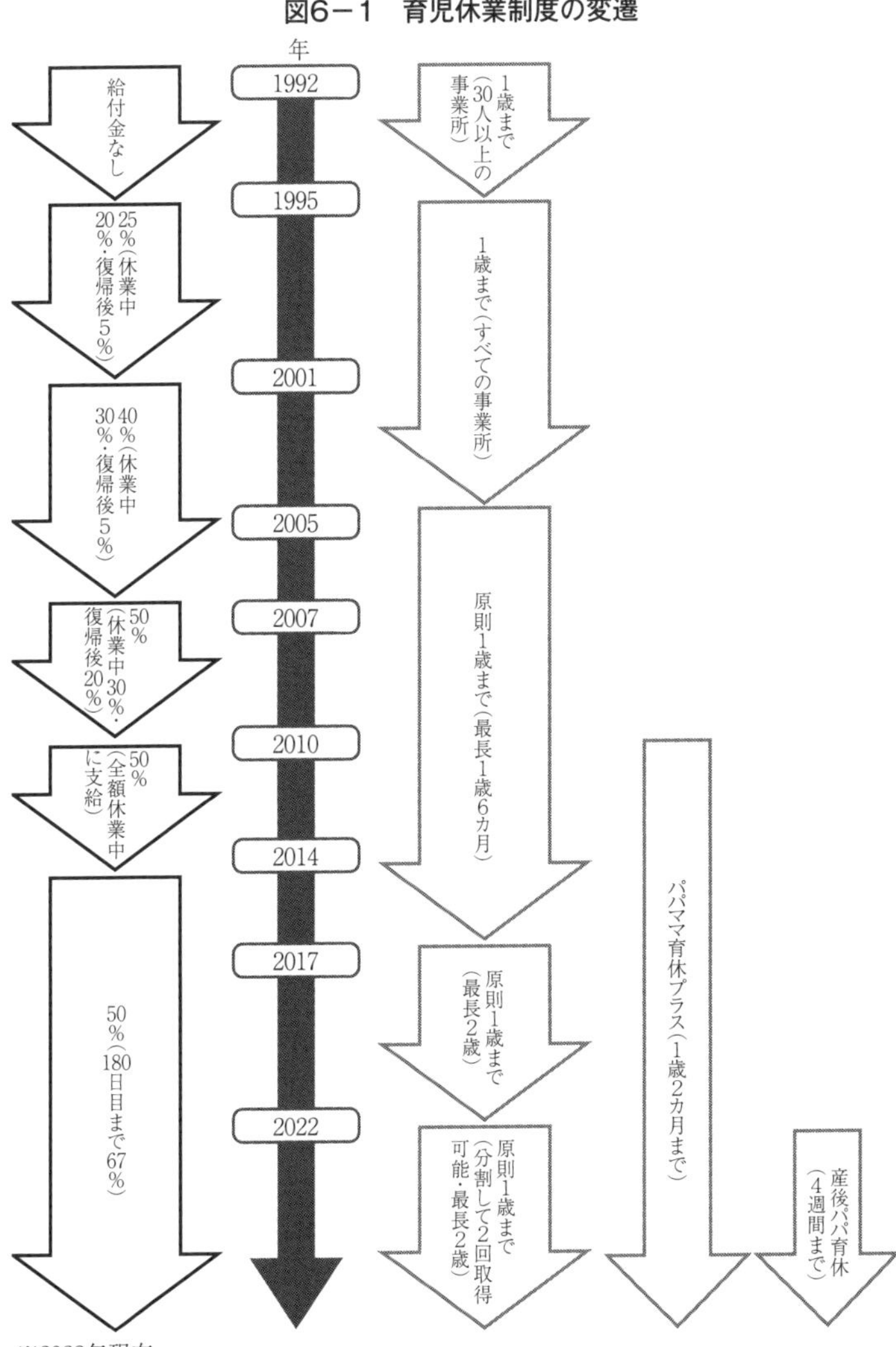

※2022年現在

中長期的な影響は小さいとしている。[5] どのくらいの期間、休業を認めるのか、誰にどの程度の給付金を支給するのかについて、今後も慎重に検討を重ねる必要があるだろう。

3　ＪＰＳＣデータでみる女性たちの就業と育児休業の関係

本節以降では、「消費生活に関するパネル調査」（ＪＰＳＣ）の個票データを用いて、記述的分析を行いながら、出産前後の女性の働き方の実態や育児休業制度がもたらす影響を分析していく。分析に用いるサンプルは調査期間内に出産を経験した女性で、かつ出産前後の働き方や家族構成等に関する情報がわかる女性に限定する。また、自営業は除外している。具体的には、１９９５年から２０２１年に出産した女性を分析対象としており、出産時の平均年齢は32・7歳、平均子ども数は１・９人である。

なお、本分析では、調査期間内に観測した出産だけを分析の対象としているため、調査に参加する前、具体的には25歳以前の出産については考慮できていない点はあらかじめ注意が必要である。

具体的な分析に入る前に、本章における結果を解釈する上での注意点を先に述べておく。本分析で用いるＪＰＳＣの調査期間中に出産した人は、すべて、育児休業制度が導入された後で出産を経験している。そのため、本章では育児休業制度が導入される前と後の状況を比較することはできない。また、先述したとおり、調査期間中にも育児休業制度は多くの制度変更がなされてきたが、本分析では特定の改革の影響をダイレクトに取り出すことは意図していない。

(1)　出産前の働き方別にみた出産翌年の就業状態

はじめに、出産前後の働き方の変化をみてみよう。調査期間中に観察された出産２２８７回のうち、母親が育児休業を取得し出産翌年も就業を継続したケースは全体の22％にあたる。ただし、ここには妊娠・出産前から仕事をしていなかった母親も含まれる。出産前年に就業していた人に限定すると、育児休業を取得して就業継続した割合は48％となる。また、出産前年に育児休業を取得する資格があった人に限定すると、育児休業を取得する割合は80％を超える。ただし、出産に際して、女性が育児休業を取得するのか（取得権利があるのか）、また出産後に就業を継続するのかは出産前の働き方によって大きく異なる。そこで、出産前の働き方を正社員・正職員、パート・アルバイト、派遣社員・契約社員・嘱託・その他、非就業の四つに分けて(6)出産後の働き方を比較してみよう。

図６－２は出産前年の働き方ごとに、出産翌年にどのくらいの人が働いているかを示している。分析対象となる女性が出産した時期は、すでに育児休業制度が存在したが、育児休業の取得条件は時代によって変化している。特に大きな変化の一つが上述した２００５年の休業対象者の拡大で、これにより女性就業者の過半数を占める有期雇用者も一定の基準を満たせば育児

図6－2　出生年別の出産翌年の就業状況

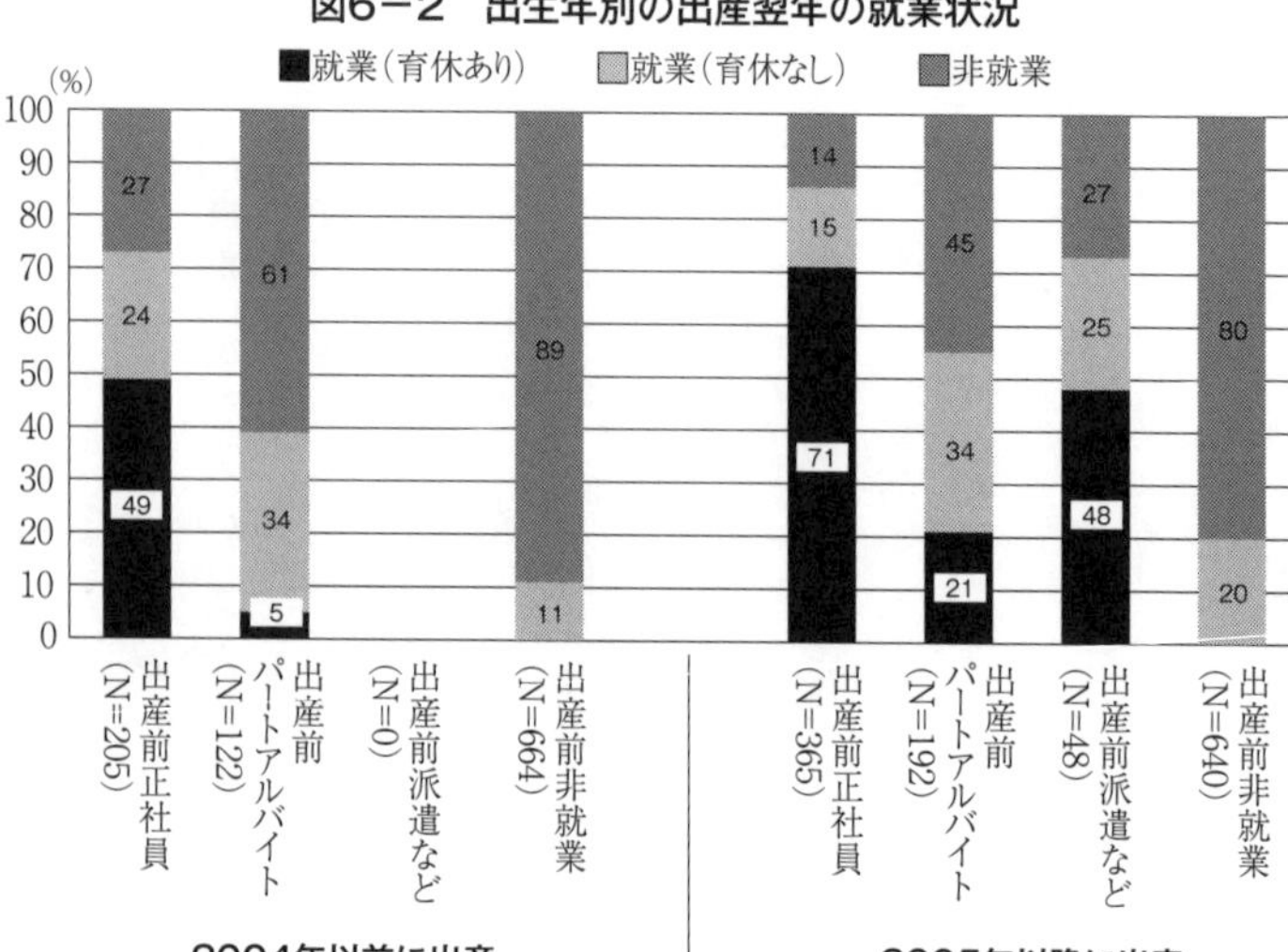

休業を取得できるようになった。

　この変化を踏まえて、図6－2では2004年以前に出産した女性と2005年以降に出産した女性に分けて、近年ほど正社員以外の働き方でも育児休業を取得する女性が増えているのかも確認する。

　まず、2004年以前の出産に注目すると、出産前年に働いている人は少数派で、6割以上が仕事に就いていない。出産前に働いていた人については、正社員だった人は約半数が育児休業を取得し、就業を継続している。また、育児休業は取得していないものの、出産翌年には働き始めている人も2割ほど存在しており、出産後に非就業となっているのは3割程度である。一方、出産前にパート・アルバイトとして働いていた人では、育児休業を取得して就業を継続している人はほとんどおらず、約６割が出産後には非就業となっている。また、全体の中で最も大きなウエートを占める出産前から非就業の女性については、出産後も非就業のままでいる割合が圧倒的に高く、働き始める人は１割ほどである。

２００５年以降の出産ではどうだろうか。まず出産前に働いている人といない人の割合はほぼ同じであり、２００４年以前と比べて出産が判明する前から仕事をしていない女性は減少している。続いて、出産前に働いていた人に注目すると、いずれの雇用形態でも育児休業を取得して出産後も就業を継続する人が増加している。特に、パート・アルバイトでは２００４年以前の出産と比べて育児休業を取得して就業を継続する人の割合が約４倍と大きく増えている。また、２００５年以降では派遣社員・契約社員・嘱託といった働き方をしている女性でも半数が育児休業を取得しており、法改正の成果もあって近年では有期雇用者の中でも育児休業を取得する人が増えてきていることがわかる。

ただし、育児休業の取得状況が出産前の雇用形態によって異なるという傾向は変わっておらず、正社員は７割が育児休業を取得し就業を継続しているのに対し、非正規雇用では育児休業を取得せずに働く人や出産後は仕事に就いていない人が依然として多い。

出産後の就業継続の様子は子どもの数によっても異なる。全体でみれば、出産前から働いていない人の割合は第二子以降の出産のほうが多いが、出産前に働いていた人に注目すると、育児休業を取得して就業継続する人の割合はほとんど変わらない。

一方で、第一子の出産の場合のほうが、第二子以降の出産に比べて出産翌年に仕事を辞めている人が多い。この傾向は特に出産前に非正規雇用だった人で顕著で、第一子出産後には7割近くが非就業になるのに対し、第二子以降の出産後は約4割が育児休業を取得せずに仕事を再開しており、非就業になる人は3・5割ほどである。このような差が生じるのは、夫婦が希望する子供の数、言い換えれば平均的な兄弟の数が関係しているかもしれない。

国立社会保障・人口問題研究所によると2015年の完結出生児数[7]として最も多いのが二人であり、過半数を占める。子どもがいる夫婦のうち、一人っ子の割合は全体の2割ほどであることを考えると、多くの女性が二人目を出産することを想定して、第一子出産後はすぐに就業を再開しないのかもしれない。一方、第二子以降の出産では、その後に新たな妊娠・出産の予定がないため、比較的早く復職するのだろう。

(2)　育児休業を取得する人の特徴

前項では、正社員を中心に育児休業を取得し、出産後の就業を継続している人が増加している傾向を確認した。育児休業の取得状況は、出産前の雇用形態により大きく異なることが予想されるが、その他の点でも特徴がみられるだろうか。ここでは、出産前年に働いていた人のうち、①育児休業を取得しなかった人と②取得した人の属性を比較してみよう。

表6－1は1994年～2021年に出産した人の出産前年の属性を示している。まず、就

表6－1　育児休業取得者の特徴

出産前年の属性	①育休取得なし(N=444)	①vs②差の検定	②育休取得あり(N=432)	②vs③差の検定	③資格あり&育休取得なし(N=70)
正規雇用の割合	0.36	***	0.84	***	0.70
月収(万円)	17.95	***	24.44	**	21.93
企業規模100人以上の割合	0.40	***	0.76	**	0.64
年齢	30.36	***	31.32		30.76
大卒以上の割合	0.21	***	0.44	***	0.24
子どもの数(人)	0.71		0.65		0.59
配偶者ありの割合	0.84	***	0.92	***	0.84
夫の月収(万円)	24.88	**	27.93	**	24.60
親世代と同居の割合	0.30	**	0.23		0.23
都市部在住の割合	0.23	**	0.30		0.21
「性別役割分業」賛成の割合	0.35	***	0.23		0.29
「3歳児神話」賛成の割合	0.39	*	0.30	**	0.50

(注)　***、**、*はそれぞれ1%、5%、10%の水準で有意であることを示している。

業関係をみると、育児休業を取得した人のほうが正規雇用の割合が大きく、規模の大きい企業に務めていることがわかわかる。また月収の平均も30％ほど高い。続いて本人の属性をみてみると、学歴については、育児休業取得者のほうが大卒の割合が大きく倍以上の差がある。

一方、出産時の年齢については、育児休業取得者のほうが高いものの、1歳程度の差であるため、そこまで大きなちがいがあるとはいえない。続いて家族の属性についてみてみると、子どもの数には有意な差は確認できない。すなわち、出産前年に働いているという条件のもとでは、初めての出産なのか否かは、育児休業を取得した人としなかった人で差はないようである。

他方、配偶者の有無については、育児休業を取得した人のほうが配偶者がおり、かつ配偶者の年収が高い。ただし、配偶者の年収差（27・9万円と24・9万円）は女性本人の年収差（24・4万円と18・0万円）に比べれば小さい。また、育児休業取得者のほうが都市部に在住しており、親世代と同居している割合が低い。

さらに、女性が育児休業を取得して就業を継続するかどうかの決定には、仕事や家族に対する女性の考え方や意識も強く影響を与えると考えられる。そこで、性別役割分業と3歳児神話に対する出産前の考え方を用いて、家族観の差についても比較してみる。性別役割分業とは、ここでは、「男性は外で働き、女性は家庭を守るべきである」という意見に賛成である割合を示している。3歳児神話とは「子どもが3歳くらいまでは、母親は仕事を持たず育児に専念すべきだ」という意見に賛成である割合を示している。[8]育児休業を取得した人は取得しなかった人に比べて、これらの意見に賛成と回答する割合が低い。すなわち、女性は家庭に入るべきであるとか育児に専念すべきだと考えていない人ほど、実際に育児休業を取得して就業継続する選択をしている。

なお、第2節でみたように、育児休業の取得には一定の条件を満たす必要があり、育児休業の取得資格がある人とない人でも特徴が異なるが、これらの特徴は、表６－１でみた実際に育児休業を取得した人としなかった人の特徴と類似している。

それでは、育児休業の利用資格があった人の中ではどうだろうか。②育児休業を取得した人と、③育児休業の取得条件は満たしていたものの育児休業を取得しなかった人を比べると、③の女性は②の育児休業を取得した人よりも正規雇用の割合が小さく、規模の小さい企業に勤めている、月収が低いといった傾向にある。①と②の差に比べると②と③の就業面の差は小さくなるが、育児休業制度を利用できる資格があっても、非正規雇用であったり、小規模企業に勤めていたりするほど、実際の取得は難しいと解釈することもできるだろう。

学歴や配偶者の有無に関しても、差がある状態は変わらない。政府は２０２２年以降段階的に、週20時間以上働く人に対しても育児休業制度を利用できるようにするなど、短時間労働者への適用対象の拡大を進めている。しかし、制度の利用資格があっても職場の環境面の問題があったり、正規雇用と比較するとパートの再就職は容易であったりするために、期待するほど実際の制度利用者は増えない可能性がある。

さらに特筆すべきは、家族観の差である。育児休業資格があったにもかかわらずそれを利用しなかった人は、性別役割分業の意識はそこまで強くない一方で、3歳児神話を支持している割合は高い。すなわち、必ずしも女性が家庭に入ることを「よし」とは考えていないものの、子どもが小さいうちは子育てに専念したいという価値観を持っていることがわかる。逆にいえば、これらの女性たちは出産を機に一度仕事を辞めたとしても、子育てが落ち着いた後には仕事に復帰する可能性が高いのかもしれない。

表6－1でみられる育児休業取得者の特徴はおおむね予想どおりであり、学歴が高く大規模企業で正規雇用として就業している人のほうが育児休業を取得しやすいという実態を反映したものであろう。

ただし、近年ほど育児休業の取得率が高まっているため、育児休業を取得した人のほうが平均でみると最近出産している人が多い。表6－1の分析では、物価上昇や家族構成の変化などの影響は考慮していないため、上述した育児休業取得者の特徴の一部は、実際には近年出産した人の特徴といえるかもしれない点には注意が必要である。

(3)　育児休業の取得と出産5年後までの就業状態

育児休業は原則として、子が1歳になるまでの期間に認められた休業であるから、出産1年後には復職していることを前提としているが、実際には出産1年後に働き始めている人はどの

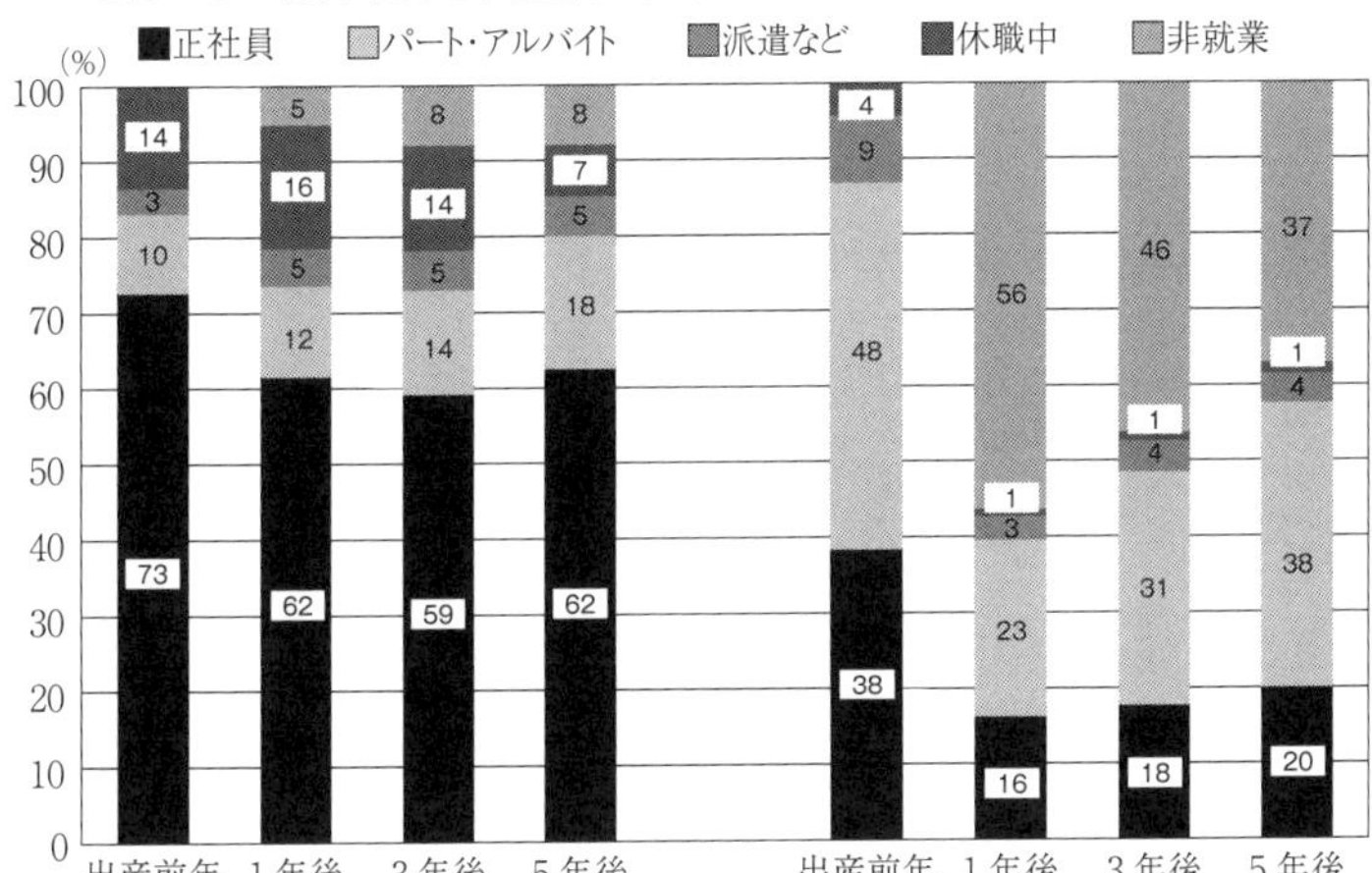

程度いるのだろうか。また、育児休業を取得して就業を継続した人は、出産から3年、5年と時間が経過したあとにも働き続けることができているのだろうか。

図6－3は出産前に働いていた人（休職中を含む）を、育児休業を取得した人と取得しなかった人に分け、出産前年、出産1年、3年、5年後の働き方を比較したものである。育児休業を取得した人の出産前の雇用形態をみると全体の7割が正規雇用として就業しており、非正規雇用として働いていた人は15%に満たない。

また、休職中の人も15%ほど存在する。休職理由は明らかではないが、休職者の中には今回の出産より前に生まれた子どもの育児休業期間であった者も多く含まれると予想される。

続いて出産1年後をみると、約8割が復職している。最も多い雇用形態は正社員であり、これは出産前の雇用形態、すなわち出産前に正社員だった人ほど育児休業を取得して復職している状況を反映していると思われる。復職していない人の大部分は休職中であることから、延長制度等を利用してまだ育児休業中であると考えられるため、実質的には出産翌年に仕事を辞めている人はほとんどいない。

出産からさらに時間が経過すると、休職中の割合が若干減り、非就業の割合が若干増えるものの、出産5年後まで働いている人の割合が約8割を維持している状況は変わらない。また、雇用形態をみても大きな変化はみられない。本分析では、出産前と同じ企業で働き続けているかどうかは識別していないものの、図6－3をみる限り、多くの育児休業を取得した女性は、出産前と同様の仕事に就いて長期にわたり働き続けることができているといえそうである。

一方、出産前に働いていた人のうち、育児休業を取得しなかった人はどうだろうか。育児休業を取得しなかった人の出産前の雇用形態として最も多いのはパート・アルバイトであり、派遣その他と合わせると非正規雇用が全体の過半数を占める。育児休業を取得しない場合の出産後の働き方として考えられるのは、産後休暇の終了後すぐに働き始めるパターンか、出産を機に一度仕事を辞め、非就業期間を経てから改めて働き始めるパターンである。

育児休業を取得しなかった人の出産翌年の働き方をみてみると、過半数が仕事に就いていない。また、働いている人の中では、パート・アルバイトとして雇用されている人が最も多く、非正規雇用者が正規雇用者の１・５倍ほどである点は出産前と大きくは変わらない。

さらに出産から３年、５年と時間が経つと働いていない人の割合は減少していく。働く人の雇用形態ではもともと多かったパート・アルバイトの割合がさらに大きくなっていくことから、育児休業をとらずに、いったん非就業化した女性の多くは非正規雇用として再就職していることがうかがえる。

なお、図６－３で用いたサンプルの中で育児休業を取得した人の平均取得期間と中央値はともに10カ月で、約１割が３カ月以内、約９割が１年以内に復職している。雇用形態別では、正規雇用の人のほうが非正規雇用の人に比べて平均取得期間が長い。ただし、中央値は雇用形態によらず10カ月であり、多くの人が出産１年以内に復帰している状態は変わらない。延長制度等を利用して１年以上の育児休業を取得する人が正規雇用では１割ほど存在するが非正規雇用ではほとんど存在しないため、平均でみると正規雇用者のほうが取得期間が長いようにみえるというだけで、雇用形態による期間の差はそこまで大きくはないようである。

(4)　出産前後の賃金の変化

子どもを持つ女性の賃金が低いことは“motherhood penalty”と呼ばれ、日本に比べ、結婚や出産後も就業を継続する女性の多い欧米においても、子どもを持つことが女性の賃金や昇進に負の影響を与えることが多くの研究で指摘されている。motherhood penaltyが生じる理由はいくつか考えられる。まずは、計測することが難しい個人の能力や価値観などが出産と賃金の両方に影響を与えている可能性である。たとえば、キャリア志向の強い女性ほど、出産を選択せず、高い賃金を得ていると思われる。よって、単に子どものいる女性といない女性を比べたときに賃金に差があるとしても、それは子どもがいることによる影響ではなく、個人の異質性がもたらす差であるかもしれない。

一方で、同一個人の間でも出産によって賃金が低下することは起こり得る。たとえば、仕事と子育てを両立させるために、出産後の女性は賃金が低くても短時間勤務や休みの取りやすいような仕事を選択する可能性がある。出産前にフルタイムで働いていた女性が出産後にパートタイムでの就業を選択するのがよい例である。また、出産によって一時的に仕事を辞めたり、休職期間が長かったりする場合、人的資本の蓄積が妨げられることで賃金が上がらない可能性もある。家事や育児の負担が増えることで、仕事の生産性が落ちることもあるかもしれない。

それでは、育児休業を取得して就業を継続した人たちでは、出産前後で収入はどのくらい変化しているのだろうか。育児休業を取得した場合、出産翌年には出産前と同じ企業で就業を継続している可能性が高いと考えられるが、このような場合にも収入の変化はみられるのだろうか。

出産前後の月収の変化を示したのが図6－4である。ここでの分析は、出産前年、出産1年後、3年後の3時点すべてで就業して収入を得ていた人（休職中を含まない）に限定している。

図6－4　出産前後の月収の変化

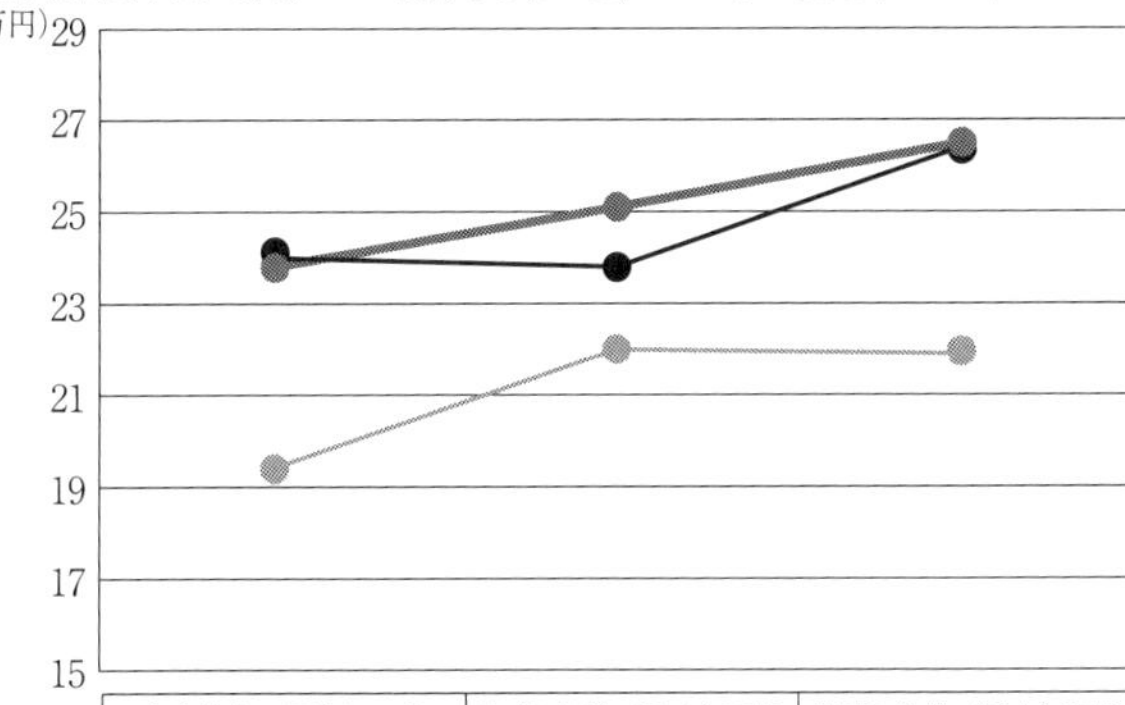

	出産前年／子なし31歳	出産1年後／子なし33歳	出産3年後／子なし35歳
育休取得あり（N=172）	24.0	23.8	26.4
取得なし（N=52）	19.4	22.0	21.9
子どもなし（N=276）	23.8	25.1	26.5

また、育児休業を取得した人との比較として、育児休業を取得せずに就業している人、子どものいない人の月収の推移も合わせて示している。なお、図6－4で用いるサンプルの出産時の平均年齢は32歳であるから、子どものいない人については出産した人に合わせて、31歳から35歳までの月収の推移を示している。

育児休業を取得した人の出産前年の平均月収は24万円で、出産1年後は23・8万円となる。出産前に比べるとわずかに減少しているものの、ほとんど変化はみられない。出産3年後には平均月収は26・4万円となり、出産前の水準を上回る。よって、少なくとも同一個人でみた場合には、出産によって大きく収入が下がることはなさそうである。

一方、育児休業を取得せずに就業をしている人では、育児休業取得者に比べて、出産前の平均月収が4・5万円低い。両グループの属性を比較してみると、育児休業を取得しなかったグループのほうが出産前の正規雇用率が低く、大卒が少ない。このような差が出産前の収入差をもたらしていると考えられる。

ただし、育児休業を取得せずに就業を継続したグループでは、出産後の月収の低下はみられず、むしろ増加するため、出産1年後の賃金は育児休業を取得したグループと近くなる。一方で、出産3年後の収入は出産1年後とほとんど変わらないため、再び育児休業を取得したグループとは差が生まれている。

育児休業を取得して一定の休業期間を経て仕事に復帰したとしても、出産1年後に働いている場合には、賃金は出産前と比べてほとんど変わらないことがわかった。それでは、同時期の子どものいない人の月収の推移と比べた場合にはどうだろうか。

子どものいない女性と育児休業を取得した女性では、出産前年はほとんど月収の差はみられないが、出産1年後になると、子どものいない女性の月収が育児休業を取得して復帰した女性の月収を平均で1・3万円上回っている。この差は、子どものいない女性は年齢とともに少しずつ昇給しているのに対し、育児休業を取得していた女性は復職後すぐには昇給していないためであろう。

ただし、出産3年後になると両者の差は再び縮まり、平均月収はほとんど同じ水準になる。よって、子どものいない女性と比べた場合には、たしかに出産後の賃金が低くなってはいるものの、出産から3年までを平均月収のレベルでみた場合には、育児休業を取得して休職することで、その後の収入が大きく下がるということはないようである。

(5) 出産前後の夫婦の家事・育児負担

これまでの分析では、育児休業の取得状況と就業の関係に注目してきた。コーホートにより人々の考え方が変わったせいか、育児休業制度が拡充されたせいか、近年、出産した人ほど育児休業を取得し、出産後も就業を継続している女性が増えてきていることは明らかだが、一方で育児の負担は誰が担っているのだろうか。

図６－５は、①就業を継続し出産後に正規雇用のグループ、②就業を継続し出産後に非正規雇用のグループ、③出産前年は働いていたが出産翌年は仕事に就いていないグループ、④出産前から仕事に就いていないグループの四つに分けて、第一子出産前後の平日一日の夫婦の家事・育児時間および労働時間を比較している[9]。

出産前に比べて出産後の家事・育児時間が長くなるのはどのグループでも共通しているが、とりわけ③と④のグループでは出産後の妻の増加幅が大きく、一日のおよそ半分の時間が家事・育児に費やされている。出産後に妻が非就業、すなわち専業主婦となる世帯では、少なくとも時間で評価した場合には、平日の家事・育児の大部分を妻が担っているといえる。

それでは、妻が就業しており、共働き世帯となる場合にはどうだろうか。専業主婦世帯ほど

図6－5　出産前後の夫婦の家事・育児時間、労働時間の変化

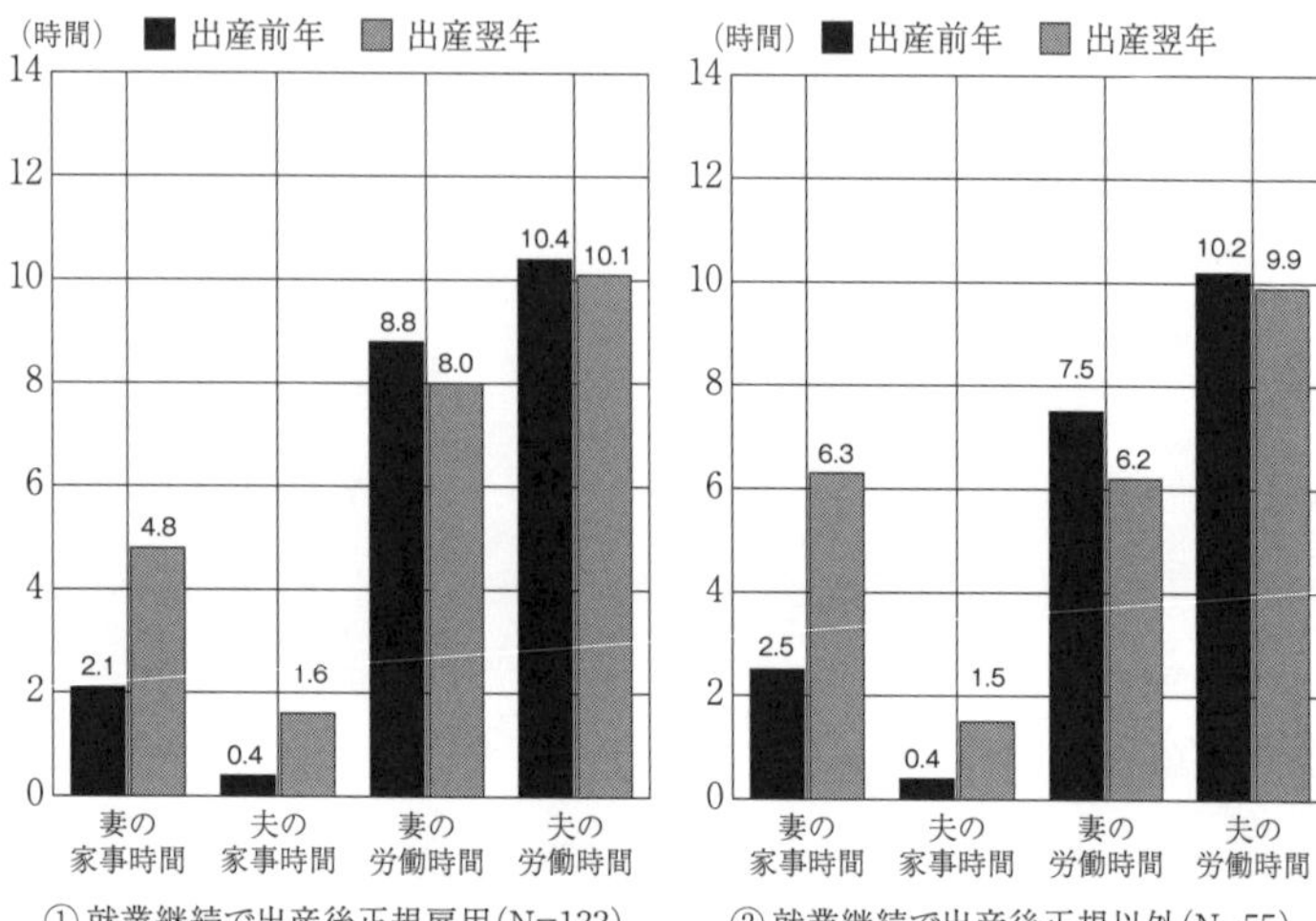

①就業継続で出産後正規雇用(N=133)　②就業継続で出産後正規以外(N=55)

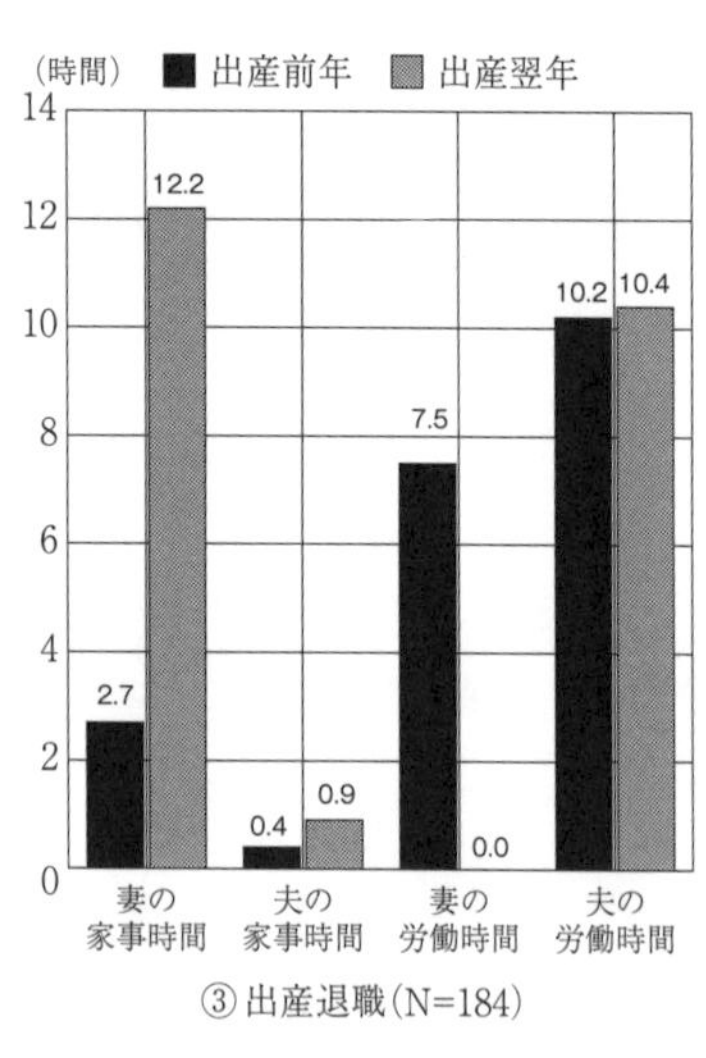

③出産退職(N=184)

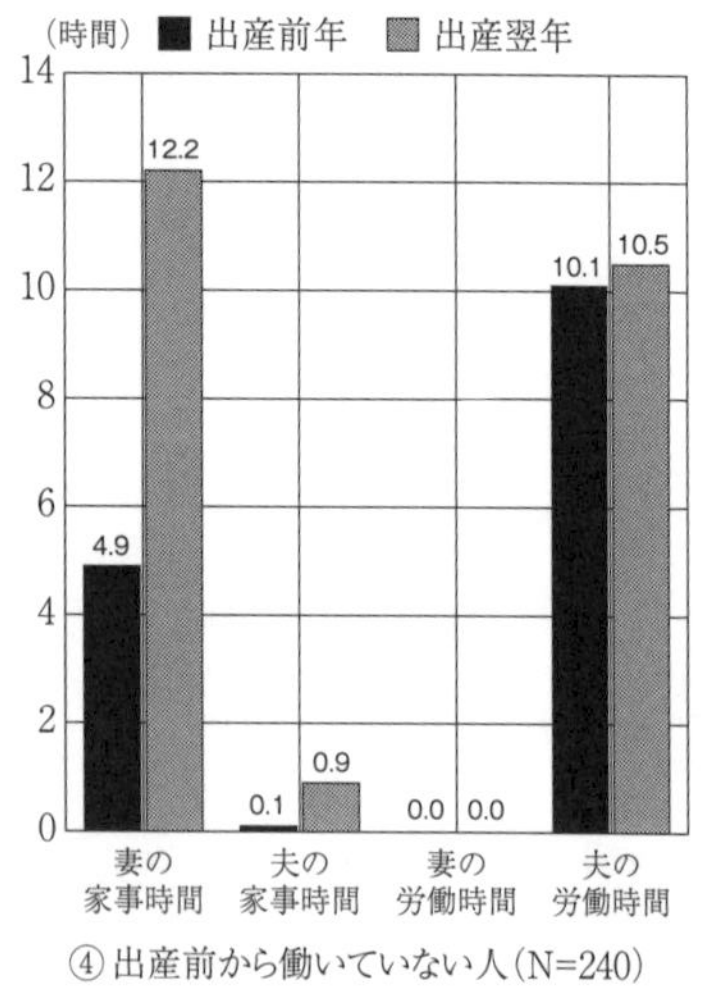

④出産前から働いていない人(N=240)

ではないにしろ、就業を継続している①と②のグループにおいても、出産後の家事・育児時間は夫に比べて妻のほうが大きく増加する。出産後に妻が正規雇用で就業している①のグループでは、出産による家事・育児時間の増加は、妻が２時間42分、夫が１時間12分増である。②のグループでは、妻が３時間48分、夫が１時間６分増となる。家事・育児時間が増加した分、共働き世帯では夫婦ともに労働時間が減少しているが、労働時間の減少幅は妻のほうが大きい。特に出産後に非正規で働く妻は、労働時間を調整することで家事・育児時間を確保しているようである。

全体の平均でみると、専業主婦世帯に比べて共働き世帯の夫の家事・育児時間は若干長く、近年ほど夫の家事・育児時間そのものは増加傾向にあるものの、図６－５と同様の分析を、２０１０年を境に出産年で分けて行った場合も結果はほとんど変わらなかった。すなわち、近年ほど共働き世帯の中でも家事・育児分担が夫婦で平等化しているかといえば、必ずしもそうとはいえない。

図６－５を見る限り、第一子誕生後も夫の生活時間は大きくは変化しない一方で、妻は労働時間を減らすまたは働かない選択をすることで家事・育児の時間を増やしている。妻の就業継続が増える一方で、労働時間の減少分以上に家事・育児時間の増加分が大きいことから、出産後の妻は、余暇時間を犠牲にしながら仕事と家事・育児の両立を行っている可能性が危惧される。

4　女性の就業促進と子育てとの両立に向けた課題

ＪＰＳＣが行われたこの30年の間に、育児休業制度を利用して就業を継続する人はたしかに増加し、子育て世代の女性の就業率は徐々に上昇してきた。育児休業を利用した人と利用しなかった人では、出産後の就業状態が大きく異なり、特に正社員として就業を継続するためには育児休業の取得が重要な要素となっているように思われる。一方で、出産前に就業していても利用条件を満たさないために育児休業を取得できない女性や、制度の利用資格はあるものの、出産前後の就業条件や保育環境といった他の制約によって就業継続を断念している女性がいる点は看過すべきではない。

たとえばこれまでの育児休業制度の改革の中でも、取得要件の緩和、対象者の拡大が行われ、有期契約労働者であっても制度を利用しやすくなってきた。本章第3節⑴項でみたように、非正規雇用者の中でも育児休業を利用している人の割合は近年増加しており、制度対象者の拡大が就業継続を希望する女性の就業を後押しした側面はたしかにあるだろう。

一方で、制度はあるものの前例がないことや、退職するのが通例となっているために育児休業制度を申請しにくい環境にある職場は依然として多い。また、それ以上に今後の女性の就業支援のあり方を考える上では、仕事と育児の両立の難しさを理由に就業継続を断念する女性をどのように支えていくかが重要になるだろう。これは単に出産を機に仕事を辞めてしまう女性を減らすことで女性の就業を促進させるということだけではなく、女性活躍やキャリア形成を考える上で、育児休業を取得して就業継続を選択した女性にとっても重要である。

女性の就業決定に影響する要素は数多くあり、出産時の育児休業はその一つにすぎない。たとえば、出産後の保育環境の確保という面では、核家族化が進む中で保育サービスの充実が重要になるだろう。これはただ保育所を増やし待機児童問題を解決すればよいという問題ではなく、より働く女性のニーズに合わせた保育サービスのあり方を考えていく必要がある。企業面でいえば、短時間勤務の利用や勤務時間の柔軟性、看護休暇の充実など、復職後の就業環境を整えることも重要となろう。

従来、育児休業制度は、出産に伴い仕事を辞めなければならなくなるリスクを減らし、安定した雇用を継続することで母親の労働力を確保する役割を果たすことが期待されていた。しかし、それだけではなく、近年、育児休業制度の拡充は出生率を引き上げ、少子化そのものに対しても有効なのではないかと期待される向きがある。復職後の労働時間の短縮と相まって、雇用の保障や給付金の存在は、子どもを持つことで一定期間働けなくなることによって生じる収入の減少や再就職への懸念といったコストを下げる働きを持つ。言い換えれば、育児休業制度は新たに子どもを持つことの費用を減らす効果を持つため、出生率が上がる可能性はある。実際、育児休業制度が出生率を引き上げる効果を持つのかを検証した研究もあり、たとえば本書と同じJPSCデータを用いた坂爪・川口（2007）では、育児休業制度の導入が出生率を高めることを確認している。

ただし、第3節⑸項でみたように、雇用形態によらず、依然として出産後の子育て負担は母親に偏っている。家事・育児負担が減らないままに働くことを選択する女性が増えることは、女性の厚生を下げ、長期的には女性活躍を阻害したり少子化を加速させたりする結果をもたらしかねない。子どもの誕生後も男性の育児時間が大きく増えないのは、父親としての自覚がないといった当事者の意識問題だけで片づけるべきではなく、乳幼児がいても男性の労働時間がほとんど変わらないことや、残業手当を含む収入の減少を嫌うことなどにより、女性に比べて育児にまつわる制度の利用が男性では著しく低い現状をどのように打破していくかが今後は重要になっていくだろう。育児休業制度は女性労働者のためだけにあるべきではなく、男女双方が制度を利用しながら、ともに子どもを育てることのできる社会を実現させることが求められている。

少子高齢化が進み労働力不足が深刻化する中で、国として女性の就業支援を進めることは重要であるが、一方で、子どもが小さいうちは育児に専念し、子育てを楽しみたいという理由から仕事を辞めるという選択をとる人もまた、尊重されるべきである。結果としてどちらを選択するかは、個々人に任されるべきであるが、社会は両者の選択肢を用意していく必要がある。

本章の結果をみる限り、育児休業制度の利用は特に正規雇用としての就業継続を支えているといえるが、逆にみれば、一度仕事を辞めた女性が、出産後に正規雇用として再就職することが難しいということは間違いない。子育てが一段落した後に就業を希望する女性についても、出産前のキャリアや能力を生かしながら働けるような選択肢を社会が用意していくことが必要であろう。

今後は実際に実現可能な選択肢を数多く用意していくと同時に、一方では社会の持続可能性を高めるため、少子化対策と就業継続を同時に実現できる選択肢を社会が用意していくことが求められるといえよう。

【注】

（1）ただし、育児休業給付金には月額の上限と下限が定められている。また、育児休業給付金が支払われる期間中に、休業前の月給の80％を超える賃金が支払われたときは育児休業給付金が支給されない。
（2）２０２２年（令和４年）４月の法改正により、「引き続き雇用された期間が1年以上」の要件は撤廃された。
（3）多胎妊娠の場合、出産予定日の14週間前から産前休業を取得することができる。
（4）ただし、産後６週間を経過した女性が就業を希望し、支障がないと医師が認めた場合にはその時点で仕事に復帰することが可能となる。
（5）関連する研究としては、育児休業期間の延長の影響を検証したドイツのSchönberg and Ludsteck（2014）やオーストリアのLalive and Zweimuller (2009)などが挙げられる。日本においては、Asai（2015）が育児休業給付金の引上げの影響を分析しているほか、Yamaguchi（2019）ではシミュレーションによって育児休業期間が３年に延長された場合の効果が検証されている。

（6）出産前年の雇用形態について、自営業はサンプルが少ないため分析から除いている。また、非就業には学生、専業主婦、その他無職が含まれる。

（7）夫婦の完結出生児数とは、結婚持続期間（結婚からの経過期間）15～19年夫婦の平均出生子ども数で、夫婦の最終的な平均出生子ども数とみなされる。

（8）性別役割分業および3歳児神話に関する考え方は２０１１年以降に新たに調査項目に加わったため、家族観については２０１２年以降に出産した女性を対象に分析している。

（9）分析に用いる夫婦の家事・育児時間および労働時間はともに妻である女性が回答している点に注意が必要である。たとえば夫の家事・育児を妻が過小評価しているために、家事・育児時間が短く回答されるといった可能性は否定できない。

【参考文献】

Asai, Y.（2015）"Parental leave reforms and the employment of new mothers: Quasi-experimental evidence from Japan,"*Labour Economics* vol. 36, pp.72－83.

Lalive, R. and Zweimüller, J.（2009）"How Does Parental Leave Affect Fertility and Return to Work? Evidence from Two Natural Experiments, " *Quarterly Journal of Economics* vol. 124（3）, pp.1363－1402.

Schönberg, U. and Ludsteck, J.（2014）"Expansions in Maternity Leave Coverage and Mothers' Labor Market Outcomes after Childbirth," *Journal of Labor Economics* vol. 32（3）, pp.469－505.

Yamaguchi, S.（2019）"Effects of parental leave policies on female career and fertility choices," *Quantitative Economics* vol.10（3）, pp.1195－1232.

今田幸子・池田心豪（2006）「出産女性の雇用継続における育児休業制度の効果と両立支援の課題」『日本労働研究雑誌』No. 553、34－44ページ。

滋野由紀子・大日康史（1998）「育児休業制度の女性の結婚と就業継続への影響」『日本労働研究雑誌』No. 459、33－49ページ。

――――・松浦克己（2003）「出産・育児と就業の両立を目指して―結婚・就業選択と既婚・就業女性に対する育児休業制度の効果を中心に―」『季刊・社会保障研究』第39巻1号、43－45ページ。

駿河輝和・張建華（2003）「育児休業制度が女性の出産と継続就業に与える影響について―パネルデータによる実証分析」『季刊家計経済研究』No. 59、56－63ページ。

樋口美雄（1994）「育児休業制度の実証分析」社会保障研究所編『現代家族と社会保障』所収、東京大学出版会。

第7章

女性の家事・育児時間は短くなったのか
――時系列の世代間比較

西村純子

1　男性・女性間の家事・育児時間の差は縮まっているのか

家事や育児などの家庭内労働の女性と男性との間の不均衡な配分は、ジェンダー不平等をめぐる議論の重要な論点である。そのため国内外の生活時間研究においては、誰がどのくらい家事や育児に時間を費やしているかということに、大きな関心が寄せられてきた。女性および男性の家事時間の時系列的なトレンドを追った海外の研究では、女性と男性の家事時間の差の縮小傾向が報告されている（Bianchi *et al.* [2000] など）。

日本では、女性と男性の間に家事・育児時間の大きな差がみられることが知られている。たとえば２０２１年『社会生活基本調査』によると、女性の家事関連時間（家事、介護・看護、育児および買い物の時間）は週全体一日あたり平均で３時間24分であるが、男性では51分にしか満たない（総務省統計局［2022］）。

しかし、女性と男性の家事関連時間の差に着目すると、日本でも緩やかではあるものの、その差が縮小する傾向もみられる。２００１年『社会生活基本調査』では、家事関連時間は週全体一日あたり平均で女性のほうが男性より３時間３分長かったが、２０２１年ではその差は２時間33分に縮小した（総務省統計局［2022］）。これには女性の家事時間の減少と、男性の家事・育児時間の増加が貢献している。

同様の傾向は、ほかの調査でも確認されている。２００８年、13年、18年『家庭動向調査』では、近年になるほど妻の家事時間は減少し、夫の家事時間も２０１８年調査では増加傾向がみられた（国立社会保障・人口問題研究所［2020］）。また『国民生活時間調査』においても、成人女性の家事時間は、平日では１９７０年から、土日は80年から減少傾向がみられ、成人男性の家事時間は平日・土日ともに90年から少しずつ増加傾向にあることが指摘されている（渡辺［2016］）。

本章では、上記のような女性・男性間の家事・育児時間の差の縮小傾向がどのように説明され得るかについて、日本の女性の家事・育児時間の短縮という側面に着目して、「消費生活に関するパネル調査」（以下、ＪＰＳＣ）のデータを用いて検討する。ＪＰＳＣデータには、１９６

０年代後半から１９８０年代前半生まれの世代（以下、世代をコーホートとも表記する）女性の、20歳代半ばから30歳代にかけての時期が観察期間に含まれている。そのため、女性のライフコースの中でも最も家事・育児に費やす時間が多いと思われる、20歳代半ばから30歳代にかけての時期において、女性の家事・育児時間がコーホート間でどのように変化したのか、またその変化の要因について検討することが可能である。

2　女性の家事・育児時間の変動の説明要因

女性の家事・育児時間の世代間での変動の説明にあたっては、従来（主に）家族社会学において夫婦間での家庭内労働の配分を説明するために用いられてきた枠組みを参照することができるように思われる。夫婦間での家事・育児の分担は、これまで主として次の三つの要因から説明が試みられてきた。すなわち①妻と夫の時間の利用可能性、②夫婦間の相対的資源、③ジェンダー・イデオロギーである（Kamo[1988]; Shelton and John[1996]）。

まず時間の利用可能性という観点からは、若いコーホートの女性ほど就業率が高まっているため、女性が家事や育児に割り当てられる時間の制約が高まったことが、若いコーホートの女性の家事・育児時間の短縮をもたらしたと考えることができる。

次に相対的資源の観点からは、女性の高学歴化や女性の経済力の拡大によって、女性が保有する資源が増大し、家事・育児の夫婦間分配に関して女性が勢力／交渉力を高めたことが、女性の家事時間の短縮をもたらした可能性が考えられる。

さらにジェンダー・イデオロギーの観点からは、若いコーホートが相対的に性役割に対してリベラルな態度を持つことが、若いコーホートの女性の家事・育児時間の短縮をもたらす可能性が指摘できる。

以上が、従来の夫婦間の家庭内労働の分配に関する研究枠組みから導かれた、女性の家事・育児時間の短縮に関する説明である。

これらに加えて、④人口学的要因からの説明の可能性も考えられる。先行研究においては、結婚や出産、親との同居などのライフイベント経験によって、女性の家事・育児時間は変動することが指摘されている（福田［2007］：永井［1999］）。

こうした知見を踏まえると、晩婚化・非婚化、晩産化・少産化、離家（親との同居）の傾向の変化によっても、コーホート間の家事・育児時間の差異は生じ得る。先行研究においても、米国での1965－95年にかけての女性の家事時間の短縮は、無配偶や子どもを持たない女性が増えたことにもよるという指摘（Bianchi *et al.*［2000］）、1995年以降の女性の家事時間の短縮には、親と同居する未婚者の増加があるという指摘（渡辺［2016］）があり、人口学的要因とコーホート間の家事・育児時間の差異との関連が示唆されている。

以上の議論を踏まえて、本章での分析課題として次の二点を設定する。第一に、女性の家事・

育児時間はコーホート間でどのような差異があるか、である。ＪＰＳＣによって20歳代半ばから30歳代にかけての時期が観察可能な１９６０年代後半から80年代前半生まれの各コーホートにおいて、家事・育児時間にどのような差異があるか、とりわけ年長のコーホートに比べて若いコーホートに家事・育児時間が短い傾向がみられるかに着目して検討する。

第二に、女性の家事・育児時間のコーホート間の差異はどのように説明できるか、である。本章ではＪＰＳＣにおいて利用可能な、時間の利用可能性、資源、人口学的要因に関わる変数[1]を用いて、これらの要因のコーホート間での分布の差異、ならびに家事・育児時間との関連の強さの差異が、家事・育児時間のコーホート間の差異をどの程度説明し得るかを検討する。そのことによってコーホート間で家事・育児時間の差異があるとすれば、それが過去30年における女性の生き方のどのような側面を反映しているのかを検討する。

3　世代間の差異を明らかにするための分析方法

(1)　ＪＰＳＣデータの分析の手順

本章では、ＪＰＳＣの１９９３年から２０２１年までのデータを用いる。分析対象は、１９６５年から１９８４年生まれの、25歳から39歳時までとし、使用する変数に欠損値のないケースに限定する。

以下の分析では、１９６５－69年生まれ、１９７０－73年生まれ、１９７４－79年生まれ、１９８０－84年生まれのグループとする。

分析は次の手順で行う。まず、コーホート別の家事・育児時間、就業、収入、家族状況等に関する記述統計を示す。続いて家事・育児時間に関する、時間の利用可能性、資源、人口学的要因を考慮した分析を行い[2]、変数間の関連を検討する。そのうえで、１９６５－69年コーホートと最も若いコーホートの間の家事・育児時間の差異が、どの程度説明変数の分布の変化（属性の差）、または説明変数の効果の変化（係数の差）によるものであるかを検討する[3]。

(2)　家事・育児時間をどう測定するか

被説明変数は、週平均一日あたり家事・育児時間である。ＪＰＳＣでは家事・育児時間を平日と休日に分けてたずねているため、（平日の家事・育児時間×５＋休日の家事・育児時間×２）／７の値を週平均一日あたり家事・育児時間とした。

また、このような方法で週平均一日あたり家事・育児時間を算出した際、24時間を超えるケースがみられた。そのため福田（2007）に倣い、25－39歳の家事・育児時間の平均よりも３標準偏差以上大きいケース（19.417以上のケース）は欠損値とした。

女性の家事・育児時間のトレンドに関する先行研究では、家事時間は減少傾向にある一方で、育児時間は増加傾向にあることが指摘されている（Bianchi *et al.*[2000]；総務省統計局[2022]）。このことから、家事時間と育児時間は別々に検討することが望ましいが、ＪＰＳＣでは「家事・育児時間」とまとめてたずねられているため、家事時間と育児時間の傾向を別々に分析することはできない。もとより家事と育児を分けて個別に時間を計測することは難しい面もある。結果の解釈においては、両者が区別されず、一緒になっている点に留意する必要がある。

説明変数は、時間の利用可能性として就業状況を考慮する。就業しているケースには1、非就業のケースには0を当てはめたダミー変数を用いた。なお、休業中のケースは「就業している」に含めている。

女性の保有する資源を把握する変数としては、教育年数と勤労収入を用いる。教育年数は、各年における回答者の最高学歴を年数に変換した。すなわち中学校＝9、中学校後専門学校＝10、高校＝12、高校後専門学校＝13、短大・高専＝14、４年制大学＝16、大学院＝18とした。勤労収入は、回答者の各年の勤め先からの収入と事業収入を合算し、その値を消費者物価指数（２０２０年基準）で調整した値を用いた。

人口学的要因、すなわち回答者の家族状況を把握する変数として、夫との同居、子ども数、６歳以下の子の有無、自分の親との同居の有無を用いる。夫との同居については、夫と同居しているケースには1、同居していないケースには0を当てはめたダミー変数を作成した。同居していないケースには、無配偶者のほか、有配偶であっても夫と別居中のケース（単身赴任も含む）が含まれる。

子ども数は、各時点で回答者と同居している子ども数とし、6歳以下の子の有無については、同居している子のうち最も年少の子が6歳以下のケースに1、そうではないケースには0をとるダミー変数を用いた。自分の親との同居については、各時点で回答者自身の親と同居しているケースには1、そうではないケースには0を当てはめたダミー変数を用いた。

また、コントロール変数として、回答者の年齢を考慮する。のちの記述統計で確認されるように、25歳から39歳にかけての時期の女性の家事・育児時間の推移は線形ではなく、20歳代後半に増加し、30歳代後半には減少するような非線形の軌跡を描く。

こうした女性の年齢と家事・育児時間との関連を捉えるため、年齢との関連を線形スプラインで検討する。すなわち、回答者の年齢を25－29、30－34、35－39の三つのセグメントに分け、30、35の節点位置で折れ曲がる折れ線グラフに当てはめて検討する。

4　家事・育児時間の世代間の差異

(1)　記述統計からわかること

表7－1に、用いた変数の記述統計をコーホート別に示す。表中の値は平均値、カッコ内には標準偏差を示している。

表7－1　用いた変数の記述統計、世代別

	1965–69年生まれ	1970–73年生まれ	1974–79年生まれ	1980–84年生まれ
家事･育児時間	5.86（4.47）	5.43（4.55）	5.49（4.65）	5.05（4.65）
就業している	0.60	0.64	0.70	0.76
教育年数	12.89（1.71）	13.10（1.77）	13.50（1.82）	13.63 (2.01)
勤労収入（万円）	141.43（166.63）	146.00（161.44）	163.45（168.54）	178.02（161.44）
夫と同居	0.69	0.63	0.61	0.53
子ども数	1.19（1.09）	1.05（1.09）	1.07（1.12）	0.90（1.08）
6歳以下の子あり	0.47	0.42	0.43	0.38
自分の親と同居	0.29	0.29	0.31	0.34
N（観察数）	6,425	4,148	6,624	5,041
N（個体数）	662	429	702	561

（注）　表中の数値は平均値。カッコ内は標準偏差。
（出所）　JPSCデータより作成

表をみると、家事・育児時間は若いコーホートほど短くなっていることがわかる。また、若いコーホートは年長のコーホートに比べて、就業している割合が高く、教育年数が長く、勤労収入が多い。また若いコーホートのほうが夫と同居する人の割合が低く、子ども数が少なく、6歳以下の子を持つ人の割合が低く、自分の親と同居する人の割合が高い。

これらから、若いコーホートほど就業率が高いために家事・育児のための時間的制約が大きく、学歴や経済力の面でより多くの資源を保有するようになっていること、また結婚や出産などの女性の家事・育児時間を増加させ得るようなライフイベントを経験する人が少なくなっていることが示唆される。

次にコーホート別の家事・育児時間につい

図7－1　世代別・年齢別の回答者の家事・育児時間

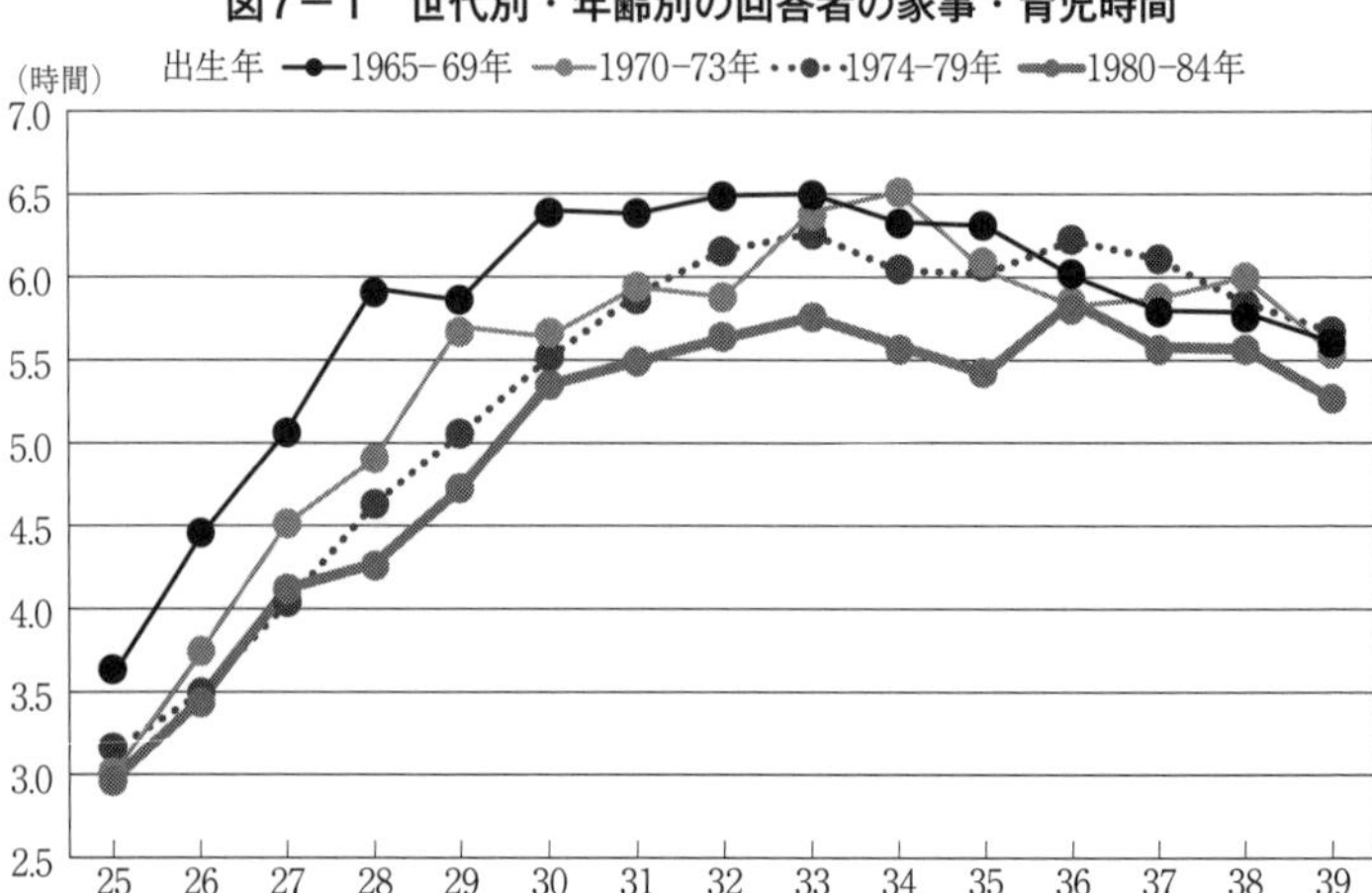

（出所）　JPSCデータ

て、より詳細に確認するため、図7－1に25－39歳の各年齢時の家事・育児時間をコーホート別に示す。また参考までに図7－2には、25－39歳の各年齢時に有配偶であったケースについて、夫の家事・育児時間をコーホート別に示す。

図7－1からは、まずすべてのコーホートに共通の傾向として、女性の家事・育児時間は20歳代後半では増加傾向にあり、30歳代前半では一定の水準を保っていることがわかる。コーホート間の差異に着目すると、20歳代後半から30歳代前半にかけては、年長のコーホートに比べて若いコーホートのほうが家事・育児時間が短い傾向がみられる。このようなコーホート間の家事・育児時間の差異は30歳代後半では、それほどはっきりとみられない[4]。これは、年長コーホートの家事・育児時間が

図7−2　回答者の世代別・年齢別にみた夫の家事・育児時間

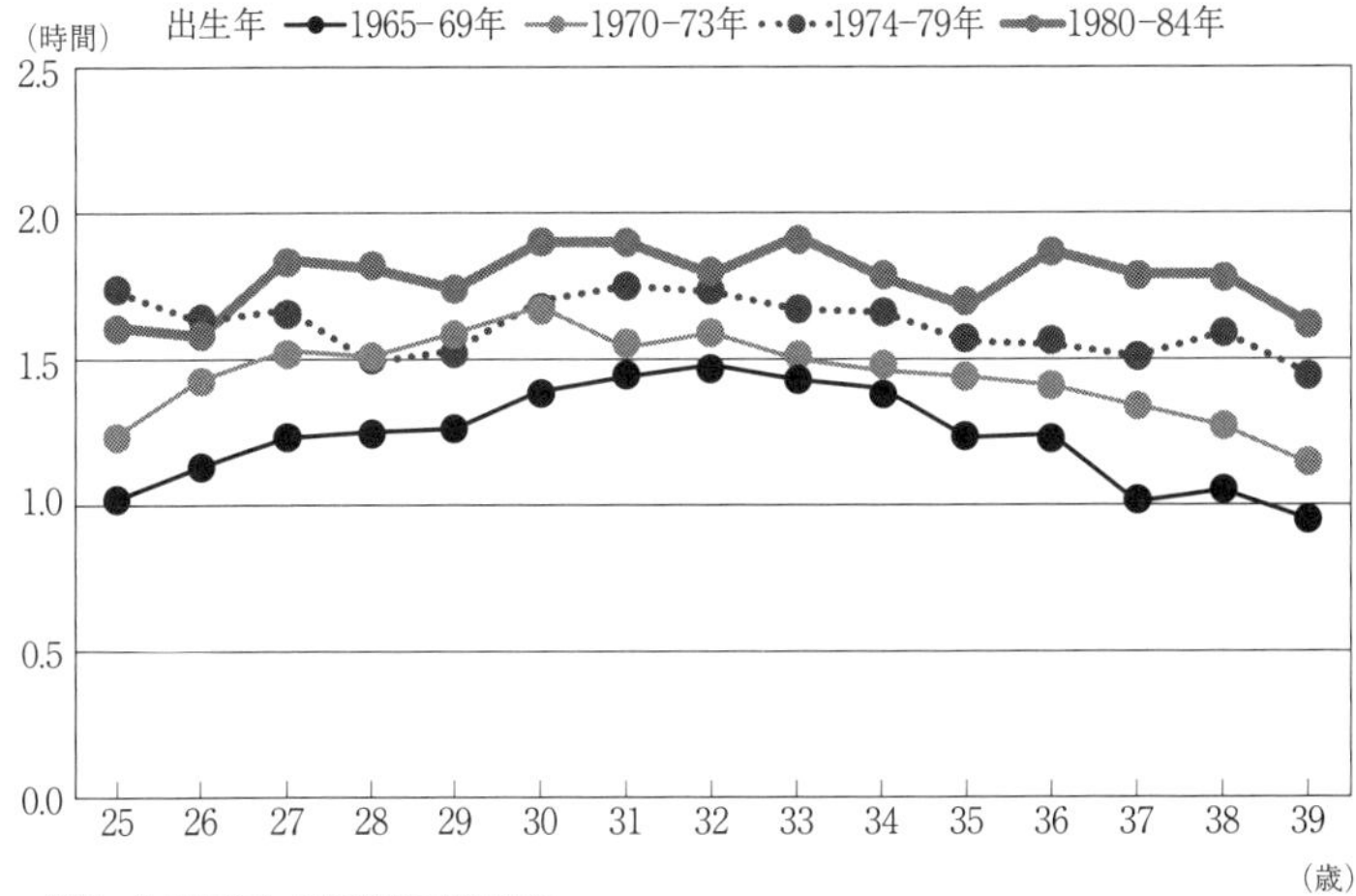

（注）　分析対象は、各年齢時の有配偶者。
（出所）　JPSCデータ

30歳代後半に減少傾向を示すのに対して、若いコーホートでは30歳代を通して家事・育児時間が比較的一定水準を保つ傾向にあることによる。

さらに図7−2には参考として、25−39歳の各年齢時に有配偶であったケース[5]について、夫の家事・育児時間を回答者（妻）のコーホート別に示している。図の横軸は回答者（妻）の年齢である。図の縦軸の最大値が2・50であるので、図7−1の女性の家事・育児時間と比べて、夫たちの家事・育児時間は大幅に短いことが確認できる。また図7−2からは夫の家事・育児時間にはコーホート間で差異があることがわかる。すなわち、1965−69年コーホートの夫たちと比べて、1980−84年コーホートの夫たちの家事・育児時間は、どの年齢においてもほぼ一貫して長い。図7－1において女性の家事・育児時間が若いコーホートほど短くなっていることを考慮すると、女性と男性の家事・育児時間の差が縮小する傾向がＪＰＳＣデータにおいても示されているといえそうである。

(2) 時間の利用可能性、資源、人口学的要因と女性の家事・育児時間との関連

次に女性の家事・育児時間に、時間の利用可能性や資源、人口学的要因がどのように関連しているかを検討するため、ＯＬＳ回帰分析を行った。被説明変数は週平均一日あたり家事・育児時間、説明変数として、就業ダミー、教育年数、勤労収入、夫との同居ダミー、子ども数、6歳以下の子ありダミー、自分の親との同居ダミーを投入し、コントロール変数として年齢[6]を投入した。

分析は、すべてのコーホートを含めた分析と、コーホート別の分析を行ったが、両者の分析結果にはそれほど大きな差異はみられなかったため、ここではすべてのコーホート（2万2238ケース）を含めた分析結果のみに言及する。

分析の結果[7]、決定係数は0・698であり、説明力の高いモデルであることが確認された。投入した独立変数はすべて女性の家事・育児時間と有意な関連がみられた。

結果をやや詳細に紹介すると、次のような傾向がみられた。就業している人はそうでない人

に比べて週平均家事・育児時間が一日あたり２・６時間短く、教育年数が１年長くなると家事・育児時間は０・８時間長くなる。年間の勤労収入が１万円増加すると家事・育児時間は０・００３時間短くなり、夫と同居している人はそうではない人に比べて家事・育児時間が一日あたり１・18時間長い。

また、子どもが１人増えると家事・育児時間は０・77時間長くなり、６歳以下の子を持つ人はそうでない人に比べて家事・育児時間が３・29時間長い。自分の親と同居している人はそうではない人に比べて家事・育児時間が０・78時間短い。

モデルに投入した説明変数と家事・育児時間との関連の多くは想定されたとおりのものであったが、教育年数のみ、想定とは異なる関連がみられた。教育年数が長い、つまり学歴という資源をより多く持つ女性は家事・育児時間が短いと想定されたが、分析結果はその逆であり、教育年数と女性の家事・育児時間には正の関連が確認された。

(3)　世代間の差異はどのように説明されるか

ここまでの分析で、女性の家事・育児時間は若いコーホートほど短くなっていること、また女性の家事・育児時間には、時間の利用可能性、資源、人口学的要因が関連しており、これらの要因を測定した変数の分布は、コーホートによって異なることが明らかとなった。

ここでは、コーホート間の家事・育児時間の差異がなぜ起こっているのかをより詳細に検討

図7－3　1965－69年・1980－84年コーホートの家事・育児時間のOaxaca－Blinder分解の結果（各要因の差の寄与度）

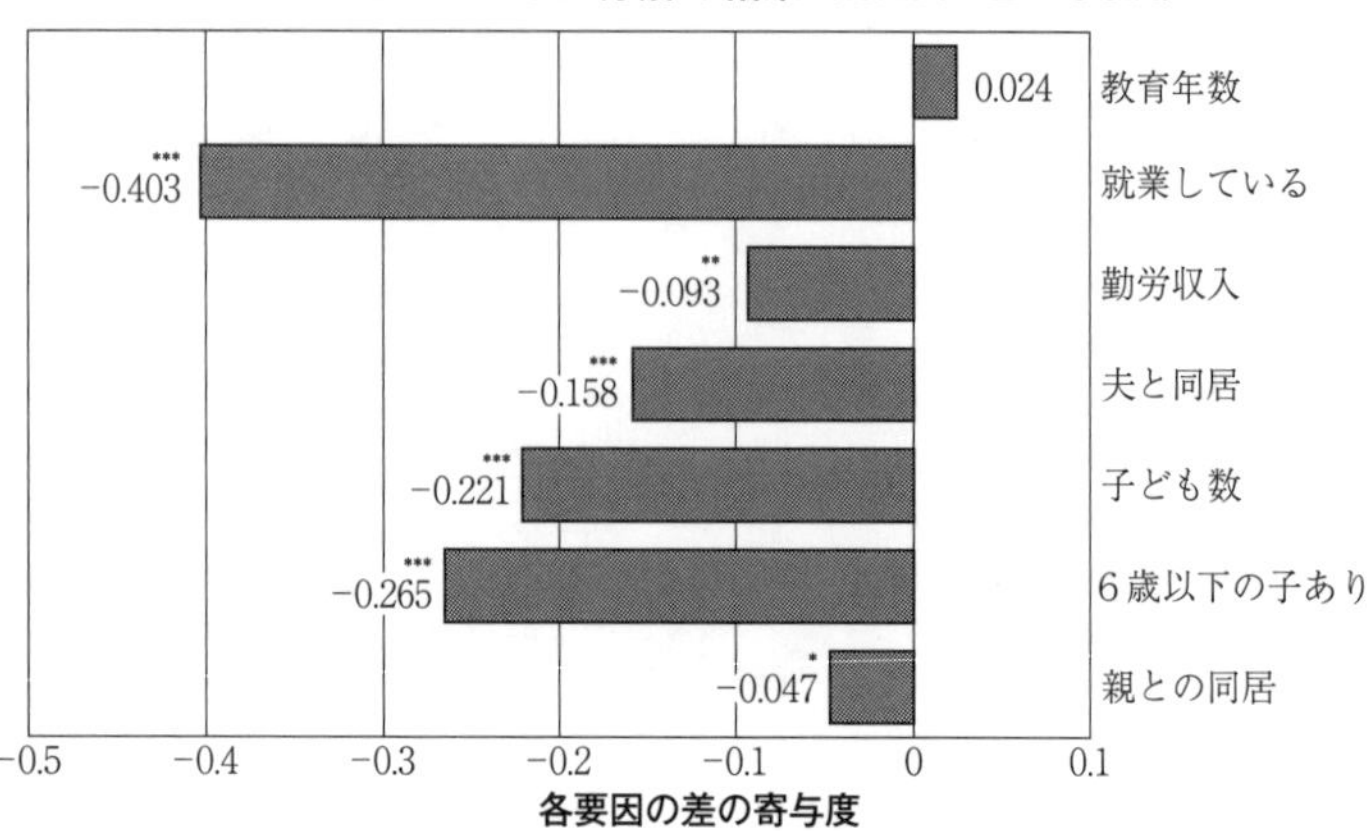

（注）　*p < .05, **p < .01, ***p < .001. 表中に掲載した要因のほか、分析では年齢を考慮している。
（出所）　JPSCデータ

するため、最も年長でかつ家事・育児時間が最も長かった1965－69年コーホートと、最も若く、かつ家事・育児時間が最も短かった1980－84年コーホートを取り上げ、家事・育児時間の要因分解を行う。

両コーホートの家事・育児時間の差異は、たとえば若いコーホートのほうが就業率が高かったり、子どもを持つ人が少なくなったりしているというコーホート間での変数の分布の差異、つまり「属性の差」によって生じている可能性がある。他方で若いコーホートのほうが同じ属性であっても、その効果が大きいというような、コーホート間での変数間の関連の強さの差異、すなわち「係数の差」によっても、コーホート間の家事・育児時間の差異は説明され得る。要因分解によって、両者の効果を識別することが可能となる。

分析結果をみてみよう。家事・育児時間の一日あたり平均は１９６５－69年コーホートで５・86時間、１９８０－84年コーホートでは５・05時間であり、その差はマイナス０・81時間である。この差のうちマイナス１・17時間（１４４％）が属性の差によって説明される。つまりコーホート間の家事・育児時間の差のほとんどが、属性の差によって説明される。

さらに図７－３には、各要因（属性）の差の寄与度を示す。棒の長さが寄与度の大きさを示している。たとえば「就業している」のマイナス０・４０３は、１９６５－69年コーホートと１９８０－84年コーホートの家事・育児時間の差（マイナス１・17時間）のうち、マイナス０・４０３時間が「就業している」の変数のコーホート間の分布の差によって説明されることを示している。

図をみると、属性の差として相対的に重要であるのは、就業状況、子ども数、６歳以下の子の有無であることがわかる。ほかに、勤労収入、夫との同居、親との同居の分布の変化も、コーホート間の家事・育児時間の差を説明する。つまり、１９８０－84年コーホートのほうが１９６５－69年コーホートより、就業率が高く、子ども数が少なく、６歳以下の子を持つ割合が低いこと、また、勤労収入が多く、夫と同居している割合が低く、親との同居割合が高いことが、コーホート間の家事・育児時間の差のほとんどを説明し得ることが、分析から示唆される。

5　女性の生き方の変化と家事・育児時間との密接な関係性

女性の家事時間は、趨勢的に短縮傾向にある。そのような傾向をどのように説明できるかについて、本章では女性の時間の利用可能性、資源、人口学的要因を考慮し、ＪＰＳＣデータを用いて検討を行った。分析で明らかになったのは、下記の四点である。

第一に、１９６５年から84年生まれまでの女性をいくつかのコーホートに分けて、25歳から39歳までの期間の家事・育児時間のコーホート間の差異を検討したところ、若いコーホートほど家事・育児時間は短かった。このようなコーホート間の差は、20歳代後半から30歳代前半にかけてはっきりと観察され、30歳代後半にはコーホート間の家事・育児時間の差異は目立たなくなる。他方、男性（夫）の家事・育児時間は、この間、わずかながら増加したことが確認された。

第二に、各コーホートの家事・育児時間は、時間の利用可能性、資源、人口学的要因と関連していた。具体的には、就業状況、教育年数、勤労収入、夫との同居、子ども数、６歳以下の子の有無、親との同居のいずれも、女性の家事・育児時間との関連が観察された。

第三に、女性の家事・育児時間との関連が観察された上記の要因は、コーホート間で分布が異なっていた。若いコーホートは年長のコーホートに比べて、就業率が高く、教育年数が長く、勤労収入が多い。また夫との同居率、子ども数、６歳以下の子を持つ人の割合がいずれも小さく、自分の親との同居率が高い。

第四に、最も年長かつ家事・育児時間が長い１９６５－69年コーホートと、最も若く、かつ家事・育児時間が短い１９８０－84年コーホートの家事・育児時間の要因分解の結果からは、コーホート間の家事・育児時間の差は、属性の差、すなわちコーホート間での変数の分布の差によって説明されることが示された。すなわち、１９８０－84年コーホートにおいて就業率が高まり勤労収入が増加したこと、夫との同居率が低下し、子ども数ならびに6歳以下の子を持つ人の割合が減少したこと、親との同居率が高まったことが、家事・育児時間の短縮を説明している。

図７－１で示したように、コーホート間の家事・育児時間の差異は20歳代後半から30歳代前半にかけて、はっきりと確認されたが、ライフコースのこの時期に若いコーホートの女性が、より労働市場とのかかわりを強めたこと、結婚や出産をせずに親元に留まる傾向を強めたことが、若いコーホートの女性の家事・育児時間が短いことを説明している。

その一方、同じ属性であればコーホート間の家事・育児時間の差異は小さく、家事・育児の効率化や男性の家事・育児時間の増加によってもたらされた影響は小さかったことになる。

このような分析結果からは、日本の女性の家事・育児時間の趨勢的な短縮は、女性の労働力化とそれによる稼得能力の増大、晩婚化・非婚化、晩産化・少産化、離家のタイミングの変化など、過去30年間の女性の生き方の変化と密接に関わっていることを示唆している。特に女性が就業する傾向を強めたこと、晩産化・少産化の傾向が強まっていることが、若いコーホートで家事・育児時間が短い傾向にあることと、強く関連しているようだ。

他方で、女性の高学歴化は、女性の家事・育児時間の短縮にはつながっていないようであった。このことは本章における分析が家事と育児を合わせた時間を検討していることによるものかもしれない。子どもへの時間投資に学歴階層間の差異があり得ることを踏まえると、女性の高学歴化は育児時間を増加させる可能性がある。女性の高学歴化と育児時間の趨勢との関連は、今後より詳細な検討が必要な課題である。

また本章ではＪＰＳＣデータを用いて、女性の家事・育児時間に焦点を当てて議論した。男性（夫）の家事・育児時間については、回答者（妻）の出生コーホート間の差異を確認するに留まった。しかし女性と男性の家事時間の差の縮小傾向（gender convergence）の全体像を把握するためには、男性の家事・育児時間に関する詳細な分析が欠かせない。女性と男性の家事や育児等の家庭内労働への時間配分がどのような趨勢をみせるのか、それがどのような社会変動を反映しているのかについては、さらに分析を積み重ねていく必要がある。

【注】

（１）ジェンダー・イデオロギーに関しては、観察期間を通してこれを測定している変数がデータに含まれないため、今回は検討を行わない。

（２）家事・育児時間を被説明変数、時間の利用可能性、資源、人口学的要因に関する変数を説明変数としたＯＬＳ回帰分析を行った。

（３）１９６５－69年コーホートと１９８０－84年コーホートの家事・育児時間に関するOaxaca-Blinder分解によって検討した。

（４）36歳から39歳時の家事・育児時間のコーホート間の差に関する一元配置の分散分析の結果は、統計的に有意ではない。

（５）初婚・再婚は区別せず、各年齢時において有配偶であったケースを分析対象とした。

（６）第３節(3)項で説明したような折れ線（線形スプライン）を当てはめている。

（７）図表の掲載は省略する。

【参考文献】

Bianchi, S. M., M. A.Milkie, L. C. Sayer, and J. P. Robinson（2000）“ Is Anyone Doing the Housework? Trends in the Gender Division of Household Labor,” *Social Forces* 79（1）：191－228.

Kamo, Y.（1988）“ Determinants of Household Labor: Resources, Power, and Ideology,” *Journal of Family Issues* 9：177－200.

Shelton, B. A., and D. John（1996）“ The Division of Household Labor,” *Annual Review of Sociology* 22：299－322.

国立社会保障・人口問題研究所（2020）「２０１８年社会保障・人口問題基本調査　第６回家庭動向調査報告書」（２０２２年10月17日取得 https://www.ipss.go.jp/syoushika/bunken/data/pdf/211015.pdf）。

総務省統計局（2022）「令和３年社会生活基本調査　生活時間及び生活行動に関する結果　結果の概要」（２０２２年10月17日取得 https://www.stat.go.jp/data/shakai/2021/pdf/gaiyoua.pdf）。

永井暁子（1999）「家事労働遂行の規定要因」樋口美雄・岩田正美編『パネルデータからみた現代女性―結婚・出産・就業・消費・貯蓄』東洋経済新報社、95－125ページ。

福田節也（2007）「ライフコースにおける家事・育児遂行時間の変化とその要因―家事・育児遂行時間の変動要因に関するパネル分析」『季刊家計経済研究』76：26－36ページ。

渡辺洋子（2016）「男女の家事時間の差はなぜ大きいままなのか―2015年 国民生活時間調査の結果から」『放送研究と調査』66（12）：50－63ページ。

第 Ⅳ 部
家　計

第8章

経済停滞による夫収入の低下と妻収入の家計への貢献

坂口尚文

1　夫婦の収入を通して「平成不況」の30年を俯瞰する

１９９０年代初頭のバブル経済の崩壊以降、日本経済の低迷は「失われた30年」と呼ばれるほどの長期にわたっている。社会の景気の状況が個人の生活に与える影響は、一時的なものに留まらない。好況や不況をいつ（何歳、どのような人生の時期に）、どのくらいの期間、経験していたかということは、ライフコース全体を通じてその人の人生に不可逆的な影響を及ぼし得る。

これまで「消費生活に関するパネル調査」（以下、ＪＰＳＣ）からも、そのことが多く示されてきた。たとえば、バブル経済崩壊後10年あまりの時期に分析を行った『女性たちの平成不況』（樋口・太田・家計経済研究所編［２００４］）では、ネガティブな意味での世代の断絶が明らかとなった。それはバブル経済崩壊以降に就職した層では雇用そのものは増大したが非正規労働が急増し、生活基盤は不安定になっていた。そして長引く経済停滞によって女性たちの結婚や出生行動にも大きな変化が表れていた。

本章では女性が30歳代という時期の有配偶世帯を対象として、世帯の収入が10年という比較的長期のスパンでどのように変化してきたかを、10代から20代にかけてバブル経済を経験した世代と、その年齢期をバブル経済の崩壊後に経験した世代とで比較しながら検討する。収入は世帯の経済状況を示す端的な指標であり、夫婦がどのように収入を確保しているのかは夫婦の役割を知る上で不可欠な情報の一つである。また、世代による雇用環境のちがいや女性の高学歴化の帰結を示す指標ともなる。そして収入は個々人の経済状況はもちろん、その時の社会全体の状況、時代感を反映したものでもある。ＪＰＳＣが捉えてきた「平成不況の30年」が鮮明に描かれることが期待される。

ここで対象とする年齢層は30歳代の10年の幅に設定している。30歳代は多くの人にとって出産や子育てという家族形成期にあたり、夫婦にとっても子どもの誕生やマイホーム購入などが計画される時期である。現在の収入と支出のバランスに加え、将来計画も視野に入れた家計運営が必要となる時期であり、夫婦（世帯）が収入をどのように確保しているのかは、その後のライフステージにおいても（たとえば教育や老後の資金などにも）影響が及ぶ。そのため、30歳代の推移を捉えることで、その後のライフステージ、そして今後の家族形成期を取り巻く問題を理解することができるだろう。

2　30歳代夫婦の収入推移——年齢と世代による変化

(1)　分析の対象者と「収入」

最初に分析の対象とする人たちについて、そしてここで扱う「収入」について簡単に整理しておく。分析では夫婦を基本の単位とし、妻の側からみた夫婦の収入の状況を扱っている。したがって未婚者や離死別者を除く。出生年別に一つの集団＝世代として捉えている。具体的には、１９６５－74年生まれ（以下、上世代と表記する）と１９７５－82年生まれ（以下、下世代と表記する）の二つを区分する(1)。両世代の特徴を示す、対象者の指標を表８－１にまとめている。

この二つの世代区分は女性の大学への進学動向、そして日本経済の転換期ともおおむね重なっている。女性の短大への進学率がピークを迎えるのは１９９４年度のことであり、１９７６年度生まれの人たちが高校を卒業した年にあたる。上世代にとっては高等教育への進学は短大が多数派であった。対照的にその後、４年制大学への進学率は上昇しており下世代においては

表8－1　対象とする世代と主な指標

	1965−74年生まれ（上世代）	1975−82年生まれ（下世代）
観測数	321	199
観測期間	1995-2013年	2005-2021年
夫平均年齢（妻30歳時）	32.7歳	32.2歳
有配偶率（30歳時）（注）	69%	57%
夫大学卒割合	30%	35%
妻大学卒割合	12%	22%
備考	一部、30歳代後半に リーマン・ショック	就職氷河期世代 一部、30歳代後半にリーマン・ショック

（注）　同一出生の全回答者に占める割合。

4年制大学を卒業した者が多くなる。

一方でこの30年で女性の大学進学率は大きく上昇したものの、就職市場の状況は男女を問わず急速に悪化していく時期でもあった。１９６５－74年生まれの上世代は、少なくとも年長者では最後に卒業した学校の種類を問わず、卒業して就職した時期が１９８０年代の経済の好況期と重なっている。下世代では高校卒の人を含め、学校を卒業した頃の経済は低成長期に入っており、就職活動やその後の女性の働き方（男女雇用機会均等法の施行や育児休業等の制度の有無等）を取り巻く状況は、同じ20歳代の時期を比較しても両世代では大きく異なっている。

ここでは30歳代の10年間すべての年に調査に回答していた人に限定して分析する。(2) そうすることで一つの世帯の10年の間での収入の変化や、同一世代のグループ内での相対的な位置がどのように変わったかが明確に描き出される。

ＪＰＳＣでは本人（妻）と夫の収入について、「勤め先からの収入」や「財産収入」など、収入タイプ別に、年間の値を税引き前の金額（万円単位）で尋ねている。今回は、個人が働いて得た収入のみに着目し、税引き前の「勤め先からの収入」、あるいは「事業収入」を対象にした結果を示す[3]。また、対象とする人たちの出生年や年齢に幅があるため、２０２０年を１００とした消費者物価指数で実質化した。

(2)　夫の収入だけを頼りにできなくなったのか

図８−１は30歳代を通した平均収入の推移を示したものである。上世代を黒の線で、下世代をグレーの線で表し、以降の図でも同様に表示する。図８−１の左側が夫収入、右側は夫婦合算の収入の結果である。

夫収入の推移をみると、両世代ともに右肩上がりとなっており30歳代の10年間で着実に増加しているが、下世代のほうが一貫して低い値で推移している。そのため、30歳代累積の収入額でも世代間で大きな差がついている。

平均収入に世代差が生じた理由のひとつとして、先に述べたような学校卒業時の経済状況のちがいが考えられる。加えて、２００８年に発生したリーマン・ショックの影響が考えられる。下世代では30歳前後、上世代では30歳代半ばから40歳前後にかけてリーマン・ショックを迎えたことになる。実際にその発生時期とシンクロするように、下世代では30歳近辺の30代前半での平均収入が、上世代と比べて50万円近く低い。また、上世代も、30歳代半ばあたりから収入

図8－1　夫収入と夫婦合算収入の30歳代での推移

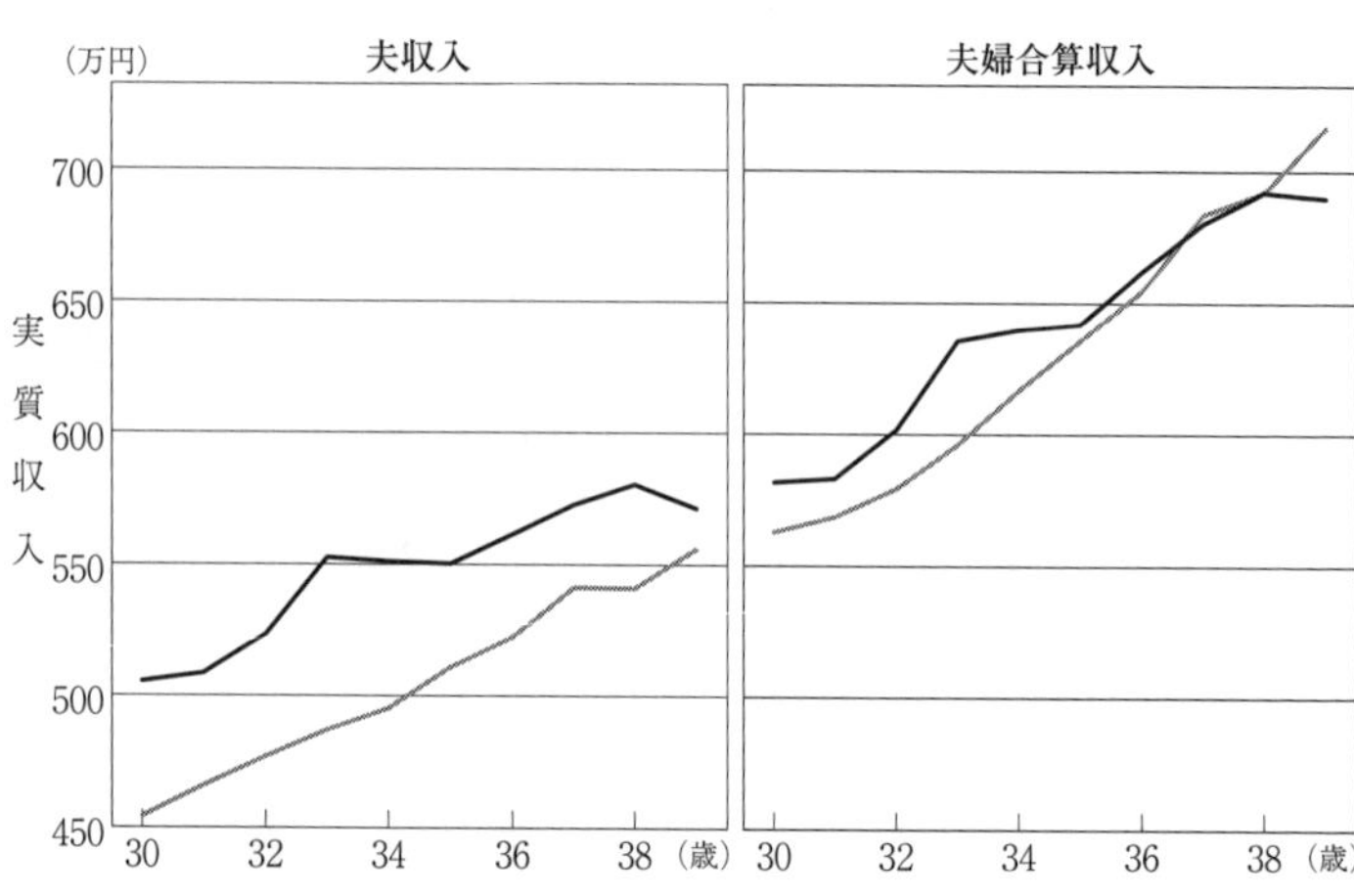

の伸びが鈍化し始めていることがわかる。

一方、図８－１の右側の夫婦合算の収入では夫収入ほどの顕著な世代間の差はみられなくなる。30歳代の前半までは下世代の平均収入がやや低く推移しているものの、30歳代の半ばで両者の値はほぼ一致し、30歳代最後の数年は下世代の収入が高くなっている。これは30代半ば以降の就業率の上昇と呼応している。また、曲線の傾きが途中で大きく変化することがないため、リーマン・ショックの影響も夫婦合算収入においては読み取ることができない。

夫収入では明確に存在した世代差やトレンドの変化が、夫婦合算収入では明確にみられないということは、妻の収入が夫婦という単位での収入安定化を図る働きをしていたことになる。妻収入が果たした役割は世代によって大きく異なり、上世代では妻が結婚・出産がひと段落して再就業するライフステージと経済ショックによる夫収入の伸び悩みの時期とが重なっていたのに対して[4]、下世代では30歳代の時期全体を通して、妻が働き世帯収入を下支えし続けていたと考えられる。

(3)　世代や収入層によって異なる収入の伸び方

収入の平均値は高収入層の値の影響を受けやすく、全体の状況を必ずしもうまく描写しているとは限らない。そのため、より個々の夫婦を単位にするように、収入分布は世代によってどのようなちがいがあったか、そして30歳代の時期を通して収入の分布がどのように変化していったかをみていくことにする。

図８－２は、夫収入を全体で高い順に並べて全体を１としたときの順位（＝分位）を横軸に示し、その順位の収入額を縦軸にとったものである[5]。妻が30歳時（図８－２左）と39歳時（図８－２右）の２時点の状況を示した。39歳時点のグラフのほうで説明すると分位が０・２では金額が４００万円となっている。これはたとえば39歳の夫の収入を１００人並べたときに上から80番目（下から20番目）にあたる人の年収が４００万円であったことを意味する。

妻が30歳時の夫収入は、いずれの収入層でも下世代の収入額が上世代よりも低くなっている。両世代の差は同じ順位でも50万円ほどにのぼる。それから９年後の妻39歳時には、分位の値が０・８以上という高収入層で世代間の収入差が残るものの、低中位層ではグラフの線がほぼ重

図8－2　夫収入の分布

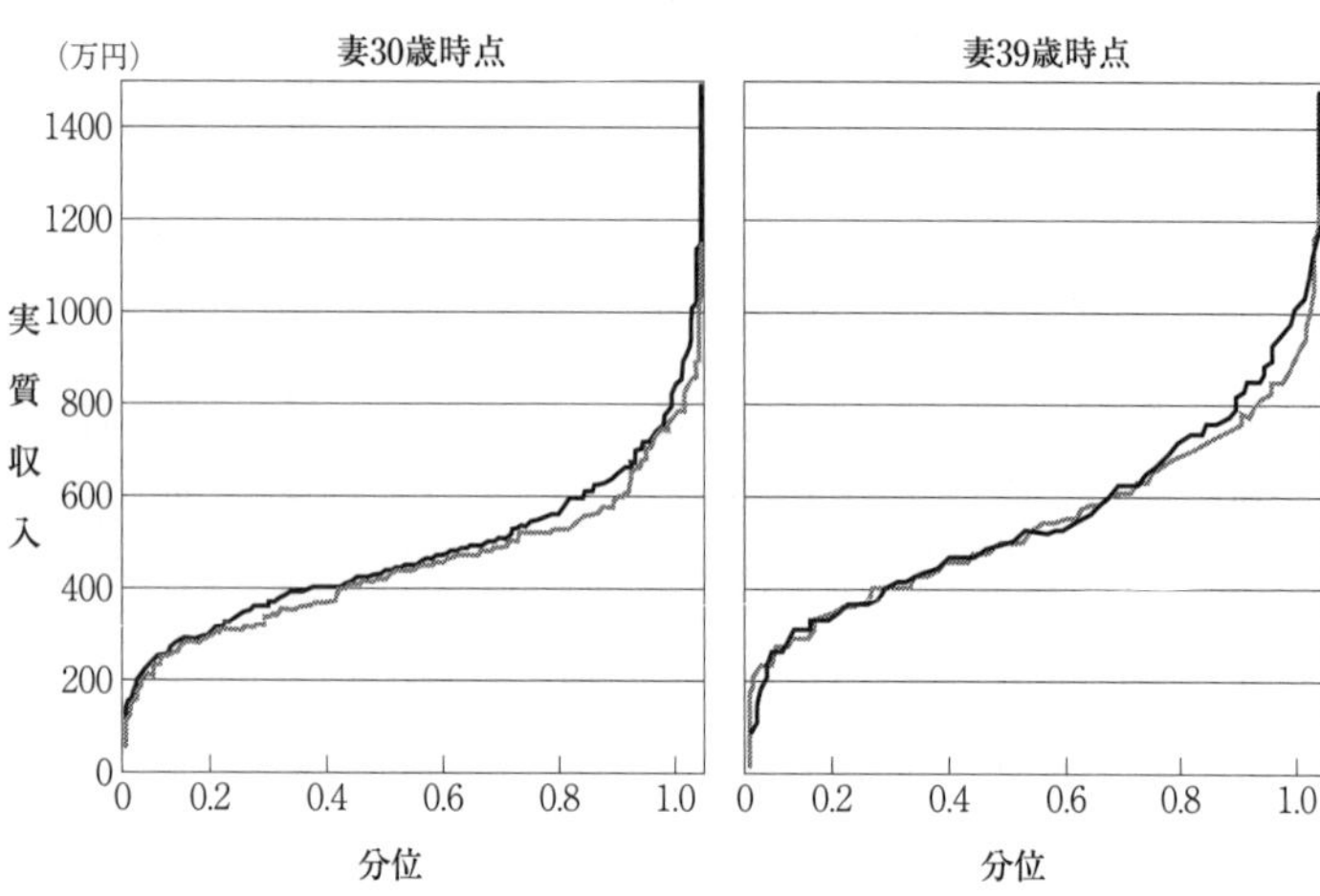

なっており、世代の差がほぼなくなっていることを示している。39歳時では平均値でみた世代差が縮小していたが、分布全体で評価しても世代差がほとんど消失している。これらの結果を踏まえれば、図8－1で示した平均値の推移は分布全体の動きをうまく捉えていたと考えてよいだろう。

それでは、各世代の収入は30歳代をかけてどのように変化し、両者の差が縮まったのだろうか。図8－3は、妻30歳時点での夫収入分位を横軸にして、9年後（＝妻39歳時）の伸び率を滑らかにつないだものである。たとえば、左端の横軸の値は0・3を指しているが、これは最も収入が低い人たちの39歳の収入は30歳の時点より、おおむね30％増えていたことを意味する。

一般に、収入の伸び率は収入額に沿って

図8－3　夫収入の伸び率

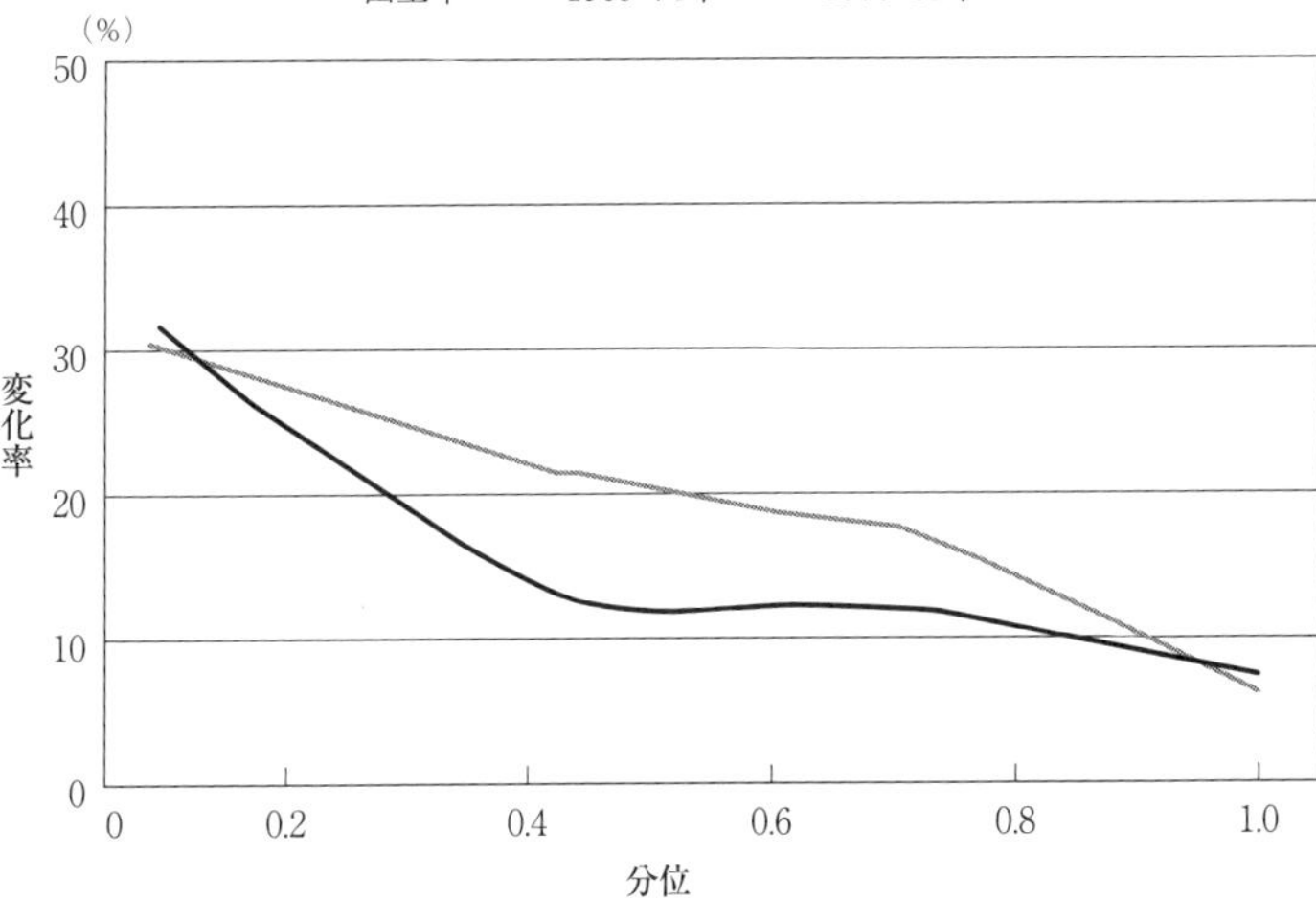

右下がりになることが予想される。同じ金額の伸びであれば、分母である基準年の収入が低いほど伸び率が大きくなるためである[6]。

全体的に夫収入の伸び率は上世代が下世代よりも低くなっており、最も世代で差が開いているところは分位が０・４から０・５近辺の中間層である。上世代では数としてもボリュームが多い中間層での収入が伸び悩み、図８－２でみたような、39歳時での世代差の縮小につながった。一方で、図８－３の曲線は、グラフの両端、つまり収入がより低い層やより高い層においては世代差がみられない。高収入層では30歳時に収入の世代差があったため、同じ収入の伸び率では、額での世代差がさらに拡大したことになる。

また、下世代の成長率との相対でいうと、上世代では高収入層のみが収入の堅調な伸びを維持し、低・中間層の多くが滑り落ちている。そのようなかたちで、上世代内の収入格差は拡大したことにもなる。

3　共働きの進展とその内実

(1)　妻の就業は依然として夫収入の多寡に依存

次に妻の働き方と収入がその夫婦の家計にどの程度貢献していたか、夫収入との関係からみていく。まず、妻の就業状況を確認しておこう。図８－４は、妻が30歳と39歳時点の状況について、夫収入のグループ（四分位）ごとに妻の就業率を表したものである[7]。ここでは、第１四分位はＱ１のように、その後の各四分位をＱ２、Ｑ３、Ｑ４と表記する[8]。

いずれの年齢、どの収入分位においても、下世代の就業率が上にあり、若い世代で共働きの割合が増えている。

図８－４が示すさらに重要な知見は、夫収入と妻就業率の逆相関が明確に表れる年齢時期が、世代によって変化したことである。30歳（図８－４左）は多くの夫婦にとってまだ子どもが小さい時期である。この年齢期には、上世代ではどの収入層においても０・５よりも下に位置しており、妻が就業していない割合のほうが大きかった。

図8−4　夫収入の分位別、妻の就業率

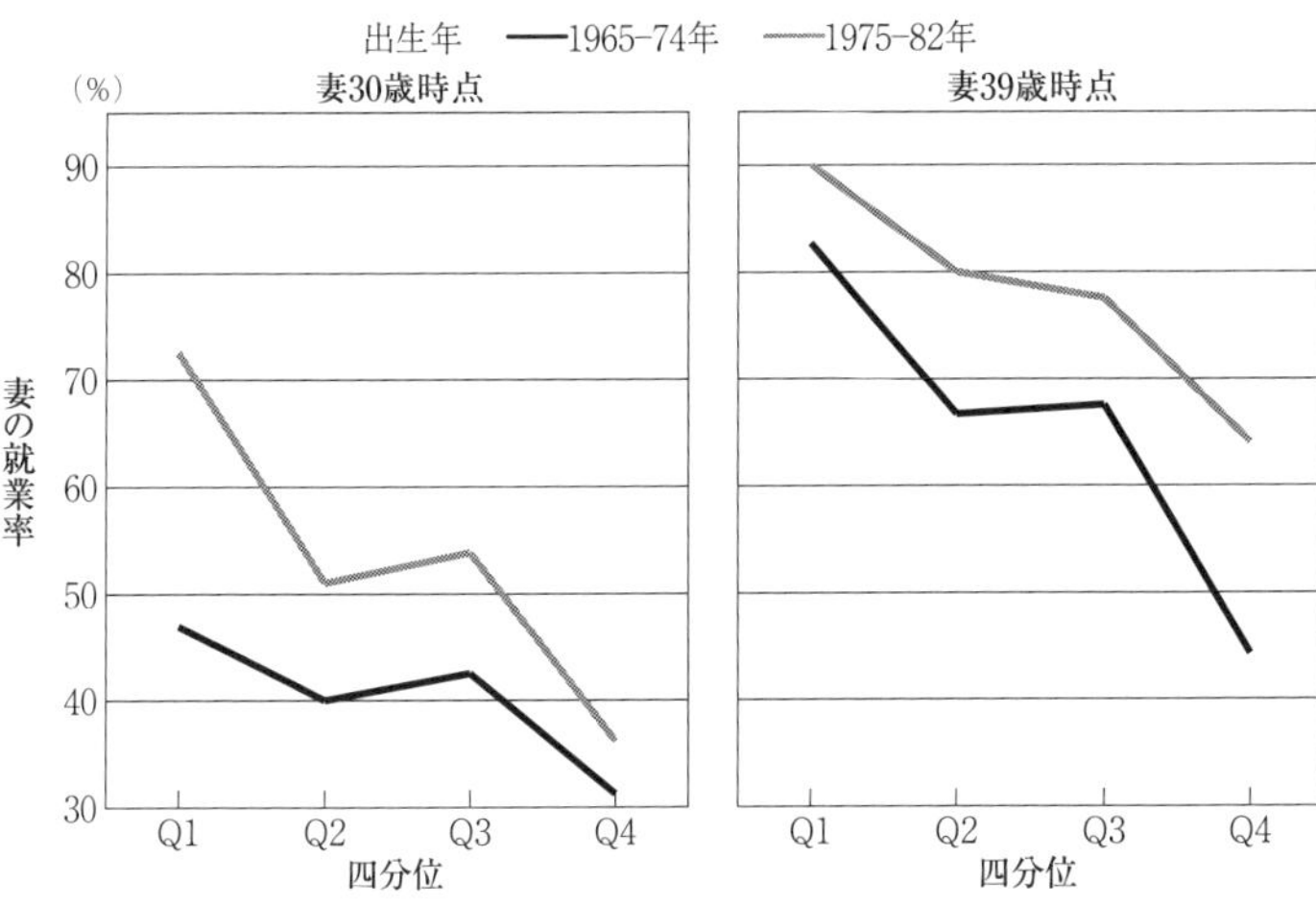

一方の下世代では、夫収入の高いQ４以外の層で妻の就業率が半数の０・５を超えている。特に、夫収入が低いQ１で顕著に大きくなっている。妻の就業が夫の収入に強く関係していることから、世代が進み全体として共働き化が進んだというよりは、家計を支えるために妻が早い時期から働かざるを得ない状況になったと考えたほうがよいだろう。

39歳時の結果は、両世代ともに夫の収入が低い層で妻の就業率が高くなっている。図８−４の39歳時点のグラフでは、収入の低いQ１での妻の就業率は、上世代が８割、下世代が９割と下世代のほうが高いものの、30歳時からの変化をみると、上世代は５割弱から８割へと増加し、下世代では約７割から９割となっており、妻の就業率が高くなる傾向は上の世代のほうが顕著である。再就業という観点から30歳時と比較すれば、世代間で対照的な結果にもなっている。上世代では夫収入がより低い層で妻の（再）就業が大きく進んだことがわかる。下世代では30歳から39歳にかけて曲線がほぼ平行移動したかたちとなっており、再就業に関しては夫の収入によらず共働き化が進行したことがうかがえる。

さらに、この結果に子ども有無の割合を重ね合わせてみると、下世代の低収入層では子育てと並行しながら妻が就業するようになったと単純にはいえないことがわかる。

表８－２は両世代について、妻が30歳の時に子どもがいた割合を分位ごとに示したものである。上世代では夫の収入が高い層で子どもがいる割合がやや小さくなっている、上世代のＱ４層は夫婦とも相対的に学歴が高く、結婚年齢が相対的に遅いことを反映した結果と考えられる。逆に上世代では育児休業制度など出産後も就業を継続できる環境がまだ整備されていなかったため、高収入層では出産時期を遅らせていた夫婦が一定数いたとも考えられる。

一方で、下世代では収入の低い層で子どものいる割合が低く、夫収入と子どもの有無との関係が上世代と反転している。結果の提示は省略するが、39歳時点ではどの世代、分位においても子どもがいる割合はほぼ9割を超えている。そのため、下世代の夫収入が低い層では、上の世代の同じ収入層の夫婦よりも出産時期を後ろにずらした傾向にある。ＪＰＳＣで尋ねた質問で、子どもを「条件によっては欲しい」と回答した人の多くは、その条件に「生活費に余裕ができたら」を挙げている。この関連は世代を問わず当てはまるのだが、下世代では第1子の出

表8－2　夫の収入分位別にみた妻の30歳時の子どもがいた割合

	1965−74年生まれ	1975−82年生まれ
Q１	83%	69%
Q２	86%	69%
Q３	85%	79%
Q４	71%	83%

産の条件としても重要になったようである。

また、上世代のQ４と同様、下世代のQ３、Q４では大学卒女性の占める割合が相対的に大きい。下世代のQ３、Q４では30歳での妻の就業率が相対的に低く、子どもがいる割合が上世代の同一層より上昇していることを踏まえると、女性の高学歴化が結婚・出産後の継続就業には直結せず、30歳時には就業を選ばず／選べず、一定の夫収入を拠り所にして、子育てに専念した大学卒女性が増えたことになる[9]。

このように妻30歳時の有子率は、上世代では夫収入が低い夫婦で高く、逆に下世代では夫の収入が高い夫婦で高くなっていた。世代が下がり、夫収入が全体的に低下したことが妻の働き方だけでなく家族形成にも影響を与えたといえ、またそれだけ夫婦の人生設計が依然として夫の収入に大きく依存している状況にあったともいえるだろう。

(2)　家計への妻収入の貢献は夫収入が低い層で高い

妻の就業は夫婦の家計にどの程度寄与していたのだろうか。ここ

図8－5　夫収入の分位別、夫婦の収入比（妻/夫）

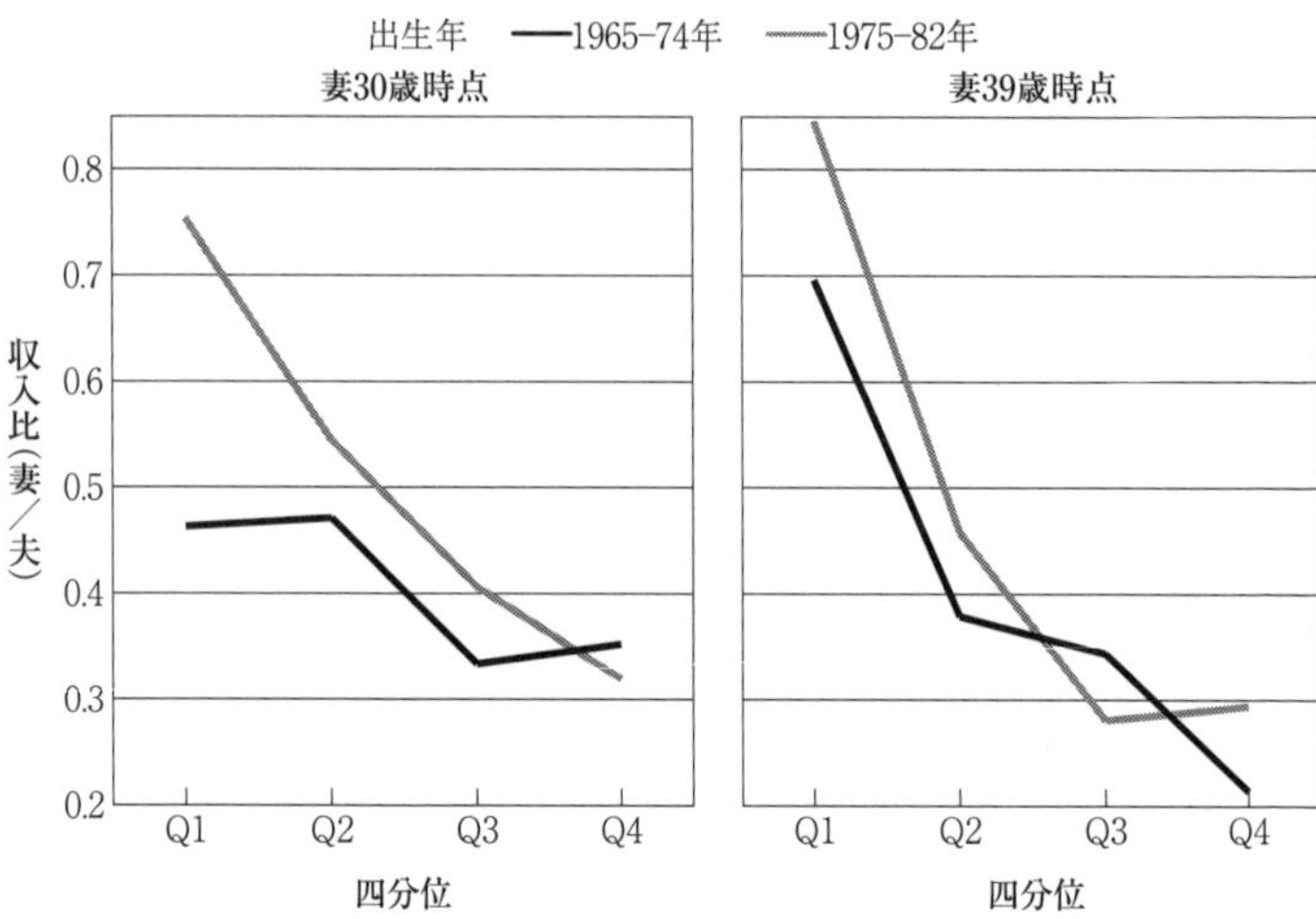

では金額面の寄与とそれが継続的、恒常的なものであったかという時間的な側面から評価してみる。前者については妻と夫の収入比を、後者については30歳代を通じ妻が一貫して就業していた割合を、夫の収入分位別にみてみる。

図8－5は、妻が働いている夫婦に限定して、妻と夫の収入比を夫の収入分位ごとに平均したものである[10]。

就業率と同様、世代間の差が大きいのは30歳のQ1である。上世代では妻収入が夫収入の半分程度に留まるのに対し、下世代では夫収入の8割程度までに上昇している。妻収入の寄与率の大きさから考えて、比較的長時間働いていた妻が一定数を占めていたことにもなる。Q1以外の他の分位では世代差が開いていない点も興味深い。

図8－6　夫収入の分位別、妻30歳代の継続就業率

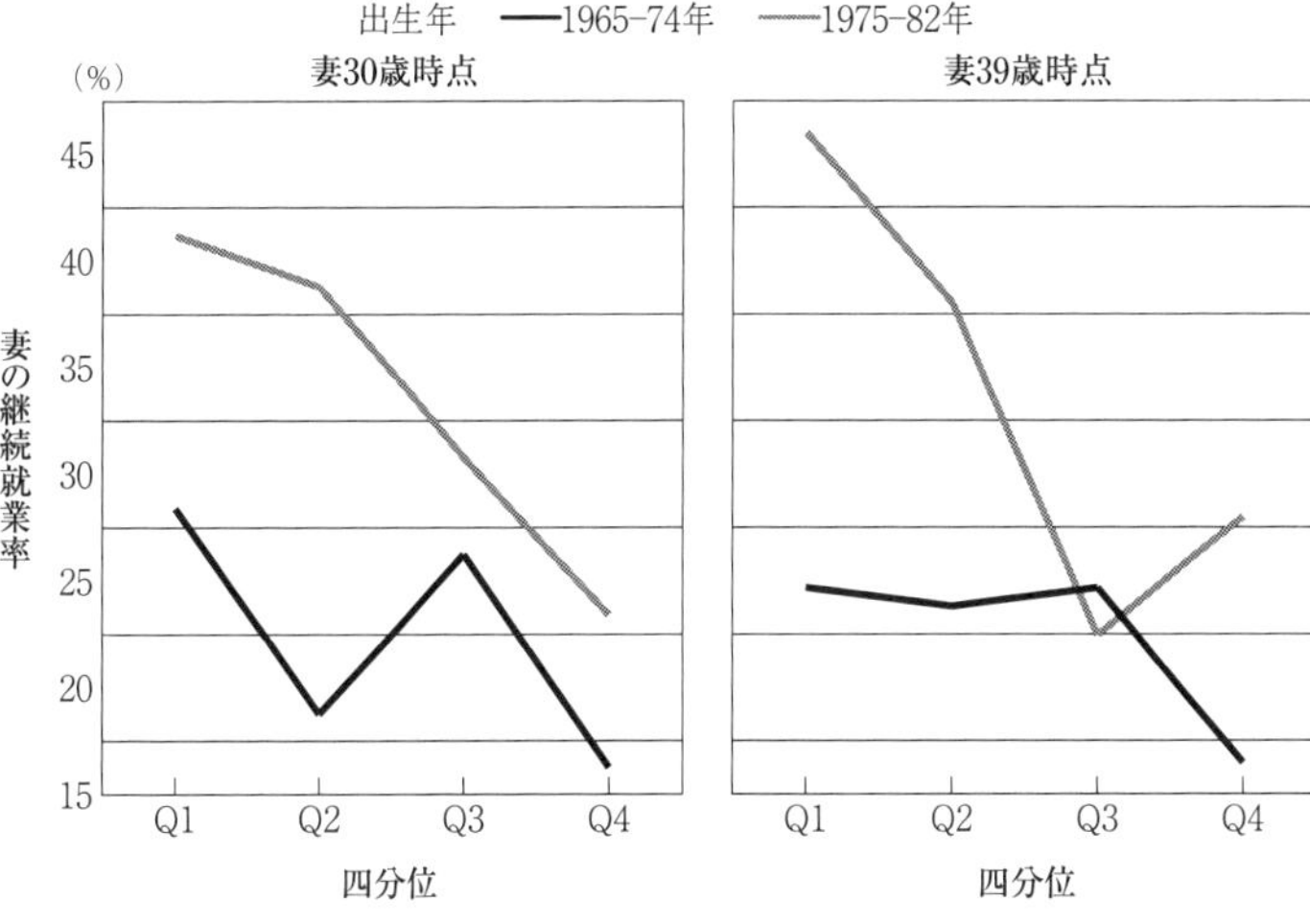

若い世代ほど、女性の大学進学率も大きく上昇し、勤続年数が伸び、男女間の賃金格差が全体として縮小してきたことは多くの統計調査から示されている。しかし、夫婦という単位で同等の収入を得るカップルが増えたとまでは（平均的にみる限りは）いえない[11]。39歳になると、両世代の差は縮まるが、こちらでは同世代内での収入分位間での差、特にＱ１とその他の差が大きなものになっている。最も低い収入層において、上下世代ともに妻が比較的長い時間働きながら家計を支えている。

図８－６は継続的な妻の収入貢献として、30歳代の10年間にわたり継続して働いていた割合を、夫の収入分位ごとに提示したものである。上世代では30歳、39歳ともに明確なトレンドが見られず、夫収入との関係があまり強く見られない。どの分位でもおおむね２～

3割程度が継続して就業していた。裏を返せば、7割以上の人たちは夫の収入によらず仕事から離れていた時期がある。下世代では、曲線が右下がりとなっているため、夫収入が低いほどその妻は常に働いていた傾向にある。

この妻の継続就業率は同じ夫婦であれば30歳と39歳で同じ値をとる。そのため、マーカーとしての役割を持たせることができ、9年間で各夫婦がどの分位からどの分位へ移動したかの大まかな傾向を知ることもできる。たとえば、30歳と39歳で図が同じようなプロットを描いていれば、両時点で同じ人が同じ位置にいる傾向が強いことになる。上世代では中間層で若干の入れ替わりがあった様子がうかがえるが、下世代では、低い収入層で大きな変化が見られない[12]。下世代の低収入層では、夫の収入が相対的に低い状況のまま、妻が30歳代の家計を支え続けていたことになる。

また、下世代では30歳から39歳にかけてQ3の値が減少し、その一部がQ4に移動したこともうかがえる。Q4の継続就業者は正規雇用として働いている人が多い。Q4の継続就業率は上世代と10%ポイント以上の差がある。40歳代への移行と世代が下がることで、高収入の夫と正規雇用の妻の組み合わせも増加する傾向がみえる。

4　夫婦で家計を支え合う時代に

本章では、30歳代夫婦の収入がどのような状況にあったかを、就職した時期がおおむねバブル経済期前後であった世代（上世代）と主に就職氷河期にあたる世代（下世代）との比較を通してみてきた。妻が30歳の時点では、夫収入は就職氷河期世代のほうが低くなっていた。就職時の経済状況がその後の収入にも長い影響を与えていたことになる。一方で、バブル期前後に就職した上の世代も、リーマン・ショックの影響により30歳代後半から低中位層を中心として収入の伸びが著しく鈍化した。

このような夫収入の状況を受け、妻の収入は家計維持の面から両世代ともに大きな役割を果たしてきた。上の世代では、夫収入が伸び悩んだ中下位層において妻の再就業が30歳代半ばから進んでいた。下の世代では妻の就業とその収入により上の世代の収入水準に追いついた状況であったが、こちらも夫収入の低い層の妻が中心となって就業している。

加えて、子どもが比較的小さい頃から妻が長期的に家計を支え続けるようになった点は、終始、景気の低迷期を過ごしてきた下世代でみられるようになった特徴である。

妻の就業行動は依然として夫収入の多寡と強い関係にある。そして、その夫収入は年齢を軸にしても、世代を軸にしても伸び悩みという状況が続いている。今回の結果は、長引く経済低迷がいわば外圧のように働き、30歳代有配偶女性の就業率を押し上げてきた側面があることを物語っている。

そして社会全体では男女平等に向かった平成期においても、夫の収入が主で妻の収入が副とする家計の分業体制については、経済の低迷により依然として残されたままになった。本章では取り扱わなかったが、妻が抱く生活への満足度や幸福感といった意識面からみても夫収入が低い層ほど厳しい状態にある。子どもがいる女性が働くことは自己実現といった積極的な意味合いよりも半ば義務的な状況であり、この30年の間に家事や育児の家庭での夫婦の役割が大きく変化していないことを考えると、多くの女性にとっては家事も仕事もと負担だけが増えていった状況だったかもしれない。

また、妻の働き方が夫収入に依存した状況は変わっておらず、就業するしかないという観点からみれば、女性の高学歴化がいわゆる「女性活躍」にすぐには至らず、女性が学歴＝能力を高めても、経済停滞に押しつぶされた、あるいはそれを跳ね返すだけの就業等の環境が整っていなかったことにもなる。

この状況は「男女雇用機会均等法」が成立した頃に期待されていた女性就業の未来図とは大きく異なるかもしれない。今後の若い世代が男女ともに安心して就業できる環境にするためには、このような日本経済および高学歴化の過渡期にあった人々の状況と帰結をより深く知り、いっそうの法整備や意識の改善、そして柔軟な働き方を進めていく必要があるだろう。人々は直前の世代の状況をみながら希望や不安を感じ、行動を決めていくからである。

また、就業環境の改善により、今後は夫婦ともに高い収入を持つ層の増加も予想され、世帯収入の格差拡大も懸念される。共働き世帯とひと括りにすることなく、個別の状況を考慮した対応や施策が必要になってくる。

なお、今回の結果は、妻が30歳代を通して結婚していた夫婦を対象としていたことに改めて留意する必要がある。男女とも結婚をしない／できない理由として経済的な要因を挙げる人が多いことがさまざまな研究から示されている。夫婦ともに安心して働け、就業形態にかかわらず協働で安定した収入を得られる環境を整備することは、結婚をためらう人の経済面での不安を払拭させることにつながるであろう(13)。

【注】

（１）この区分は調査データから30歳代情報が通しで揃う人たちについて、その出生年をほぼ二分したものである。

（２）詳細に説明すると、30歳の時点ですでに結婚しており、その夫と30歳代の10年間、結婚生活が継続し年収についての回答が揃う人という条件になる。そのためたとえば31歳以降に結婚した人や、30歳代の間に離婚・再婚した人は含まれず、有配偶世帯全体の動向ではないことに留意されたい。

（３）ＪＰＳＣでは、自営業者の年収は「事業収入」という項目に記入する。収入から経費を除くかどうかの明確な指示はなく、判断は回答者に委ねられている。

（４）樋口・石井・佐藤（2018）では、リーマン・ショック期に世帯収入の低い家計で妻の再就業が進んだことを示している。

（５）分位関数と呼ばれる収入の経験累積分布関数の逆関数である。

（6）さらに個々の収入は経年で平均方向へと回帰する傾向も持っている。
（7）その年1年間に，妻の勤労収入があったかどうかで判断している。
（8）四分位を意味するQuartileの頭文字。
（9）たとえば，内閣府による「男女共同参画に関する世論調査」の調査結果では，2000年代以降，20代女性の性別役割分業に対しての支持が増え，専業主婦志向が強まったといわれる。
（10）比が3以上になったケースは値は3に置き換えて集計している。
（11）夫婦合算収入を基準にすれば，30歳では，Q4において高い収入比が出ている。夫収入の中間分位において夫婦二人で一定の収入を得ている層が多いことになる。ただし，このことは世代を問わずに当てはまる。
（12）夫の収入順位が大きく入れ替わらないことが前提にはなるが，実際にQ1とQ4間の移動は両世代とも多くない。
（13）夫婦という単位で収入を補い合うことがままならない，未婚シングルやひとり親世帯に対しても目を向ける必要がある。さらに周（2020）で示されたように，さまざまな理由から妻が働くことができない，低所得層の専業主婦の存在も忘れてはならない。より中立的な支出面からの施策，教育費を含めた子育て費用の負担感を減ずる施策も求められる。

【参考文献】

樋口美雄・石井加代子・佐藤一磨（2018）「リーマン・ショックは所得格差にどのような影響を与えたか」『格差社会と労働市場』慶應義塾大学出版会，103-124ページ。

――・太田清・家計経済研究所編（2004）『女性たちの平成不況』日本経済新聞社。

周燕飛（2020）『貧困専業主婦』新潮社。

第9章

日本における女性の「家計内交渉力」の変遷

小原美紀・阪本諒

1 何が妻の相対的地位を決めるのか

家族の行動は社会科学のあらゆる分野で研究対象とされている。経済学も例外ではない。経済学では、家族のメンバーが得た収入や持ち得る時間を、メンバーの存在を考えながら配分することに注目する。そこでは、配分する範囲となる家族の単位、すなわち生計をともにする単位は「家計」と呼ばれる。そして、家計がつながった家族、たとえば老齢の親の家計と成人した子の家計は合わせて「拡張家計」と呼ばれる。これら家計や拡張家計の行動をうまく説明できるモデルを構築し、どのような条件のもとでどのような行動がとられるかを現実に即して表現するのが、家族の経済学が目指すところである。

たとえば、夫が転職を考えたり、妻がパートの仕事を始めるかどうかを決めたりする場合、夫婦で相談をし、意見が異なれば議論して決めることが想定される。何か大きな物を購入する場合も同様である。このような相談、あるいは交渉の行方を左右するのが、夫と妻の交渉力のちがいである。経済学ではこれを家計内交渉力と呼ぶ。

日本で家計内交渉力はどのように変化してきたのだろうか。通常、家計内交渉力はそれぞれの稼得能力の相対的大きさによって決まると考えられているが、そのように捉えたとき、果たして夫婦間の交渉力のちがいはどのように推移しているのだろうか。『消費生活に関するパネル調査』（JPSC）を用いて、稼得能力に影響すると考えられる夫婦それぞれの収入の大きさ、学歴の高さなどに注目しながら、日本における夫婦間交渉力がどのように推移してきたのかを明らかにする、それが本章の目的である。

2　「家計内交渉力」をどう捉えるか

経済学での家計内交渉モデルは、Manser and Brown（1980）, McElroy and Horney（1981）など多数のモデル設定に始まり、さまざまなかたちで展開されて今に至っている。[1] いずれのモデルにおいても重要となるのが家計内交渉力である。夫婦が交渉をすれば、双方にとって納得できる結論に達しないこともある。そのような場合、すなわち夫婦間で交渉が決裂する場合、夫婦喧嘩または離婚につながるかもしれない。このことは同時に、仮に交渉が決裂したとしても、喧嘩時・離婚時に得られる幸福度は担保されていることを指す。担保された利得が高い個人ほど、強気の交渉に出ることができそうだ。よって、家計内交渉力は、「交渉が決裂する際に受け取れる夫と妻それぞれの利得（便益）」で捉えられることが多い。

この家計内交渉力には、生計を立てる上での貢献度、稼得能力の差が影響すると考えられる。たとえば、夫婦の収入の差である。さまざまな収入の合計ではなく、勤労収入や労働時間の長さも考慮に入れた賃金で考えてもよいかもしれない。さらにいえば、収入や賃金に影響すると考えられる相対教育水準（どちらが教育水準が高いか）によって交渉力を測ることもできよう。教育水準は交渉時の収入を説明するだけでなく、将来あるいは生涯の稼得能力も説明し得る。離婚時の経済状況を良くすることができるという意味で交渉力を決定づける可能性が高い。

他国における近年の研究成果によれば、交渉が決裂する際に受け取れる夫と妻それぞれの利得には、法制度が影響することがわかっている。たとえば、離婚に配偶者の同意が必要かどうかといった法律や、離婚後の財産分与に係る制度が交渉に影響し得る。また、離婚時に夫婦の財産を分ける際、名義に従って分けるか、平等に分けるかによって、離婚後の夫婦の便益は異なり得る。女性が男性と同様の相続権を有するかどうかも同様である。このように、財産権や相続権の制度は交渉力に影響を与え得る。

結婚市場の状況も交渉決裂時の利得に影響しそうである。たとえば、離婚した個人が結婚市場で再び配偶者を探す場合、結婚市場における男性の比率が高ければ、女性にとっては出会いが多い。つまり再婚相手を見つけるコスト（資金だけでなく時間も含む費用）が男性に比べて低い。このことは現在結婚している女性（妻）に対して、夫との結婚生活における交渉力を引き上げる。

夫婦を取り巻く環境や社会状況、社会通念、慣例も交渉力に影響するかもしれない。「男（女）は○○すべき」といった社会通念や規範は、家計内でも男性あるいは女性の交渉立場に影響すると考えられる。

3　日本の家計内交渉力を計測する

実際に日本の家計内交渉力を捉えてみよう。先の議論に基づけば、夫婦の収入や学歴の差が家計内交渉力を測る有力な指標となる。たとえば、夫の収入に対する妻の収入の高さや、夫の学歴に対する妻の学歴の高さである。

ＪＰＳＣは、同一の世帯について、世帯や世帯員に関する情報を多期間にわたって調査してきた。この調査は、夫と妻の家計内における相対的な地位、すなわち夫婦間取引やその背後にある交渉力を捉えるのに最適な情報を持っている。調査は１９９３年に24～34歳の女性を対象に開始されたが、若い世代を調査に追加しながら続けられた。このため、特に２０００年以降、最終調査の２０２１年までは、20～60歳代の女性とその世帯が広く捉えられている。

この調査を使って、日本の家計内交渉力を計測する。まず、年収から交渉力を把握する。ここでは、妻の年収が夫と同じか、夫よりも高い時に１、低いか等しい場合に０となる指標を作り、これを妻の交渉力が高い家計と定義する。図９－１は、このような世帯の割合を、妻の生まれ年によって１９６０年代、70年代、80年代生まれに分けながら、２０００年から２０２０年の各年について計算した結果である。(2) 数値が０・１より小さいことは、妻の年収が夫よりも高いか同じである家計が10％に満たないことを示す。つまり、日本では多くの家計で妻のほうが夫より年収が低い。

しかしながら、経年変化を見てみると、この割合は特に２０１０年代に増加していることがわかる。先の結果と合わせると、相対年収で見た日本の妻の交渉力は低いが、２０１０年代を通じて少しずつ上昇してきたといえる。

２０１０年代には女性の雇用を促す政策が多く行われてきた。それらの政策が女性を非就業から就業へ、あるいは就業継続へ向かわせ、彼女たちの家計内での交渉力を高めたのかもしれない。

ここで見た妻の相対年収について、二点補足したい。第一に、図９－１では生まれ年（世代）別に見ても大きな差が確認されない。若い世代で交渉力が低い年もある。近年の共働き夫婦の増加や女性全般の就業率の上昇を考えると、若い世代で相対年収が高まっていないことは直観に反するかもしれない。

この指標の解釈には注意が必要である。たとえば２０２０年における１９８０〜84年生まれは30歳代半ばから後半にあたり、１９５９〜69年生まれはほぼ50歳代にあたる。よく知られているとおり、女性の就労選択は家族のライフステージ（年齢）に依存し、本人または世帯員の年齢で異なる。30歳代半ばから後半に一時的に非就労や労働時間を抑制する状態となる可能性が高いことを考えると、このようなライフステージ効果によって、われわれの標本で見ると、若い世代の相対年収が一時的に低いように見せかけられている可能性がある。

第二に、図９－１の指標は交渉力の程度（交渉力の差の大きさ）を表すものではない。ここでは示していないが、収入額そのものの相対比率を計測して、夫に比べて妻の収入額がどれぐらい高まったか（程度の変化分）を見ると、より大きな上昇が見られる。２０００年代前半は働いていない妻も多く、彼女たちが働き始めると収入がゼロから正の値へ大きく上昇するため、夫の収入額に対する妻の収入額の比が大きく高まるからであろう。

一方、図９－１の指標では、たとえ働き始めたとしても夫の収入より妻の収入が低ければ「妻の交渉力は低い」と定義されるため、指標は小さな値に留まりやすい。それにもかかわらず、図９－１で、妻の交渉力指標が上昇していることは、２０００年以降の女性の交渉力の程度の高まりを強調するものである。

図9－1　妻の交渉力指標（1）相対年収による「妻の交渉力が高い家計」の割合

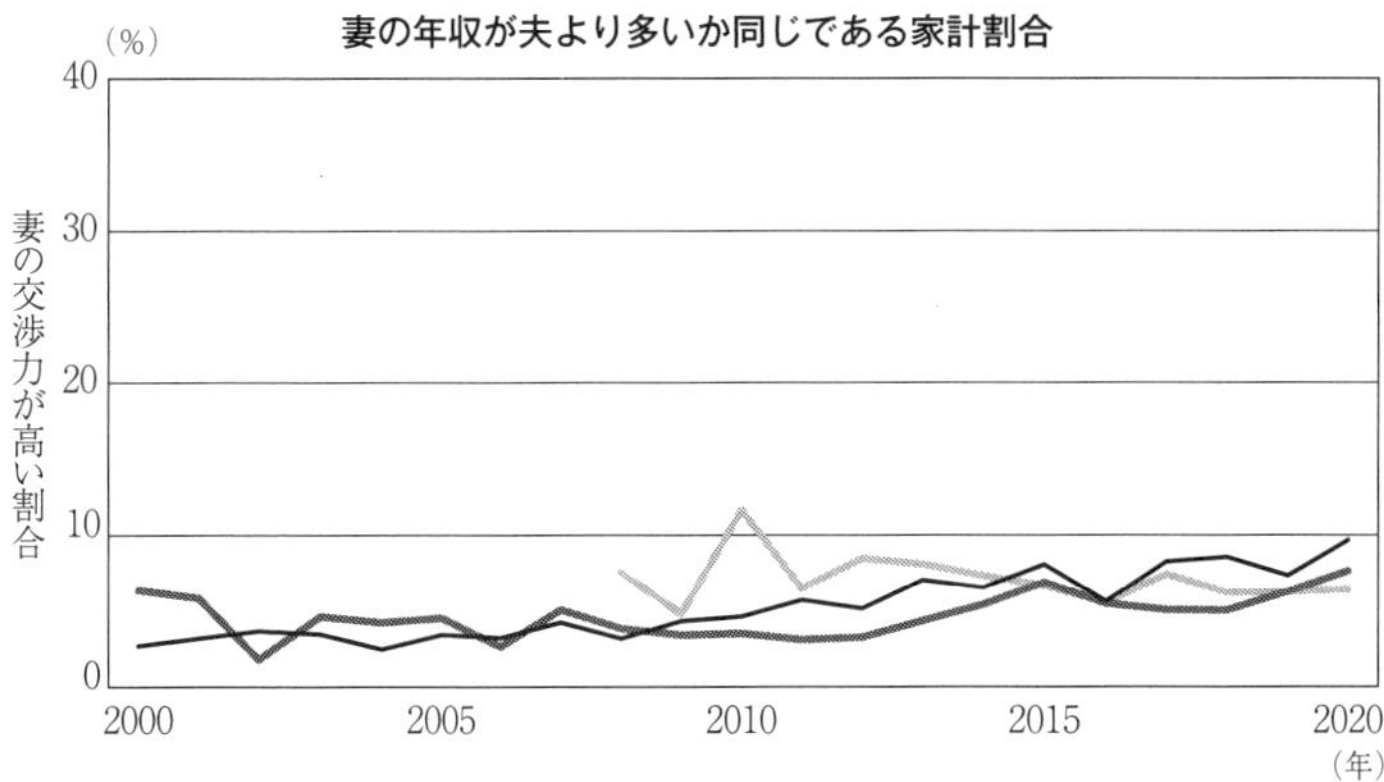

（注）『消費生活に関するパネル調査』を用いて、妻の年収が夫と同じかそれ以上ならば「妻の交渉力が高い」と定義し、妻の生まれ年に応じて各年でのその割合を計算したもの。

次に相対教育年数で交渉力を見てみよう。ＪＰＳＣでは、夫婦それぞれの「最高学歴」がわかる。これは学位取得者に中退者を含まないものである。

まず、この最高学歴を教育年数に変換する。実際に学校に通った年数との乖離はあるかもしれないが、計算を簡便にするために、中卒ならば９年、高卒ならば12年、専門学校卒、高専卒、短大卒ならば14年、大学ならば16年、大学院卒ならば18年とする。この教育年数が夫と妻で同じか、あるいは夫よりも妻のほうが長い場合に「妻の交渉力が高い」と定義する。

この「妻の教育年数が夫と同じか、夫よりも長い家計の割合」を計算すると、２０００年は61・42％であったが、２０１０年には65・05％、２０２０年には66・06％と高まっていることがわかる。図9－2は、これを世代別に示したものである。これによれば、相対教育年数で見た妻の交渉力は、若い世代ほど高くなっている。たとえば２０２０年を見ると、１９６０年代生まれは57・99％、70年代生まれは69・10％であるのに対して、80年代前半生まれで70・03％に達する。

この指標についてはいくつかの注意が必要である。第一に、この指標は教育年数に基づいたものであり、最終学歴の学校の偏差値や難易度、専門性を捉えているわけではない。一般的に抱かれる学歴に対するイメージはこれら学校の属性と関連するので、相対教育年数が示すものとは異なる可能性がある。

また、家計内での相対指標は社会全体での絶対指標とは異なる。教育年数の短い女性は（社会全体で見た絶対水準では）交渉力が低そうに思われるが、家計内での相対年数が短いとは限らない。「相対的な地位」は、誰と結婚するかという結婚マッチングの結果である。たとえば、高卒女性が大卒男性と結婚すれば相対的地位（すなわち交渉力）はわれわれの指標では低いとされるが、高卒女性が高卒男性と結婚すれば交渉力は高くなる。交渉力指標は家計内の相対的地位を表し、社会における絶対的地位を表すわけではない。

第二に、相対教育年数で見た「妻の交渉力が高い家計」が65％に及ぶことについて、そんなに高いのかと驚かれるかもしれない。ここでは、妻の教育年数が夫と同じか、夫よりも長い場合を妻の交渉力が高いとしている。すなわち、中卒同士の夫婦の場合、妻の教育年数は夫のそ

図9－2　妻の交渉力指標（2）相対教育年数による「妻の交渉力が高い家計」の割合

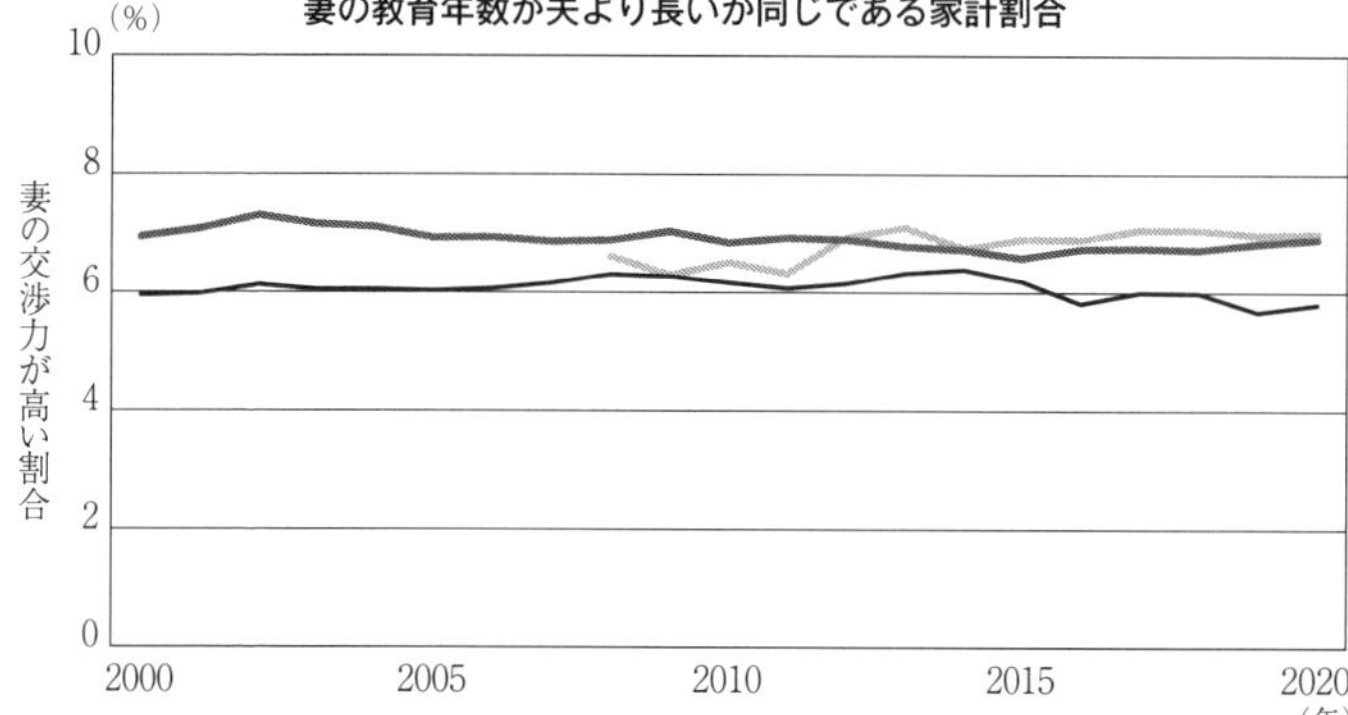

（注）『消費生活に関するパネル調査』を用いて、「最高学歴」から教育年数を計算し、妻の教育年数が夫のそれと同じかそれ以上ならば「妻の交渉力が高い」と定義し、妻の生まれ年に応じて各年でのその割合を計算したもの。実際の教育年数はわからないが計算を簡便にするため、最終学歴が中卒の場合は9年、高卒は12年、高専卒、短大卒、専門学校卒は14年、大卒は16年、大学院卒は18年として計算した。よって、たとえば仮に夫が高専卒で妻が専門学校卒の場合にも「妻の交渉力が高い」家計と識別される。

れと同じなので、妻の交渉力は高いと定義される。高卒同士、専門学校卒同士、大卒同士も同じである。

また、学歴を教育年数に換算して相対指標を定義したことも、数値を高く感じさせるかもしれない。専門学校卒と短大卒のどちらの学歴が高いか（同じか）は結論できないが、教育年数は夫婦で同じであり、ここでの定義によれば、少なくとも妻は夫と同じ教育年数を修業していて、妻の交渉力は高いと判断される。ここで注目すべきは、水準の高さよりも、若い世代ほど妻の交渉力指標が上昇しているという変化である。相対収入で見たのと同じように、家計内での妻の交渉力は高まっているといえる。

ところで、相対年収や相対教育年数以外にも交渉力指標は考えられる。ＪＰＳＣは、「家計収支」や「妻の就労」について、「夫婦でどのように決めているか」を直接尋ねている。回答のうち、「夫が決めた」「二人で相談してほぼ夫の意見が通った」を選んだ家計を、夫の交渉力が高いと考えよう。厳密にいえば、これらは交渉力の高さそのものではなく、夫が決定したという交渉結果だけを示している。結果をもたらした可能性の一つに交渉力の高さがあるにすぎない。そうではあるが、夫の交渉力の高さに関連する指標と考えられよう。[3]

図９－３に、家計支出（②）や妻の就労（③）に関する決定権で見た「夫の交渉力が高い家計」の割合を示している。この図には、図９－１で紹介した「相対年収に基づく妻の交渉力が高い家計と低い家計」の別に、②③に当てはまる家計の割合が示されている。相対年収による交渉力と同じ示唆を持つことを確認するためである。

②③を吟味する前に、図９－２で見た相対教育年数による交渉力の指標を図３①で確認しよう。これによれば、妻の相対年収の高いグループで、妻の相対教育年数が夫と同じか夫より長い家計が多い。両指標の示唆は一致しているといえる。

次に②③を見ると、僅差ではあるが、相対年収に基づく妻の交渉力が低い（高い）家計で、夫が家計収支や妻の就労の決定権を持つ（持たない）、すなわち、夫の交渉力が高い（低い）ことがわかる。交渉力指標として相対年収を使う場合と、家計収支や妻の就労決定において夫が決定権を持つかどうかを使う場合で、交渉力の高さに関する示唆は一致している。[4]

図9－3　妻の交渉力指標（3）その他の交渉力指標

①～④に当てはまる家計の割合（×100%）

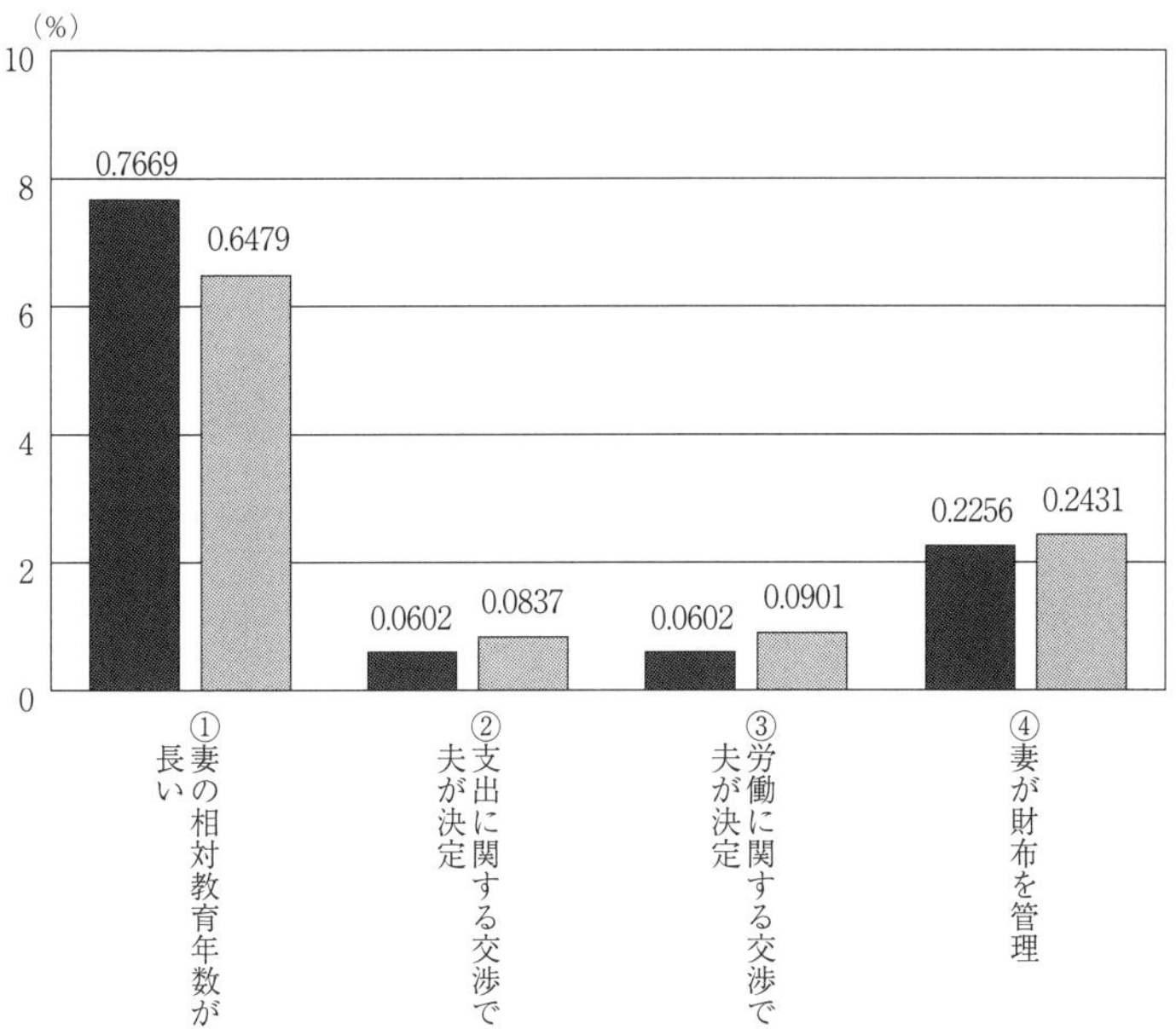

（注）図9-1で定義した「相対年収による妻の交渉力の高さ」別に、さまざまな妻の交渉力指標の値を比較したもの。②③については2019年と2020年の調査でのみ尋ねられているため、この2年に限定して割合を計算した。定義は以下の通り。①「妻の教育年数が夫と同じか長い」は、回答された夫婦それぞれの最高学歴を教育年数に換算し、妻の教育年数が夫と同じか、夫よりも長い家計、②「支出に関する交渉で夫が決定権」は、夫婦での家計収支に関する意思決定について、③「就労に関する交渉で夫が決定権」は妻の就労について、「夫が決めた」か「二人で相談してほぼ夫の意見が通った」と回答した家計、④「妻が財布管理」は、（妻の収入にかかわらず）夫が自分の収入をすべて妻に渡している家計を表す。

図９－３には、もう一つ興味深い指標を掲載している。ＪＰＳＣは、家計収入を誰が管理しているかについても詳細に尋ねている。夫婦それぞれが得た収入を別々に管理するとか、いったん全収入を合わせた後に妻（夫）が配偶者に渡すといった具合である。この「財布管理」について、夫が自分の全収入を妻に渡している場合、すなわち、妻が夫婦の財布を管理している場合を、収入の使い途を妻がコントロールできる家計、よって妻の交渉力が高い家計と考えて、そのような家計の割合を計算してみた。

結果は図９－３④のとおりである。ほぼ差はないが、妻の相対年収が低いグループで、妻が財布管理をより行っていることが示される。交渉力に関する示唆が一致しない。ここで財布管理は本当に妻の交渉力の高さを表しているのか、という疑問が湧く。

実はこの指標は交渉力を表していないのかもしれない。夫と妻が別々に管理していることが、妻の交渉力が高いことを表すのかもしれない。言い換えれば、定義の仕方に問題があるかもしれない（どう定義すれば妻の交渉力の高さを表すのかは明らかではない）。

また、専業主婦が家事の一つとして家の家計管理を委ねられているならば、財布管理は性別による役割分担を表すものであり、交渉力の高さとは必ずしも関係があるとはいえない（役割分担が妻の望むものであるかはわからない）。

さらにいえば、妻の財布管理が夫の交渉力の高さを表す可能性さえもある。たとえば、夫が妻に財布を管理するように指示をしていれば、夫が収入を支配し妻はそれに従っているだけであり、妻の財布管理はむしろ夫の交渉力の高さを表すだろう。最初の考え方とはまったく逆を示す指標となってしまう。

最後の指標が何を指すかは今後議論が必要であるとして、他の指標で見れば、おおむね相対稼得能力で捉えた交渉力の指標と同じ示唆を持つといえる。より重要な点として、相対年収の指標や、相対教育年数の指標に基づけば、日本家計における妻の相対地位は２０００年以降、高まってきているといえる。

4　女性の家計内交渉力が高いと何が変わるのか

それでは妻の交渉力の高まりは、家計行動にどのような影響を与えるのだろうか。たとえ家計内交渉力をデータで捉えられたとしても、それが家計行動に与える影響をデータ分析することは簡単ではない。交渉力と同時に動く家計内あるいは家計全体の行動は数多く存在し、何が原因で何が結果かを識別することが難しいからだ。ここでは、因果効果に関する結論については今後の分析結果を待つとして、交渉力と家計厚生の関係を示唆する統計データを整理したい。

図９－４は、相対年収に基づき交渉力が高いとされる妻と低いとされる妻で、消費パターンや時間配分、健康状態、満足度が異なるかを見ている。

図によると、交渉力が高い妻ほど自分の支出割合（調査前月に自分のために使った支出金額の、家計全体の支出総額に対する割合①）が高く、自分の余暇時間（平日一日のうち仕事と通勤、家事に使った時間を除いた時間③）が短く、自分の余暇時間の夫の余暇時間に対する比率（妻の余暇時間／夫の余暇時間④）が短いことがわかる。他の指標、たとえば妻の健康状態（⑤）や妻の生活満足度（⑥）についての差は小さい。

図には示していないが、統計的な有意差も確認されない。言い換えれば、日本では妻の交渉力が高いからといって彼女の健康状態や満足度が高いわけではない。

なぜそうなるのか。厳密な分析が必要ではあるが、図９－４に示した結果から考えられる可能性の一つを挙げておきたい。

まず、①に示したとおり、妻の交渉力が高くなると本人の支出割合が高くなる。交渉力が高くなれば自分に回すお金が増える――予想どおりの結果だろう。自分のためにお金を使うことで本人の満足度は上がるにちがいない。

一方で、妻の交渉力が高い場合に、彼女の余暇時間や、夫と比べた余暇時間は短くなっている（③④）。これは決して当たり前ではない。余暇時間の長さは支出額の多さと同様に人々の満足度を高めるものであり、交渉力が高くなった時に増加してもおかしくない。

妻の交渉力が高い家計は、妻が外で働いている家計に多いが、仮に彼女が外で働く時間が長い場合に、家事時間が短くならないのであれば、一日のうち仕事や家事の時間を差し引いた残りの時間である余暇時間は短くなってしまう。

図9－4　妻の交渉力が高くなると経済厚生は高くなるか？

交渉力の高い家計と低い家計で①～⑥の数値を比較

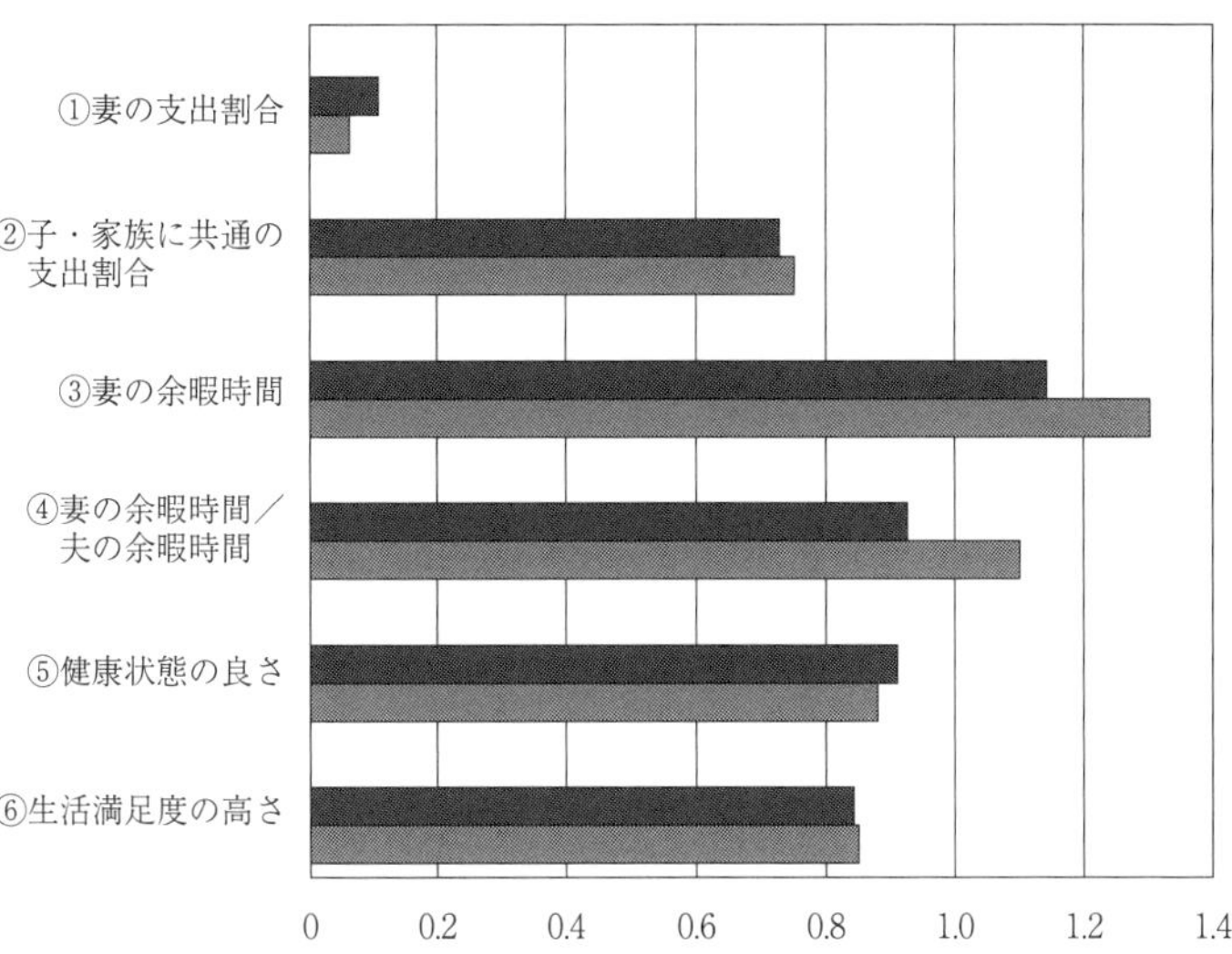

（注）　妻の交渉力が高い家計と低い家計の別に、①～⑥に示す経済厚生を表す指標の平均値を示している（2000年から2020年までの『消費生活に関するパネル調査』を使用）。ここで、①「妻の消費支出割合」は家計全体の月間支出のうち妻自身の支出がどれだけを占めるか（単位は×100%）、②「子・家族に共通の消費支出割合」は家計全体の月間支出のうち子どもや家族全員のための支出がどれだけを占めるか（単位は×100%）、③「妻の余暇時間」は妻の平日のうち仕事時間と家事時間を除いた残りの時間（単位は×10時間）、④「妻の余暇時間／夫の余暇時間」は妻の余暇時間が夫のそれの何倍か、⑤「健康状態の良さ」は妻が答えた自分の健康状態の良さ（5段階評価、1が非常に不満、5が非常に良い）について、3（ふつう）以上を1とし、2以下を0とする指標、⑥「生活満足度の高さ」は妻が答えた生活全般への満足度（5段階評価、1が非常に不満、5が非常に満足）について、3（どちらともいえない）以上を1とし、2以下を0とする指標である。なお、グループ間での平均の差を検定すると、⑥生活満足度以外において1%の有意水準で差が存在することが示される（ただし、家計の見えない特徴が経済厚生の差に与える影響を固定効果モデルの推定により取り除くと、②共通支出割合、⑤健康状態についても統計的な有意差は確認されないことには注意が必要）。

日本の家計では、妻の夫に対する相対所得が高く、ゆえに彼女の交渉力が高い場合でも彼女の家事が短くならないことで余暇時間が短くなるのかもしれない。余暇時間が短いことは健康状態の悪化や満足度の低下につながり得る。何らかの理由で有配偶女性に家事制約が課されることが、彼女らの厚生を下げる原因になっている可能性がある。

この結果は、海外の先行研究が示す結果と一致しない。海外の先行研究では、家庭内で妻の交渉力が高くなると女性の家事労働時間が短くなる（余暇時間が長くなる）ことや、本人の消費支出や子ども向けの消費支出、子どもだけでなく家族全員のための支出（たとえば食費）が増えること、これらによって子どもや世帯員の健康状態や教育水準の向上が見られることなどが示されている。

なぜ日本では異なる結果になるのか。そもそも、日本における妻の家計内交渉力の上昇は家計の意思決定のうち何を変え、家計厚生をどのように変化させているのか。妻の交渉力が高まる中で政策はどのような影響を与えてきたのか。そして、家計厚生を高めるためにはどのような政策が求められているのか。家計経済モデルを基にした統計分析によって、これらの疑問に答えることが重要だろう。

5　妻の家計内交渉力向上は妻の消費の増加につながる

経済学で使われる「家計内交渉力」は、夫婦が何かの決断をする場合の交渉を左右するものとして、夫婦それぞれの稼得能力を捉える相対収入や相対教育年数などの指標で測られることが多い。ここでは、日本について夫婦それぞれの情報が長期間わかるデータを用いてこれらを計算し、日本における家計内交渉力の変遷を明らかにしてきた。

分析の結果、２０００年以降、妻の家計内交渉力が高まっていることがわかった。そして、このような変化は妻自身の消費を増加させることがわかった。一方で、このような交渉力の高まりは、妻の余暇時間を減少させていることがわかった。背後にある可能性の一つとして、有配偶女性の就業率が高まっているにもかかわらず家事時間が減っていないこと、すなわち、有配偶女性に対して、彼女が市場労働をするかどうかや長時間働くかどうかにかかわらず、彼女に家事制約が課されていることが指摘された。

近年は特に、正規労働者として働く有配偶女性が増えている。何らかの理由により有配偶女性が（家の外で長く働いているとしても）家事を減らさない、あるいは（減らすことができない）ことにより、彼女らの家計内交渉力が高まっても、健康状態や満足度の上昇にはつながっていない可能性がある。

社会が変われば個人の考え方も変わる、個人の考え方が変われば家計の行動が変わる、家計の行動が変われば家計厚生も変わる――と思われている。しかしながら、そうならない社会や時代もある。変化を阻む要因があるのだろう。そのような場合には、政策を行っても良い変化につながらない可能性がある。変化を妨げる要因や、逆に変化を促す要因を解明し、家計厚生を高める環境や政策を明らかにする必要がある。政策のあり方を議論するためにも、家計内交渉力を明示的に取り入れた家計行動の分析が必要とされている。

【注】

＊　本研究はＪＳＰＳ科研費22K01517の助成を受けている。

（1）　近年ではたとえば、Chiappori（1988, 1992）によるコレクティブモデルが多く使われている。

（2）　税金を取り除いた可処分所得や、勤労世帯の手取月収で見ても傾向は大きく変わらない。

（3）　実際、この交渉結果の変数が何を指すのかは十分に議論が必要である。妻の交渉力が高いからこそ自身の消費以外（家計収支）の決定は夫に任せているのかもしれないし、妻の交渉力が低いことが明白であれば、そもそも相談さえしないかもしれない。相談しなければ夫が決めることもない。なお、家計収支や妻の就労の決定権については２０１９年と20年でしか尋ねられていないため、この2年に限定して図９－３を作成した。

（4）　ただし、統計的に有意な差ではない。

【参考文献】

Chiappori, P. A.（1988）“ Rational household labor supply,” *Econometrica: Journal of the Econometric Society*：63－90.

———（1992）“ Collective labor supply and welfare,”*Journal of political Economy* 100（3）：437－467.

Manser, M., and Brown, M.（1980）“ Marriage and household decision-making: A bargaining analysis,”*International economic review*：31－44.

McElroy, M. B., and Horney, M. J.（1981）“Nash-bargained household decisions: Toward a generalization of the theory of demand,” *International economic review*：333－349.

第10章

日本の家計は本当に貯蓄しなくなったのか

小原美紀・チャールズ・ユウジ・ホリオカ

1　今日の日本の家計貯蓄率の実態と動向をみる

冬になって、穀物が雨にぬれたので、アリがかわかしていますと、おなかのすいたセミが来て、食べ物をもらいたいと言いました。「あなたは、では、なぜ夏のあいだに、たべものをあつめておかなかったのです。」「ひまがなかったのです。歌ばかりうたっていましたから。」と、セミは答えました。するとアリは、笑っていいました。「夏のあいだうたったなら、冬のあいだ踊りなさい。」あとで悲しんだり、危険にあったりしないためには、すべてのことに気をつけていなければなりません。

（『イソップのお話』イソップ著、河野与一訳）

将来に備えてお金を貯めようとする人は多いだろう。予備的貯蓄である。貯蓄をすれば、将来、予期しなかった出来事が起きても、生活することができる。消費が大きく落ち込むことを防ぐことができる。もちろん貯蓄をするのは不時の出来事に備えるためだけではない。必ずやってくる冬まで生き続けることがわかっていれば、そして冬に食料がなくなることがわかっていれば、計画的に貯める動機が生まれる。計画貯蓄である。たとえば家や車を買うため、子供の教育のためなどその理由はさまざまである。貯蓄目的はこれらだけではない。突然の環境変化で支出したくてもできなかった場合には収入の残りが貯蓄として積まれるだろう。

お金を貯めるという行動はどのような家計で顕著に表れるのだろうか。その行動はどのように変化しているのだろうか。この章では『消費生活に関するパネル調査』（ＪＰＳＣ）からの長期にわたるデータを眺めながら、日本の有配偶世帯の家計貯蓄率の実態と動向についてみてみたい。

同じ調査からのデータを用いて日本人の貯蓄・借入行動について検証した例は、小原・ホリオカ（1999）、Horioka, Murakami, and Kohara（2002）、ホリオカ・村上・小原（2004）、Kohara and Horioka（2006）、江口（2021）をはじめ、いくつかあるが、この調査からの長期にわたるデータを用いて網羅的な検証を行った例はほとんどない。特に、コロナ感染症拡大期を含む直近２０２０年までの貯蓄率を追跡した日本の研究はわれわれが知る限り存在しない。

2　日本の家計貯蓄率は本当に低下の一途をたどっているのか

ＪＰＳＣは「貯蓄行動」について詳しく尋ねている。毎年の貯蓄額（フローの貯蓄）や積み上げられた資産額（ストックの貯蓄）、それらの中身はもちろん、日常的な貯蓄意思や目標、予定についても尋ねている。これらの情報を使えば、家計の貯蓄行動を明らかにすることができる。

図10－1は、２０００年以降の有配偶世帯の家計貯蓄率を描いたものである。妻の年齢に関する情報から、１９６０年代、70年代、80年代生まれのグループに区切り、各年の月間貯蓄率（月あたり貯蓄額／月あたり世帯収入額）の中央値を示している。

図10－1によれば、月あたり貯蓄率は２００１年から２０１０年代半ばにかけて低下し、その後同水準に留まるか、若干の上昇傾向を見せ、２０２０年に大きく上昇している。

この貯蓄率は、変化で見れば、国民経済計算ベースで報告される家計貯蓄率（２０２１年内閣府『国民経済計算（GDP統計）』）と類似した動きを示しており、ここで使用する調査標本は定年前の有配偶世帯に限定されているものの、この標本での行動変化によって日本全体の家計貯蓄率の動向をうまく説明できることはこの調査の信頼性の高さを物語っている。

妻が１９６０年代に生まれた家計の場合、つまり、この調査の最年長世代において貯蓄率の

図10－1　2000年以降の月あたり家計貯蓄率

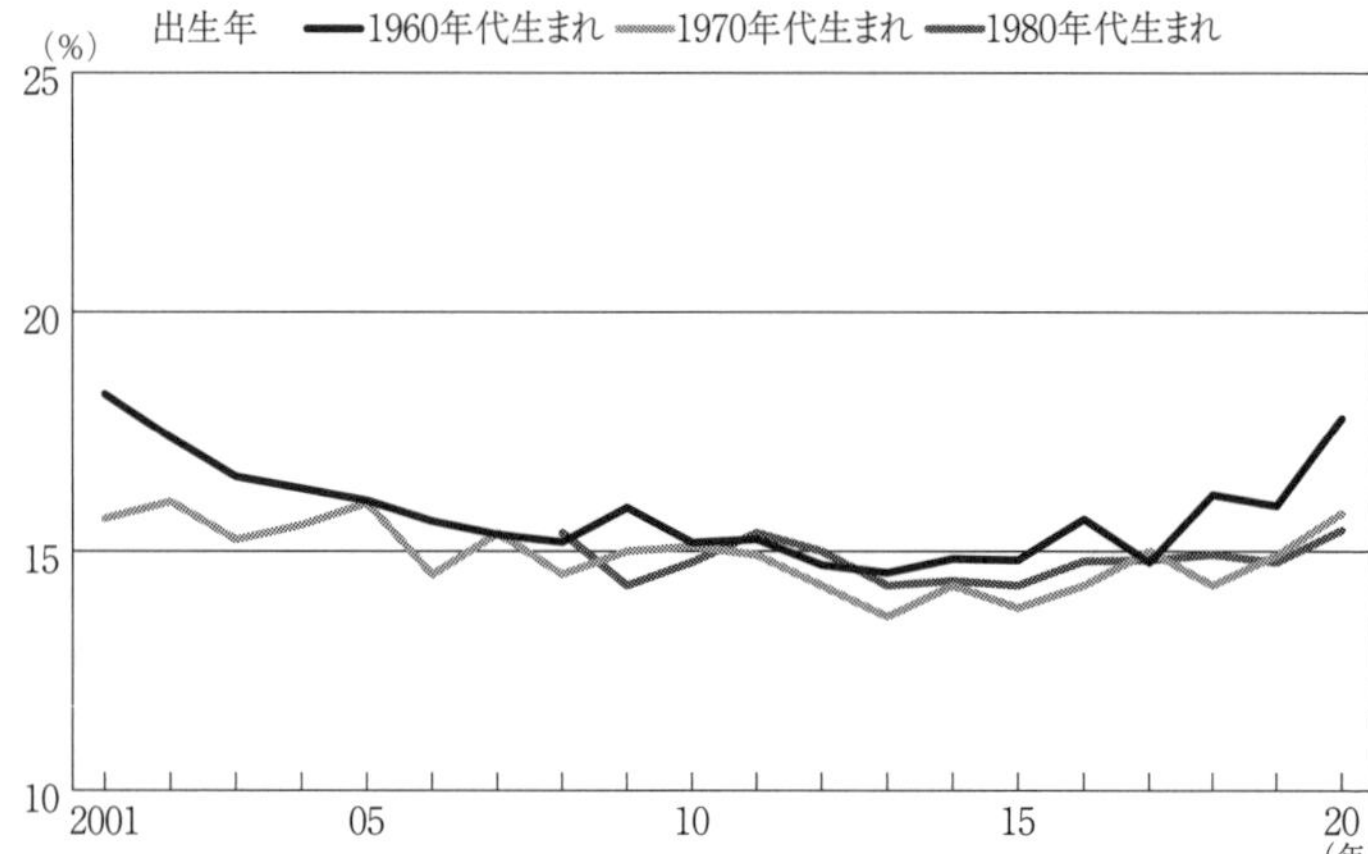

（注）　妻の生まれ年に応じて1960年代生まれ、70年代生まれ、80年代生まれに区切り、年ごとに月間貯蓄率（月あたり貯蓄額／月あたり世帯収入額）の中央値を計算したもの。

動向が最も顕著だが、その他の世代でも同様の動きがみられる。世代の差は年によって多少異なるが、おおむね若い世代で家計貯蓄率が低いようである。

２０００年代および２０１０年代には、２００８年の金融ショックや２０１１年の東日本大震災など家計を取り巻く環境や経済状況に大きな変化があった。２０１０年前後に貯蓄率が低下したことにはこれらの出来事が影響していると予想されよう。また、２０２０年にはコロナ感染症によるパンデミックを経験した。特にパンデミック初期では、消費機会が減り貯蓄が増加したと予想される。

興味深いのは、２０００年以降、貯蓄率が低下の一途をたどっているわけではないことである。かつて日本の家計貯蓄率が世界的に高い水準であったことを考えると、低下に注目が集まるが、実際には2000年代以降の有配偶世帯で見れば、家計貯蓄率は下げ止まっている。その様子はどの世代でも変わらない。

ここで、少し細かいが、以上の結果を導く際に用いた家計貯蓄率の定義について説明しておきたい。どの質問への回答を使って家計貯蓄率を計算するかや、どのように尋ねられた質問への回答を用いて計算するかは、統計データから家計の貯蓄行動の実態をつかむときだけでなく、そこから政策的含意を導き出すときにも重要である。完璧な統計データは存在しないので、統計値の意味を把握するためにも定義の確認は必要だろう。

JPSCでは貯蓄に関するさまざまな情報が得られる。たとえば、世帯全体で月あたりいくらの収入があり、そのうちいくらを支出と借入（ローン）返済に使い、いくらを貯蓄に回したかがわかる。先に見た図10－1は、これを用いて、「世帯全体の月間収入額」に対する「貯蓄額」を求め、「月あたり貯蓄率」を示している。

月間貯蓄率に注目することの欠点は、ボーナス時などに大きな買い物をする行動を捉えられないことだろう。ただし、特別な収入は毎月の収入と強い相関を持つことや、特別な収入に対する支出行動と定期的な収入に対するそれが大きく変わらないことを考えれば、毎月の支出から貯蓄行動全体を捉えられる。特に、われわれが注目するのは「貯蓄率」であって「貯蓄額」ではない。すなわち注目しているのは、収入のうちいくらを使わないでおくかの決定である。日常的な家計の貯蓄行動、つまり貯蓄性向を見るものとして「月間貯蓄率」に注目していると理解してほしい。

3　女性のライフサイクルでみる家計貯蓄率

ＪＰＳＣの長所は、同一世帯を長期にわたって追跡していることである。この調査を使えば、同一世帯についての過去の調査回答を振り返ることで、何歳のときに貯蓄率はどれぐらいであったかがわかる。

図10－2は、妻の各年齢における月間貯蓄率の中央値を世代別に示している。すなわち、個人のライフサイクルにおける貯蓄率の平均的な変化（年齢・貯蓄プロファイル）を図示したものである。標本が一定数確保できる30歳から60歳までを図示したが、１９７０年代生まれは50歳で、１９８０年代生まれは40歳までとなっているのは、分析対象最終年である２０２０年までに彼女たちが到達した年齢の上限がそれらの年齢だからである。

この図が示していることは、第一に、40歳代後半にかけて家計貯蓄率は下がっていき、それ以降増加に転じることである。60歳までしか描けないため、定年近辺（労働市場からの引退前後）の貯蓄の様子はわからないが、少なくとも50歳代半ばまでは家計貯蓄率は上昇傾向にある。第二に、この図は、少なくとも40歳までのほぼすべての年齢において、より若い世代ほど貯蓄率が低い様子を示している。この標本で最も遅い世代である１９８０年代生まれは40歳前まで

図10－2　女性のライフサイクル家計貯蓄率（月あたり）

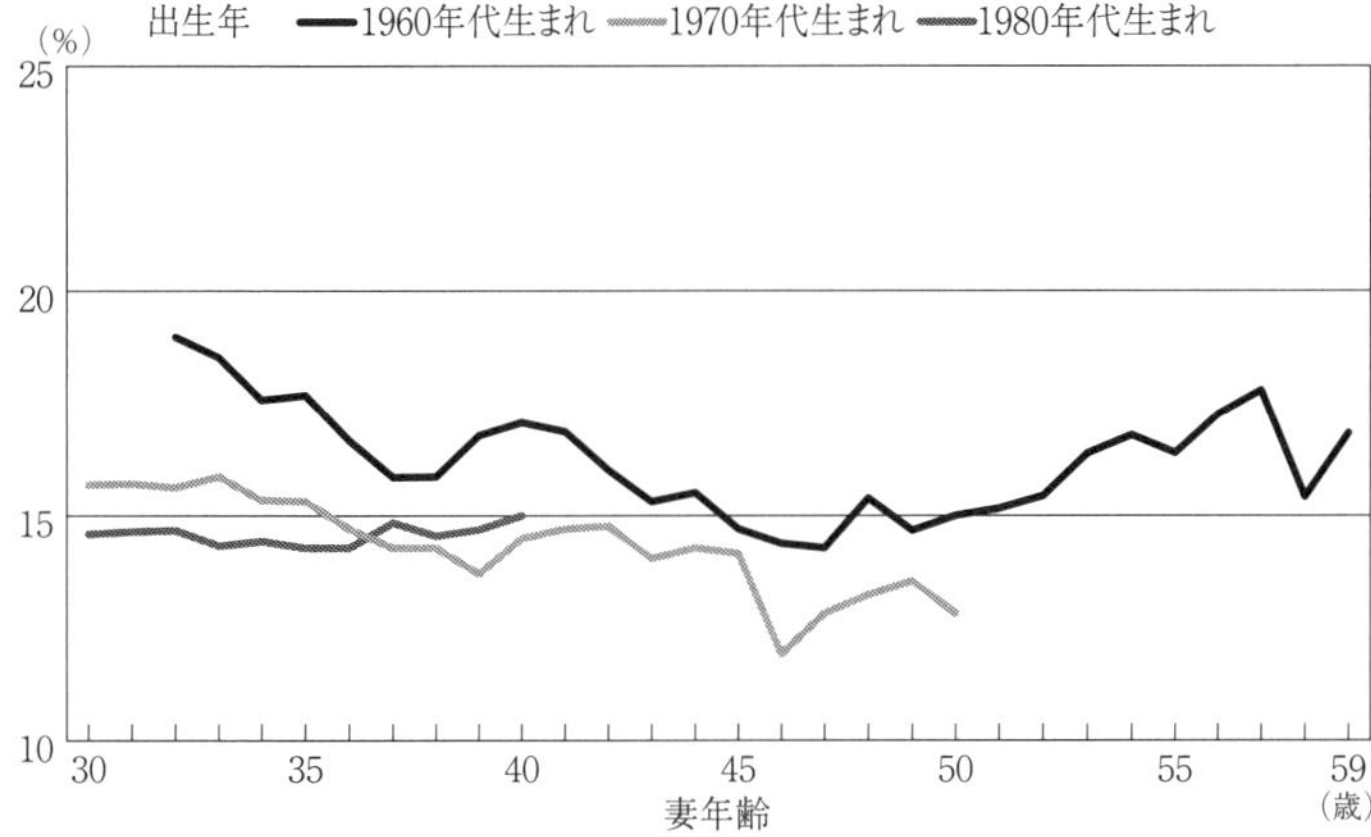

（注）　図10－1と同じ月間貯蓄率の中央値を、妻の1歳刻みの年齢ごとに計算したもの。妻の生まれ年に応じてグループを分けて計算している。

しか示されないため、ライフサイクル貯蓄を描くには不十分であるが、少なくとも、20歳代から30歳代前半の結婚初期時点ではより遅く生まれた世代で貯蓄率が低い。１９７０年代生まれは、１９６０年代生まれに追いつくことなく推移する。すなわち、遅く生まれた世代ほど貯蓄率は低い。

このように、ライフサイクルで見る貯蓄率の傾向は世代で大きく異ならないのに、貯蓄率の水準がより遅く生まれた世代ほど低いことは、各世代の貯蓄意識や貯蓄行動が年齢とともに変化しているのではなく、世代間でそれらが異なることを示唆している。社会全体で高齢化率が高まると、高齢者は貯蓄を取り崩して消費を賄う傾向があるため、家計貯蓄率の水準は低くなるが、引退前世代の貯蓄率が世代とともに低下していることも家計部門全体の貯蓄率水準の低下につながっているようである。

4　貯蓄目的は変わってきているのか

ところで、貯蓄目的は変わってきているのだろうか。

図10－3は、貯蓄をしている世帯について、何のために貯蓄をしているかを尋ねた回答を、大きく四つにまとめたものである。

調査では、「あなた方ご夫婦はどのような目的で貯蓄なさっていますか。以下にあげてある目的のために貯蓄をしている場合は「あり」に○、していない場合は「なし」に○をつけてください。」という質問があり、（a）夫婦の老後の生活に備えるため、（b）病気、災害、その他不時の出費に備えるため、（c）子供の教育費に、（d）子供の結婚資金に、（e）マイホーム（土地を含む）の取得（建て替え、空き替えを含む）のため、（f）耐久消費財の購入資金に、（g）レジャー資金に、（h）独立自営のための資金に、（i）特に目的はないが貯蓄をしていれば安心だから、（j）遺産として残すため、（k）その他の項目が挙げられている。

上記のうち、（a）を老後貯蓄、（b）を予備的貯蓄、（i）を安心のための貯蓄、これら以外を計画貯蓄と呼ぼう。図10－3に各目的のための貯蓄を持つ家計の比率を示した。これによると、予備的貯蓄と安心のための貯蓄は、2000年代および2010年代を通じてほぼ変わら

図10－3　何のために貯蓄をするのか

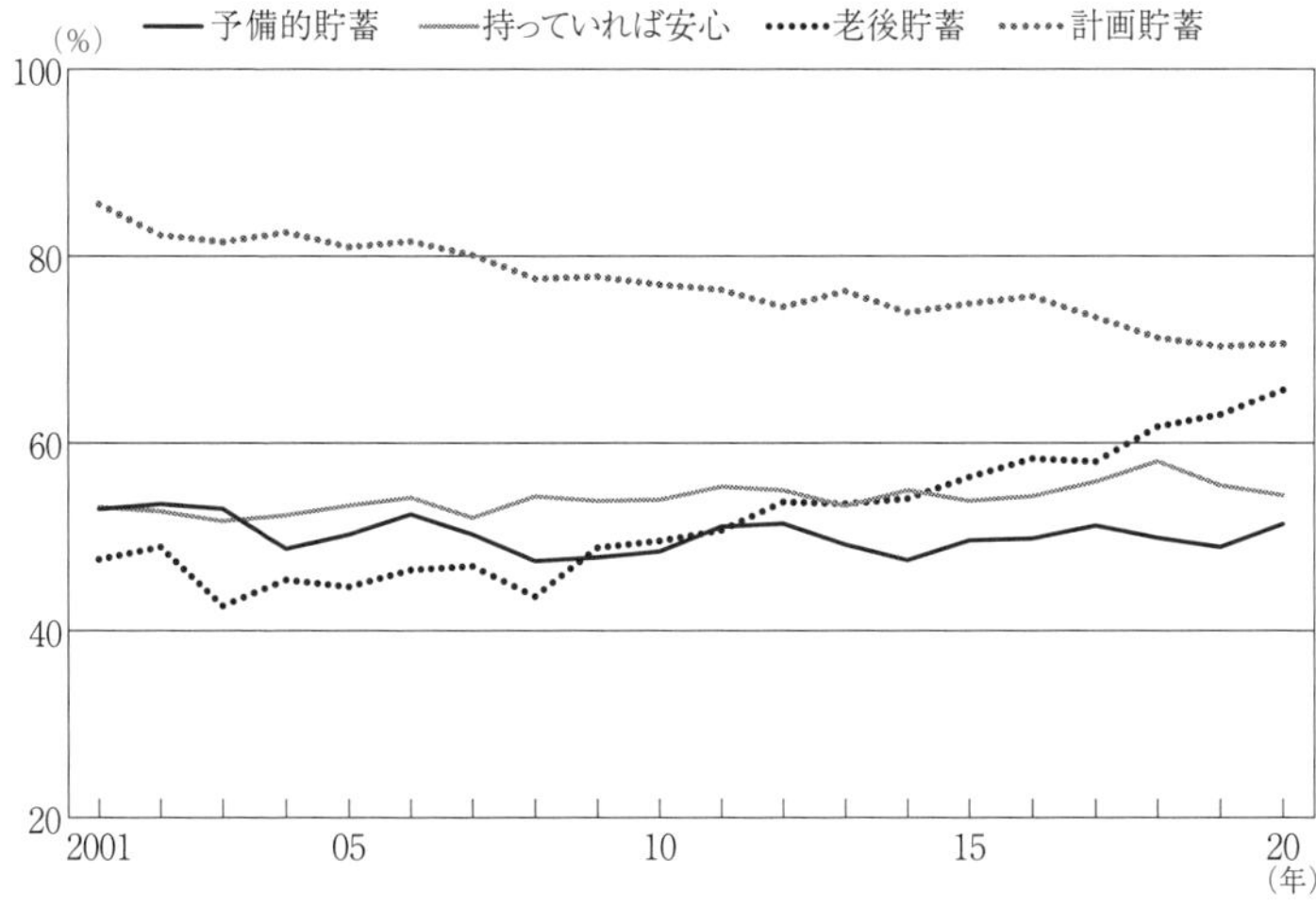

ないか、ごくわずかの増加に留まっている。
　これらに対し、計画貯蓄は減少し、老後貯蓄は増加している[1]。老後、または仕事からの引退は、生きていれば必ずやって来るという意味で計画貯蓄に近い。ただし同時に、老後は将来のことであり、将来の経済状況や健康状態は不確実であるという意味で予備的貯蓄に近い。計画貯蓄を減らす一方で、将来の不確実性のための予備的貯蓄を増やすことで、家計貯蓄率全体は下げ止まっているようである。

5　どのような家計で貯蓄率が高いのか

それでは、どのような世帯で貯蓄率が高いのだろうか。図10－4はさまざまな視点で世帯を二つのグループに分け、月間貯蓄率の差を示したものである。まず、図10－4(1)は所得階層の低いグループと高いグループでの貯蓄率を比較している。ここでの所得階層は、日本全体での世帯年収で見た所得階層（総務省による『家計調査』が示す世帯年収に基づく所得五分位にあたる所得の分岐点）をJPSCの回答者の年収に当てはめて作成した「国全体で見た所得階層の指標」を示す。

この図からわかるとおり、所得階層の低いグループは高いグループよりも月間貯蓄率は低く、この差は2020年までは、低いグループでの貯蓄性向が下がるかたちで拡大している。

ここで所得と貯蓄率の関係の解釈には注意点がある。所得が高くなれば（フローの）貯蓄率が必ず高くなるわけではない、という点である。貯蓄率は所得額に対する貯蓄額の比なので、所得が高い家計で貯蓄率が高いということは、所得が高いほど、所得額の多さ以上に貯蓄を多く積むことを指す。つまり、所得が高ければ（フローの）貯蓄率も高いというのは決して当たり前ではなく、所得が高くなるほど貯蓄動機が強くなるとか、貯蓄意欲が高くなることで貯蓄を積み増すことを指す。先の図で見た結果は、高所得階層ほど、所得額が増えると、その増加以上に貯蓄を増加させることを示す。所得と貯蓄率の関係については、次節でさらに吟味する。

図10－4⑵は、妻の学歴による貯蓄率の差を示している。高学歴グループで家計貯蓄率は高い。これにはいろいろな理由が考えられる。たとえば、彼女自身や夫の勤労収入が高いことで意図せざる貯蓄（消費しなかった残り）が多いのかもしれない。また、たとえば、学歴の高い者は将来の不確実性に対してより多くの準備をしようとする（リスクを避けようと行動する）ために、予備的貯蓄が多いのかもしれない。あるいは、妻の学歴の高さは家計内における妻の地位を表している可能性もある。妻の学歴が高いほうが家計内での意思決定に強く関わることができ、そして妻の貯蓄嗜好が高いのならば、妻の学歴が高いほど世帯全体の貯蓄率が高くなるのかもしれない。

図10－4⑶は、子どもの有無による貯蓄率の差を示している。子どものいる家計で貯蓄率は子どものいない家計よりも低い。そして、子どものいない家計で貯蓄率が高まるかたちで両グループの差は拡大している。

先に見たように、老後貯蓄が貯蓄率を高める大きな動機であり、この動機は時間とともに強くなっている。子どものいない家計では、子どもからの所得移転（経済的援助）が期待できないために将来への貯えが必要となる。この場合、老後目的のための貯蓄が増えることによって子どものいない家計で貯蓄率が高まり、両グループの差が拡大すると説明されよう。一方で、子どもに必要な支出が拡大していることで、収入を貯蓄に回せない世帯が増え、子どものいる家

月あたり家計貯蓄率

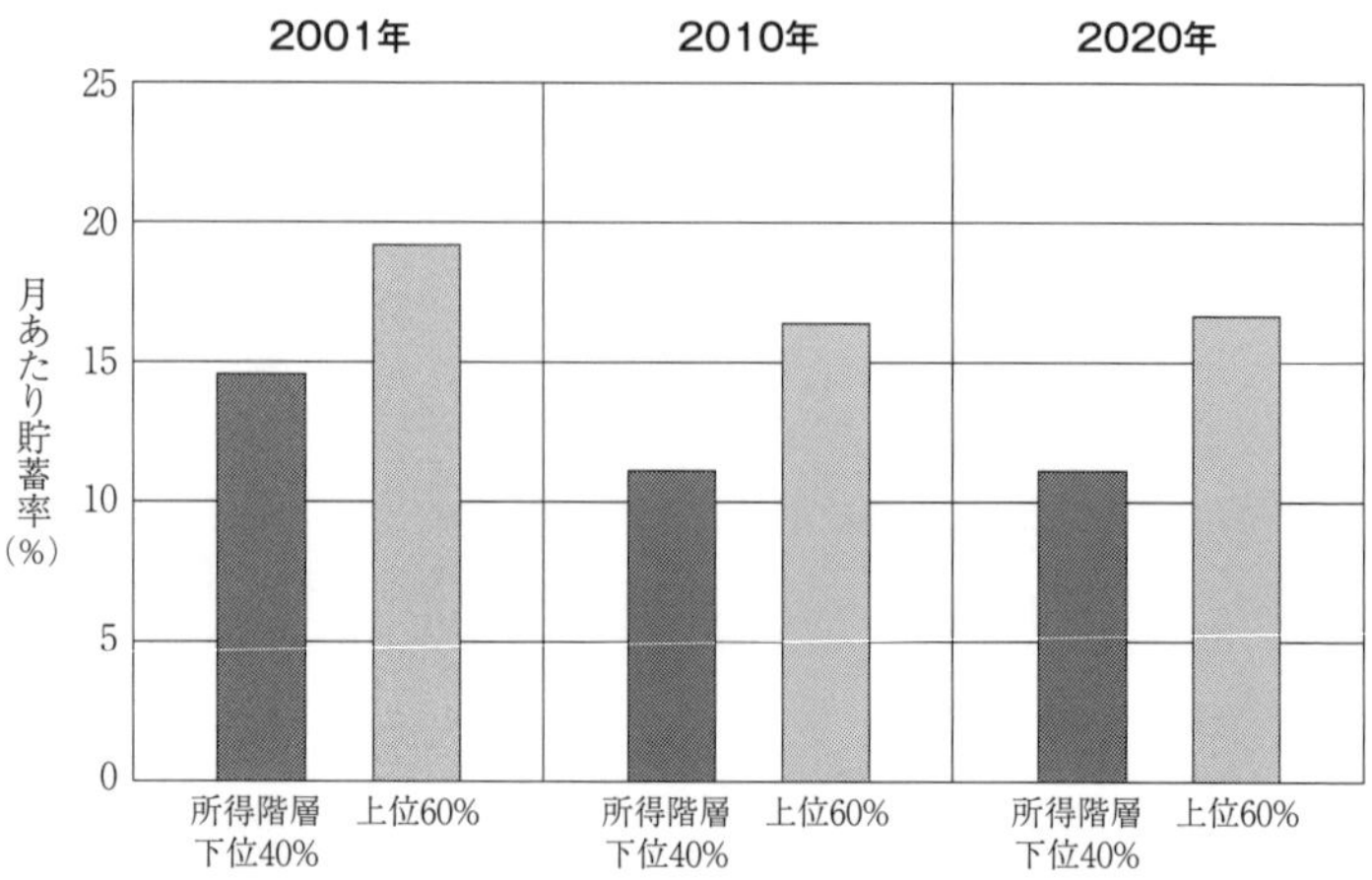
(1)　所得階層と家計貯蓄率
2001年
2010年
2020年
25
20
15
10
5
0
月あたり貯蓄率（%）
所得階層下位40%
上位60%
所得階層下位40%
上位60%
所得階層下位40%
上位60%

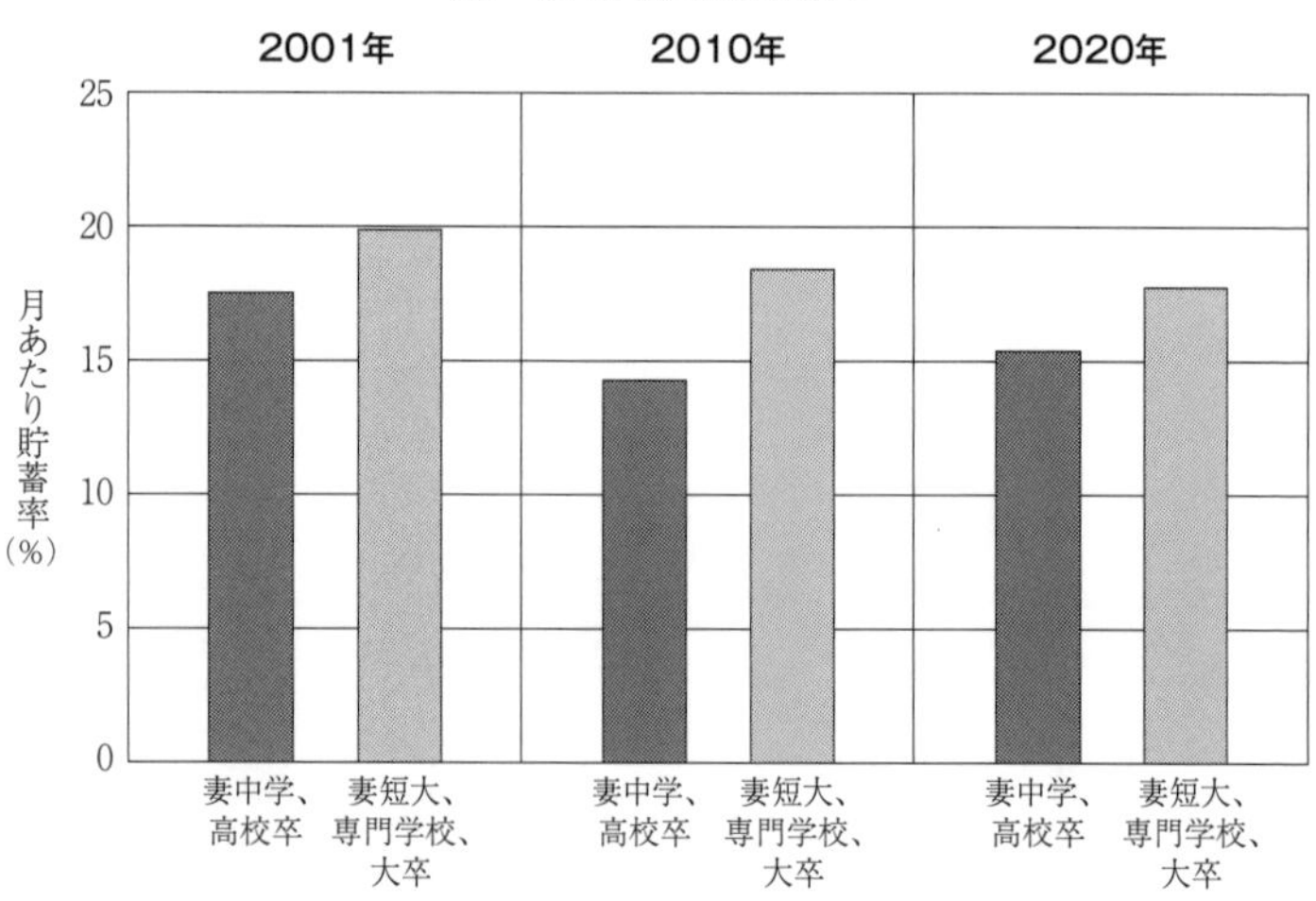
(2)　妻の学歴と月間貯蓄率
2001年
2010年
2020年
25
20
15
10
5
0
月あたり貯蓄率（%）
妻中学、高校卒
妻短大、専門学校、大卒
妻中学、高校卒
妻短大、専門学校、大卒
妻中学、高校卒
妻短大、専門学校、大卒

図10−4　家計属性と

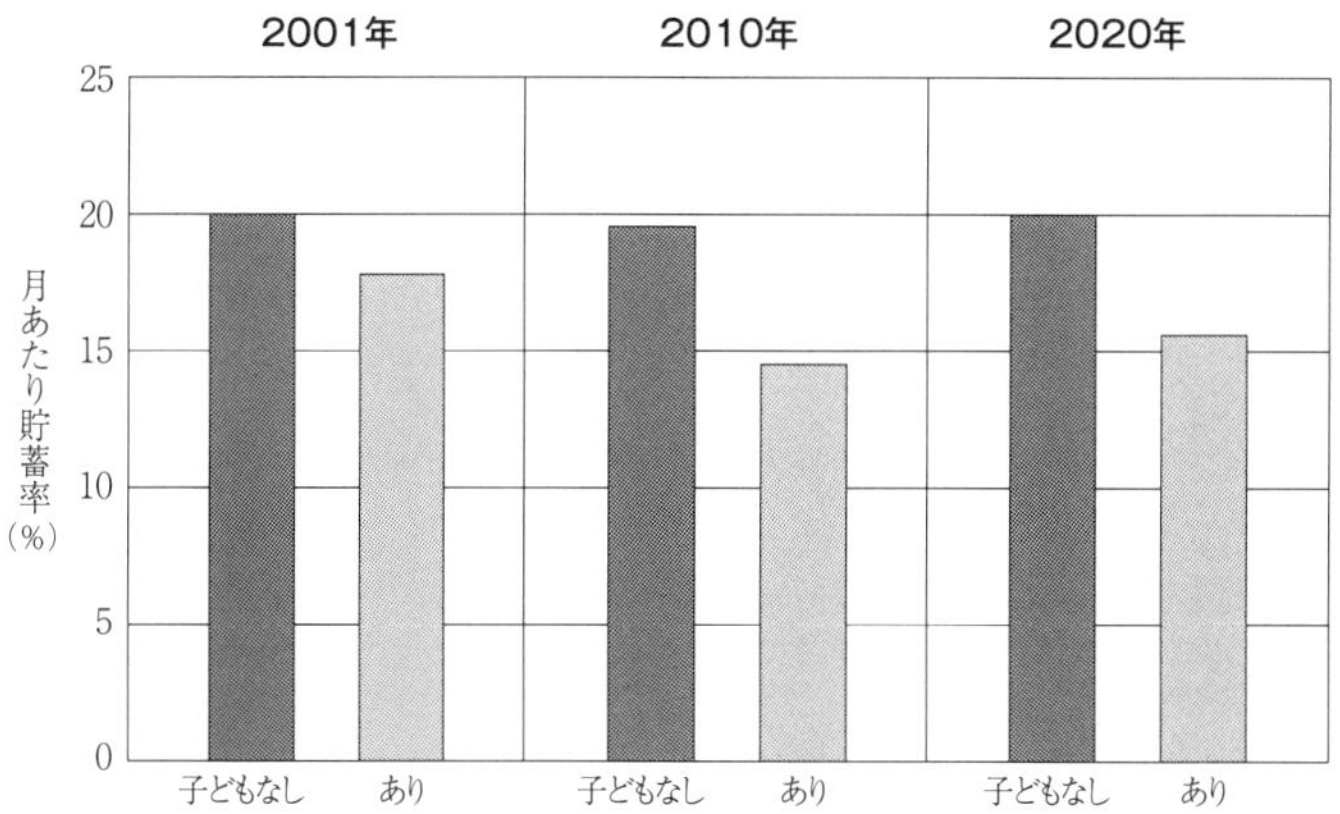

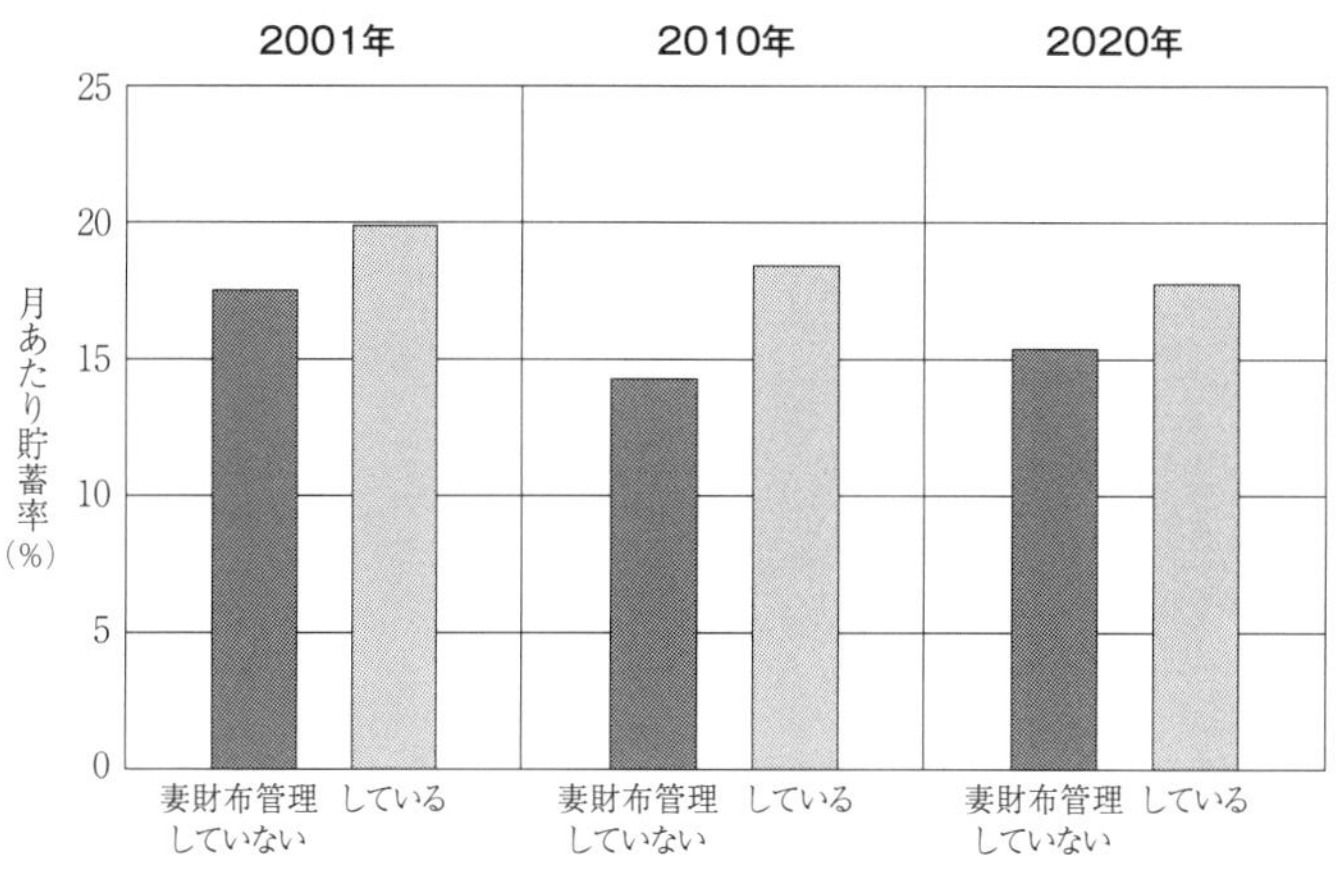

（注）　2001年、2010年、2020年におけるそれぞれのグループでの月間貯蓄率の中央値を比較している。

計で貯蓄率が低下している様子は見られない。

もう一つ興味深いのは、財布管理による貯蓄率の差である。前章で紹介されているように、JPSCでは夫婦間の収入管理タイプ（夫婦が得た収入を別々に管理しているのか、夫あるいは妻がすべて、または部分的に管理しているのか、夫婦で互いに収入を出し合って共通の財布を管理しているかなど）がわかる。前章では、このうち妻だけが自分あるいは夫の収入を管理し、支出配分を決めているケースを「妻が財布を管理している家計」とした。これを使って管理していない家計との貯蓄率の差を示したのが図10－4(4)である。

この図によれば、妻が財布を管理している家計で貯蓄率は高い。ここでいう妻の財布管理は何を指すのだろうか。前章でも指摘したとおり、妻が財布管理をしていることは自ら支出を決定できるという意味で家計内での彼女の交渉力の高さ、夫に対する妻の立場の強さを表しているのかもしれない。一方、財布管理は専業主婦により行われることが多いことを考えれば、家計での妻の立場の強さではなく、夫が市場労働を行い妻は家計管理を含む家事を行うという家庭内分業を表しているのかもしれない。そうではなくて、そもそも夫が妻に財布管理を命令している可能性もある。妻が財布を管理させられている可能性である。この場合、妻の財布管理は家計内での夫の立場の強さを表すのかもしれない。

妻や夫の立場の強さにせよ、労働分業にせよ、妻が財布を管理している世帯のほうが貯蓄率が高い傾向にあることは間違いない。妻が家計管理をすることで貯蓄率が高くなるのであれば、何がそうさせているのかを明らかにすることは興味深い。日本特有の特徴である可能性もある。今後さらなる分析が必要だろう。

6　所得が増えれば家計貯蓄率は高まるのか

最後に、所得と貯蓄率の関係についてもう少し掘り下げてみたい。図10－5は、所得が増えたときに貯蓄率が高まる関係（年収の増加に対する月あたり貯蓄率の変化）を年ごとに示したものである。[2]●の部分は所得が1％増えたときに貯蓄率がどれだけ増えるかを表す推計値を、縦線はその推計値の95％信頼区間を表す。

この図によれば、所得の増加に対する貯蓄率の反応は、2013－14年、あるいは2019年に大きく高まっているように見える。その直前には大きな低下も見られる。何があったのだろうか。

世帯員の働き方に影響したと思われる労働政策や、特に低所得者層の生活に影響したと思われる福祉政策、医療政策、景気対策などを確認したが、大きな政策変更は見当たらない。環境変化でいえば、2009年秋に起きた金融ショックや2011年3月に起きた東日本大震災がある。これらがそのすぐ後に貯蓄反応度の低下をもたらした可能性はあるだろう。ただし、2009年を境にして大きな変化が見られるわけではないし、2011年の震災だけでは201

図10−5　所得の増加に対する家計貯蓄率の反応（2001−2020年）

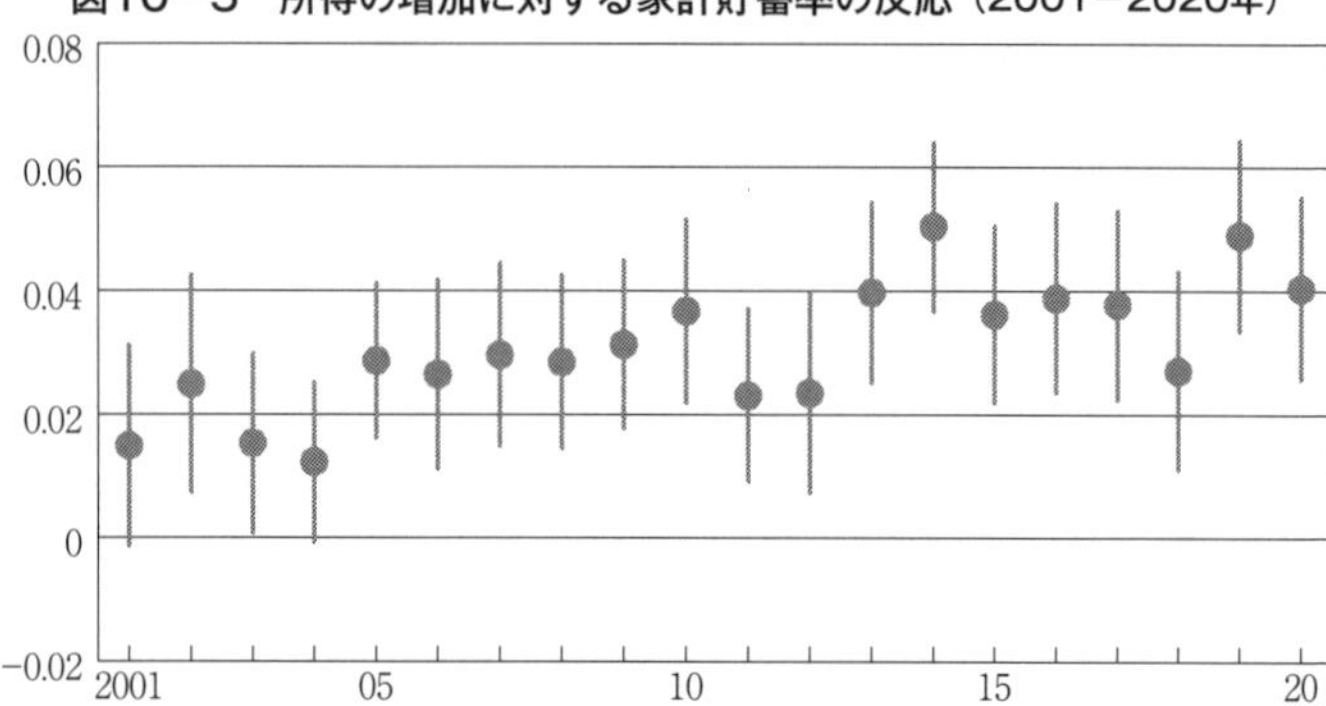

（注）「所得変化に対する貯蓄率の反応」とは、月あたり貯蓄率（月あたり貯蓄額／月の世帯収入額）を、世帯の前年の年収の等価価値（調査前年の物価調整済み世帯合計年収を世帯人数の平方根を取った値で割ったもの）の対数値と年ダミーの交差項、年ダミー、居住地域ダミー、地域規模ダミーに回帰した時の、等価世帯年収の対数値と年ダミーの交差項の推定値である（つまり、世帯の特徴や年の特徴、地域の特徴がもたらす貯蓄差を取り除いている）。年収が1%増えた時に月間貯蓄率がどれだけ増えるか（推定値×0.01増加すること）を表す。図中の●は推定値（貯蓄率の年収変化に対する平均反応）、縦棒は、その95%信頼区間を表している。

3−14年の高まりや、2019年の高まりを説明できない。

2013−14年、2019年の貯蓄反応度の高まりと関係があると考えられるのは消費税増税ではないか。消費税が引き上げられると知れば、人々は消費を減らして（貯蓄を増やして）それに備えるか、逆に、増税前に消費を増やし、つまり駆け込み消費を行って貯蓄を減らす可能性がある。どちらの効果が大きいかで貯蓄意欲に対するアナウンス効果は正にも負にも働く。そして、増税が実施されれば少なくとも一時的には消費意欲は減退し貯蓄増加につながるだろう。

消費税は1997年に3%から5%に引き上げられた。その後は幾度となく増税が議論されたが、導入が見送られてきた。しかしながら、２０１３年９月には消費税引上げの議論が現実味を持ち（９月13日には経済財政諮問会議で「消費税率の引上げの判断に係る経済状況等について」が議論された）、10月１日には２０１４年４月１日より消費税が５％から８％に引き上げられることが閣議決定された。われわれの調査は10月実施なので、２０１３年や14年の貯蓄反応度の高まりは消費税増税によるものである可能性が高い。

さらに、２０１９年10月１日には消費税の８％から10％への引上げがあった。これにより再び月々の消費が抑制された（貯蓄動機が強められた）可能性がある。

このように、税制という経済環境の大きな変化によって、所得変化に対する貯蓄反応度（消費意欲）の変化を説明することができそうである。そして、このような貯蓄反応度に注目することで、税制の効果検証に留まらない示唆が得られる。もし所得が増えることによって貯蓄意欲が高まるのならば、貯蓄を促す必要のある家計に対し、たとえば所得援助等を行うことによって彼らの貯蓄を喚起できる可能性がある。

もちろん、貯蓄を促すことがよいことであるとは限らない。貯蓄を促すことは、現在の消費を低下させることを意味するが、現在の消費を最適な水準以下まで抑制すれば、消費から得られる人々の満足度や厚生を下げてしまうことになる。

過剰貯蓄が長期的に社会に悪影響を与えたことはバブル経済の崩壊で示されてきたとおりでもある。しかしながら、諸外国で見られるように、老後のために必要な貯蓄がない高齢者の存在が社会問題になっている現状を考えれば、本人だけでなく社会全体の経済厚生の悪化を防ぐためにも、必要な貯蓄の喚起は重要だろう。どうすれば老後の生活に対して必要な貯蓄を促せるだろうか。

図10－4（1）で見たとおり、2010年以降、所得階層の低いグループで家計貯蓄率は低下している。これにより所得階層の高いグループでの貯蓄率との乖離が大きくなっている。よくいわれるように、所得階層の低いグループのほうが、雇用や健康などのような将来リスクが高い。このグループで貯蓄を喚起し、自己保険機能を高めることは必要だろう。ここで、JPSCによると、所得階層の低いグループのほうが、衝動的・刹那的な消費意欲を抑えられないというセルフコントロール問題に直面している人が多いことがわかる。そして、所得階層の低いグループでは、貯蓄したくてできないのではなく、貯蓄しようとしない人も一定数存在するようである。

図10－6は、「お宅では、収入から一定の額を貯蓄するようにしていますか」という質問に対する回答（一つだけ選ばれる）：(1)定期的に貯蓄するようにしている、(2)計画は立てていないが、余ったお金は貯蓄に回している、(3)貯蓄に回すことはほぼできていない、(4)特に貯蓄しようとは思わない、をまとめたものである。この図から、所得階層の低いグループでは、たしかに「貯蓄できない」割合が高いが、所得の高いグループに比べて「特に貯蓄しようと思わない」割合も高く、その割合は2010年代前半よりも増えてきている。

図10－6　貯蓄できないのか、しないのか

■ 定期的に貯蓄　■ 余れば貯蓄　■ ほぼ貯蓄できない　■ 貯蓄しようと思わない

(1)　所得5分位最上位グループ

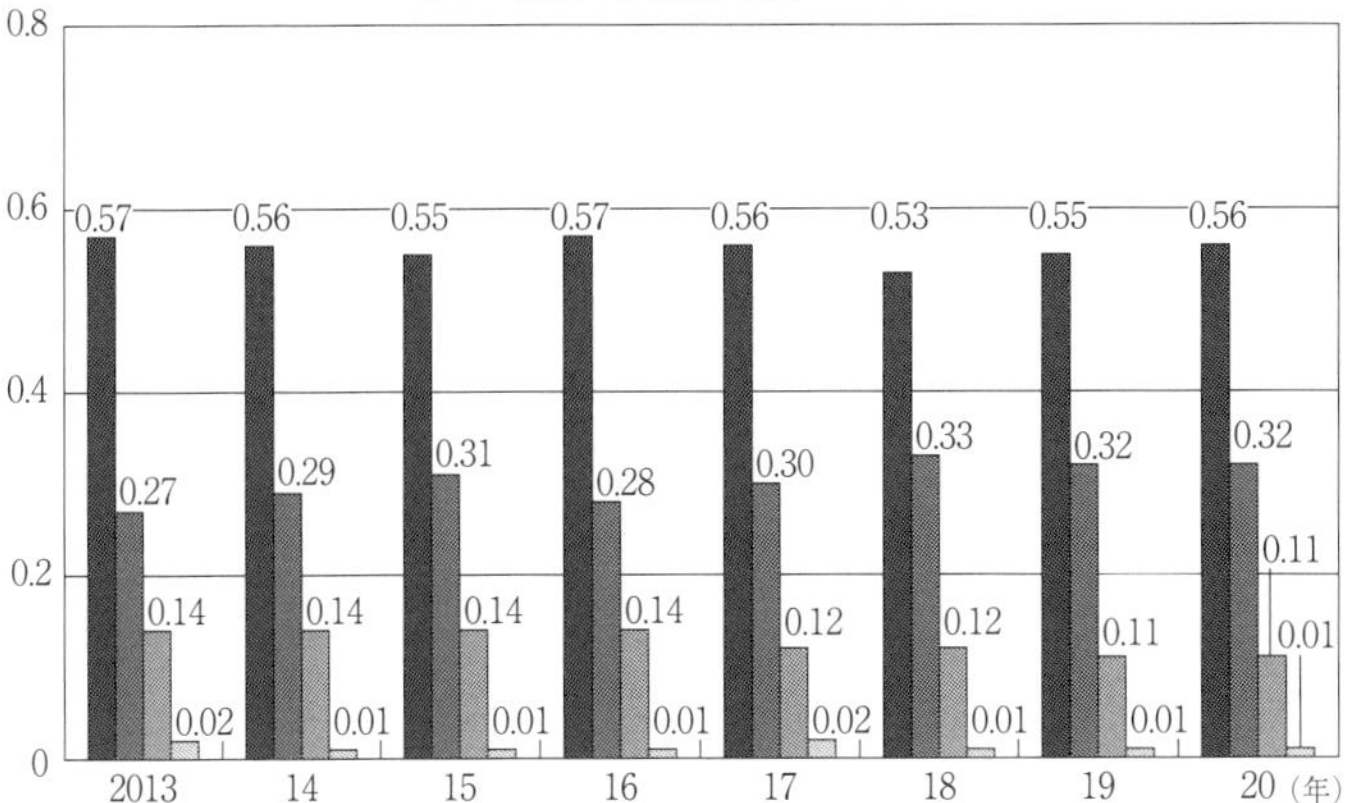

(2)　所得5分位最下位グループ

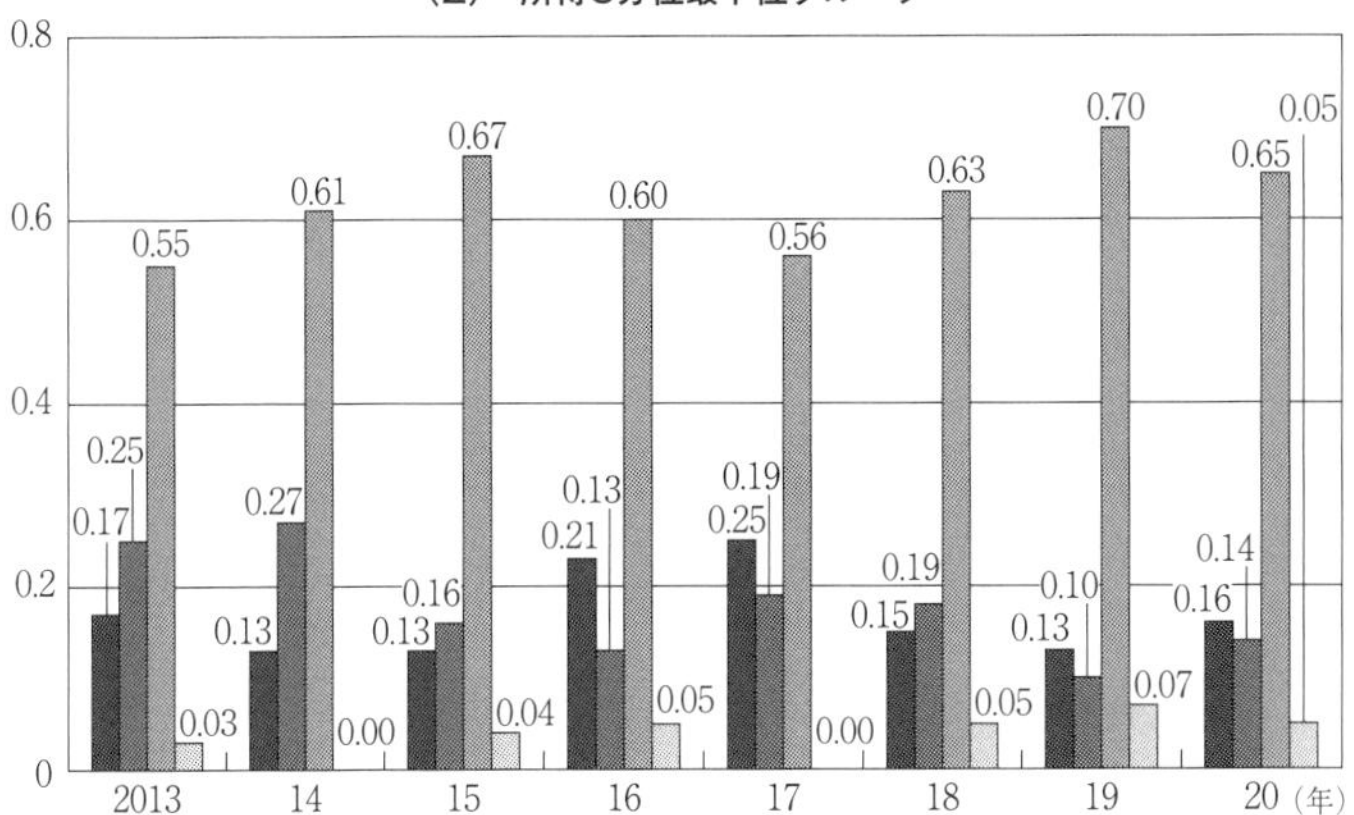

（注）　図は「お宅では、収入から一定の額を貯蓄するようにしていますか」の回答割合を表している。回答は以下のうち一つだけ選ばれる。(1)定期的に貯蓄するようにしている、(2)計画は立てていないが、余ったお金は貯蓄に回している、(3)貯蓄に回すことはほぼできていない、(4)特に貯蓄しようとは思わない。

これは何を意味するのだろうか。仮に、所得最下位層に対し、所得の損失を補うような資金援助を行ったとしても、貯蓄を喚起できない可能性がある。特に貯蓄しようと思わない世帯が存在するからである。貯蓄喚起のためには、貯蓄行動のさらなる統計分析が必要だろう。ここでは、低所得世帯を貯蓄しようと思わない世帯と考えているが、実際には所得が増加すればこの態度も変わるのかもしれない。有効な政策を講じるためには、行動の背景や何が政策効果をもたらしているかを説くことにつながる因果関係の解明が必要である。

7　家計の貯蓄動向分析の重要性

この章では、ＪＰＳＣを用いて、２０００年以降の日本の有配偶世帯の家計貯蓄率の実態と動向を、月間の世帯収入に対する貯蓄の比率に着目することで整理してきた。日本の有配偶世帯の月間家計貯蓄率は一貫して低下しているのではなく、２０００年以降で見れば家計貯蓄率は下げ止まっているようである。また、同一個人のライフサイクルでの貯蓄率を見ると、40歳代後半にかけて家計貯蓄率は下がっていき、それ以降は少なくとも50歳代にかけて上昇に転じる。

さらに、１９６０年代生まれの世代よりも後に生まれた若い世代で貯蓄率は低い傾向にある。そして、これらの家計貯蓄率は家計の特徴の差だけでは説明できず、経済状況や社会環境にも大きな影響を受ける。たとえば、所得が増えたときにどれぐらい貯蓄率を増やすかという「貯蓄性向」は、税制の変化の影響を受ける。

ここでは、日本の有配偶世帯の貯蓄行動の実態と動向についてさまざまな事実が確認されたが、その原因を突き止めるまでには至らなかった。たとえば、なぜ家計貯蓄率が２０１０年以降に下げ止まったのか、なぜ遅く生まれた世代のほうが貯蓄率が低いのか、なぜ所得が低いほど貯蓄率が低いのかなどを明らかにすることはできなかった。分析結果から政策提言を導き出すためには原因を究明する必要があり、さらなる研究、特に学問分野の垣根を超えた研究が求められる。

【注】

(1)　この調査には若い世代の標本が追加されることで、同一個人の追跡標本であることによる標本内の単純な高齢化の問題は軽減されている。また、ここには示していないが、妻の生まれ年別にみても図10－3の傾向は大きく変わらない。これは、標本内の高齢化が理由で老後貯蓄が増加しているわけではないことを示唆している。

(2)　ここでいう「所得変化に対する貯蓄率の反応」とは、月あたり貯蓄率（月あたり貯蓄額／月の世帯収入額）を、前年の世帯全体の年収の等価価値（物価調整済みの世帯合計年収を世帯人数の平方根を取った値で割ったもの）の対数値と年ダミー、居住地域ダミー、地域規模ダミー、年ダミー、世帯ごとの固定効果に回帰したときの、等価世帯年収の対数値と年ダミーの交差項の推定値である。よって、世帯の特徴や年の特徴、地域の特徴がもたらす貯蓄差を取り除いた上で、所得変化に対する貯蓄率の年ごとの反応を表す。所得が１％増えたときに月間貯蓄率がどれだけ増えるかである。年間所得は中央値が３６１万円、平均値が４０１万円だから、１％の増加は中央値や平均で見れば約３・６～４・０万円の増加となる。たとえば、推定値０・04は、この４万円弱の所得増加で、月間収入に対する月間貯蓄額が０・０００４％ポイント増加することを表す。

【参考文献】

Horioka, Charles Yuji, Murakami , Akane, and Kohara, Miki (2002) " How Do the Japanese Cope with Risk? " *Seoul Journal of Economics* 15 (1) (Spring), pp. 1－30.

Kohara, Miki, and Horioka, Charles Yuji (2006) " Do Borrowing Constraints Matter? An Analysis of Why the Permanent Income Hypothesis Does Not Apply in Japan, " *Japan and the World Economy* 18 (4) (December), pp. 358－377.

江口政宏（2021）「団塊ジュニア世代以降のライフコース戦略の変化―夫婦世帯パネルデータを用いた分析」『季刊個人金融』（春）、89－１０７ページ。

小原美紀・ホリオカ、チャールズ・ユウジ（1999）「借り入れ制約と消費行動」、樋口美雄、岩田正美共編著『パネルデータからみた現代女性―結婚・出産・就業・消費・貯蓄』東洋経済新報社、２２５－２５７ページ。

ホリオカ、チャールズ・ユウジ、村上あかね、小原美紀（2004）「デフレ時代におけるリスク対処法」、樋口美雄・太田清・家計経済研究所編『女性たちの平成不況』日本経済新聞社、２３５－２６０ページ。

おわりに

本書は過去30年間において日本女性のライフコースにどのような変化があったかを「消費生活に関するパネル調査（ＪＰＳＣ）」を使って明らかにすることを目的としている。同時に本書は、約30年間続けてきたＪＰＳＣプロジェクトの分析の成果を取りまとめた集大成の一冊となることを目指した。

ＪＰＳＣは序章でも触れた通り、１９９３年に財団法人家計経済研究所（当時）によって始められた。最初の調査票回答サンプルは日本全国の１５００人の女性であった。

当時、日本では無作為抽出による大規模なパネル調査はほぼ実施されておらず、一般の研究者が分析に使える個票のパネルデータは存在しなかった。そうしたなか、パネル調査の必要性を痛感していた樋口美雄や岩田正美・日本女子大学教授らが中心となって、すでにPanel Study of Income Dynamicsを実施していた米国ミシガン大学や、National Longitudinal Surveyを実施していたオハイオ州立大学、そしてコロンビア大学を訪問し、種々の助言をもらいながら、議論の末に独自の調査方法を開発し、調査票を作成していった。

その活動を見て、当時の家計経済研究所の理事長・木下恭輔氏や、専務理事・吉村彰氏らの賛同を得て、労働や家計行動などを分析対象とする経済学者や社会学者、心理学者らが参加して、家計経済研究所との協働によって調査は開始された。

調査当初は、5年の継続を目標としてスタートした。だが調査が軌道に乗ってからは調査協力者（回答者）たちが定年（その当時の設定で60歳）を迎えるまで追跡できれば、家族・家計の一つのサイクルを追えるという目標――壮大な夢を持つようになっていった。その後、調査は、調査協力者を追加して規模を拡大しながら、最終的には２０２１年の第29回調査まで実施された。年１回の調査を30年近く毎年継続したパネル調査は、国際的にみても稀である。何よりも長期間、回答してくださった方々がいるおかげで、また、調査協力者との信頼関係を取り結び真摯に対応してくださった中央調査社および調査員の皆様の協力により、このような貴重なプロジェクトが継続できたことに改めて感謝申し上げたい。

この間、プロジェクトは決して順調な道のりばかりではなく、いくつもの「危機」に直面した。調査が長期間継続することで、調査協力者は徐々に減少していく。本調査は毎回95％近い回収率を維持することができたが、30年の間には0・95の30べき乗のサンプル数に減少するため、最後の第29回まで「完走」を成し遂げてくれた方々は、当初の１５００人の半数を下回ることになってしまう。また、調査実施の上でも、協力者の加齢やライフステージの変化に伴い、さらには社会情勢や制度・政策の変更に伴い、調査項目の変更や入替をしていく必要が生じる。

そして調査票のページ数も膨大になり、データも大きくなっていく（変数は５０００を超える）。低成長の時期が続き、また昨今の社会調査の環境の悪化などもあり、毎年の調査資金を継続的に確保し、調査を実施し、そして成果を公表していく体制を維持していくことは、年々困難を増していった。ましてや調査を行う研究者の方も年を重ねることになり、当時40歳であった者もいまや70歳になり、新たに若い研究者の参加を必要とするようになった。

なんといっても最大の危機は、調査の母体であった公益財団法人家計経済研究所が２０１７年12月に解散することになったことである。諸事情により財団が解散することが決まった時に、本調査の継続を期待する声が多くあったものの、実際に運営するには多くの制約や難題があり、一時は調査の完了も危ぶまれた。しかし、慶應義塾大学が受け入れることになった結果、２０１８年度からは同大学経済学部附属経済研究所パネルデータ設計・解析センター・ＪＰＳＣ部門に業務を移管し、初回からの協力者たちが定年を迎える時期まで調査を継続することができた。多くの困難が予想される中、受け入れにあたってご尽力くださった慶應義塾大学の関係者の皆様、特に移管後の運営も支えてくださった山本勲先生、石井加代子先生には改めて御礼を申し上げたい。また移管までの長年にわたり調査プロジェクトの運営を支えてくださった旧家計経済研究所の関係者の皆様にも感謝の意を表したい。

これまでＪＰＳＣでは第５回までの結果をまとめた『パネルデータからみた現代女性』（東洋

経済新報社、1999年）ならびに第10回までの結果をまとめた『女性たちの平成不況』（日本経済新聞社、2004年）を刊行してきた。本書は調査の完了にあたり、調査の運営主体である「消費生活に関するパネル調査」研究委員会のメンバーの有志を執筆陣として募り、JPSCで尋ねたさまざまなテーマについて、経済学や社会学など多様な視点から各種のアプローチ方法を使って、約30年の間に生じた〈変化〉と長期的な推移を描くことを主眼として各章の執筆に当たった。ただし、いわゆる研究論文としてではなく、調査に協力してくださった一般の方にも理解していただけるよう、JPSCだからこそ知ることができたこと、パネルデータだからこそ得ることができた知見を「わかりやすく」伝えることを目指した。果たしてそれができたかどうかは、ひとえにわれわれ編者の責任である。

日本の女性や家族を取り巻く環境は、日本経済が停滞を繰り返してきたこの30年だけを取り上げても、大きく変化し多様化してきたように思える。だが同一の個人や世帯という個々の状況を追跡していくと、たしかに変化した（それは必ずしもよい方向ばかりではないが）ことと、実はほぼ変化してこなかったことに見分けることができる。本書から得られた知見から、これまでの社会状況や女性たちの変化の過程、さらには男性の生き方、企業経営のあり方をも的確に理解し、今後の女性や家族、社会のよりよい生活やライフコースの実現のための一助となれば幸いである。

最後にお忙しい中、本プロジェクトに参加くださった「消費生活に関するパネル調査」研究会の先生方、そして『女性たちの平成不況』に続き、本書の編集を担当くださった慶應義塾大学出版会の増山修さんにも御礼を申し上げたい。

なお、これまでの学術調査研究の成果や一般向けの最終成果のまとめについては、慶應義塾大学経済学部附属経済研究所パネルデータ設計・解析センターのホームページより公開されているので、ご参照いただきたい。

編者一同

執筆者一覧（担当章順、編者を除く。所属は刊行時のもの）

		担当章
永井暁子	日本女子大学人間社会学部教授	第３章
斉藤知洋	国立社会保障・人口問題研究所 社会保障基礎理論研究部研究員	第４章
坂本和靖	群馬大学情報学部准教授	第５章
西村純子	お茶の水女子大学基幹研究院教授	第７章
坂口尚文	総務省政策統括官付統計企画管理官付 高度利用専門官	第８章
小原美紀	大阪大学大学院国際公共政策研究科教授	第９、10章
阪本　諒	大阪大学大学院経済学研究科博士後期課程	第９章
チャールズ・ユウジ・ホリオカ	神戸大学経済経営研究所特命教授	第10章

編者略歴

樋口美雄（ひぐち・よしお）　序章、第１章

1952年生まれ。慶應義塾大学商学部卒業、同大大学院博士課程修了（商学博士）。
慶應義塾大学商学部教授、独立行政法人労働政策研究・研修機構理事長などを経て現在、同機構研究総監、慶應義塾大学名誉教授

主著

『女性たちの平成不況』（共編）日本経済新聞社、2004年

『検証・コロナ期日本の働き方』（共編）慶應義塾大学出版会、2023年

『コロナ禍と家計のレジリエンス格差』（共編）慶應義塾大学出版会、2023年

田中慶子（たなか・けいこ）　第２章、第３章

1974年生まれ。淑徳大学社会学部卒業、東京都立大学社会科学研究科博士課程満期単位取得退学。

公益財団法人　家計経済研究所研究員、慶應義塾大学経済学部特任准教授を経て、現在、慶應義塾大学産業研究所共同研究員

主な業績

「1990年代以降の中期親子関係研究―『パラサイト・シングル』論の成果と課題」『家族研究年報』45号、2020年

「家族とお金と愛情」松木洋人・永田夏来編『入門・家族社会学』所収、新泉社、2017年

「共働きの家計運営」（共著）『日本労働研究雑誌』689号、2017年

中山真緒（なかやま・まお）　序章、第１章、第６章

1991年生まれ。大阪大学法学部卒業、同大大学院経済学研究科修了。博士（経済学）。

慶應義塾大学経済学部特任助教などを経て現在、日本女子大学家政学部講師

主な業績

「保育所がもたらす母親の就業促進効果―認可保育所が提供するサービスに注目して」『日本労働研究雑誌 』719号、2020年

“Age-related changes in the effect of birth weight on child development: findings from a Japanese Longitudinal Survey,” (co-authorship), *Japanese Economic Review,* 2023年

「コロナ禍初期の緊急事態宣言下における在宅勤務の実施要因と所得や不安に対する影響」（共著）『日本労働研究雑誌』731号、2021年

日本女性のライフコース
——平成・令和期の「変化」と「不変」

2023年10月20日　初版第1刷発行

編　者 ———— 樋口美雄、田中慶子、中山真緒
発行者 ———— 大野友寛
発行所 ———— 慶應義塾大学出版会株式会社
〒108-8346　東京都港区三田2-19-30
TEL〔編集部〕03-3451-0931
〔営業部〕03-3451-3584〈ご注文〉
〔　〃　〕03-3451-6926
FAX〔営業部〕03-3451-3122
振替　00190-8-155497
https://www.keio-up.co.jp/
装　丁 ———— 中尾悠
組　版 ———— 株式会社シーエーシー
印刷・製本 —— 中央精版印刷株式会社
カバー印刷 —— 株式会社太平印刷社

Printed in Japan　ISBN978-4-7664-2921-3

好評の既刊書

人手不足なのになぜ賃金が上がらないのか	玄田有史編	2200円
仕事から見た「2020年」	玄田有史・萩原牧子編	1980円
多様化する日本人の働き方	阿部正浩・山本勲編	4620円
コロナ禍と家計のレジリエンス格差	山本勲・石井加代子・樋口美雄編	4400円
検証・コロナ期日本の働き方	樋口美雄／労働政策研究・研修機構編	5280円

（価格は消費税10%の税込価格）